所謂的知識分子

那些爆紅的時代人物，與他們內心的惡魔

上

Intellectuals

From Marx and Tolstoy to Sartre and Chomsky

Paul Johnson
保羅・約翰遜——著　周詩婷——譯

獻給我第一個孫子，賽繆爾．約翰遜

各界好評

「約翰遜先生揭露了這些偉大思想家們邪惡的一面，而這也顯示本書將饒富興味。」

——《紐約時報書評》

「充滿生命、活力與迷人的細節，對現在來說多麼適切，任何拿起這本書的人，都很難放下。」

——《紐約郵報》

「珍貴且充滿娛樂性，是一部心靈冒險者的入獄檔案照。」

——英國小說家金斯利．艾米斯（Kingsley Amis）

「本書對往後幾年的西方文學與文化，應該具有淨化的影響力。」

——《富比世》雜誌發行人，邁爾康・富比世（Malcolm Forbes）

「這些對傑出知識分子予以重擊的人物側寫，尖銳、帶有偏見、激發思考，讀起來迷死人。」

——《出版者週刊》（*Publishers Weekly*）

「對於知識分子的傲慢、自大與惡意，辛辣且往往搞笑的仔細分析。」

——美國藝術評論家羅傑・金貝爾（Roger Kimball）

目錄

【上冊】

致謝

許多重要的知識分子給予人類公共事務建言，本書試圖檢視其道德與判斷力。我已盡力根據事實、不帶偏見，縝密地審查我所使用的作品、信件、日記、回憶錄與報導裡的談話。為了這些人的生活細節，我運用了一些傳記，以下是最重要的部分著作。我發現盧梭最實用的傳記是萊斯特・克勞克（Lester G. Crocker）所著的《盧梭：追尋，一七一二年至一七五八年》（*Jean-Jacques Rousseau: the Quest 1712-1758*）與《盧梭：先知的見解，一七五八年至一七八三年》（*Jean-Jacques Rousseau: The Prophetic Voice, 1758-1783*），不過我也欣賞約翰・赫伊津哈（J. H. Huizinga）力道萬鈞的辯論，即《成聖之路：盧梭的悲喜劇》（*The Making of a Saint: The Tragi-Comedy of Jean-Jacques Rousseau*）。雪萊我最仰賴理查・福爾摩斯（Richard Holmes）的上乘之作《雪萊：追求者》（*Shelley: The Pursuit*），不過我並不同意書中談到私生子的部分。馬克思我主要是參考羅伯特・佩恩（Robert Payne）的《馬克思傳》（*Max*）。易卜生有一個模範傳記作者，麥可・

梅耶爾（Michael Meyer），我用了他的《易卜生傳一：表演藝術之形成》（*Henrik Ibsen: The Making of a Dramatist*）、《易卜生傳二：與詩訣別》（*Farewell to Poetry*）和《易卜生傳三：一座冷山的巔峰》（*The Top of a Cold Mountain*），但我也用漢斯・海伯格（Hans Heiberg）的《易卜生傳：這位藝術家的肖像》（*Ibsen: Portrait of the Artist*）與貝格麗爾特・易卜生（Bergliot Ibsen）的《三個易卜生》（*The Three Ibsen*）。在托爾斯泰諸多傳記中，我採用厄涅斯特・西蒙斯（Ernest J. Simmons）的《托爾斯泰傳》（*Leo Tolstoy*），但我也使用艾・華克蘭克索（Edward Crankshaw）嚴厲批判的《托爾斯泰：一個小說家的誕生》（*Tolstoy: The Making of a Novelist*）。愛默生我用的是約爾・波特（Joel Porte）的作品，尤其是他的《典型的人：愛默生在他的時代》（*Representative Man: Ralph Waldo Emerson in His Time*）。海明威我採用比較近期的兩本傑出自傳，傑佛瑞・梅耶斯（Jeffery Meyers）《海明威傳》（*Hemingway: A Biography*）與肯尼思・林恩（Kenneth S. Lynn）的《海明威傳》（*Hemingway*），以及更早之前卡洛・斯貝克（Carlos Baker）的作品《海明威的一生》（*Hemingway: A Life Story*）。布萊希特我使用隆納德・赫曼（Ronald Hayman）的《布萊希特傳》（*Bertold Brecht: A Biography*）與馬丁・艾斯林（Martin Esslin）的精彩研究《布萊希特：邪惡的抉擇》（*Bertold Brecht: A Choice of Evils*）。至於羅素，生平事蹟的主要來源是隆納德・克拉克（Ronald W. Clark）的《羅素的一生》（*The Life of Bertrand Russell*）。沙特我特別倚重安妮・柯恩—索拉爾（Annie Cohen-Solal）的《沙特傳》（*Sartre: A Life*），

以及克洛德・弗蘭西斯（Claude Francis）與弗爾朗德・貢蒂埃（Fernande Gontier）合著的《西蒙波娃傳》（*Simone de Beauvoir*）。要提戈蘭茲，必不可少的是露絲・愛德華（Ruth Dudley Edwards）的《戈蘭茲傳》（*Victor Gollancz: A Biography*）。至於麗蓮・海爾曼（Lillian Hellman），是參考威廉・萊特（William Wright）的偵探傑作《麗蓮・海爾曼：這個偶像，這個女人》（*Lillian Hellman: The image, the Woman*），但我也發現黛安・約翰遜（Diane Johnson）的《達許・漢密特傳》（*The Life of Dashiell Hammett*）很實用。最後一章我特別運用大衛・普萊斯瓊斯（David Pryce-Jones）的《西里爾・康諾利回憶錄》（*Cyril Connolly: Diaries and Memoir*）、羅伯・凱茲（Robert Katz）與彼得・柏林（Peter Berling）的《愛比死更冷：法斯賓達的人生與時代》（*Love is Colder than Death: The Life and Times of Rainer Werner Fassbinder*），以及芬恩・艾克曼（Fern Marja Eckman）的《詹姆斯・鮑德溫的憤怒旅程》（*The Furious Passage of James Baldwin*）。感謝以上諸位作者。其他的參考文獻，出處請見書末注釋。

第一章

盧梭

沒有朋友的「人類之友」

Jean-Jacques Roussrau
1712-1778

「他的醜陋足以嚇壞我，而愛情並未讓他增添風采。但他是個可憐的傢伙，我用仁慈與溫柔待他。他是個有趣的瘋子。」

——烏德托公爵夫人，盧梭的情婦

知識分子的影響力在過去兩百年來穩定增長。更確切地說，從歷史的長期觀點來看，世俗的（相對於宗教的）知識分子成為形塑現代社會的關鍵要素，這在許多方面都是一種新的現象。雖然知識分子宣稱，他們打從一開始對社會就有極大的影響力（他們在更早之前化身為神職人員、經文抄寫員與占卜師），不過，無論是原初化的、還是之後高度發展的宗教文化，作為神職人員的守護者，其道德與意識型態上的創新，都受限於外部權威的教條和內在所繼承的傳統。在過去，他們不是，也不可能成為自由的靈魂、心靈的冒險者。

隨著神職人員的權力在十八世紀衰退，為了填補真空，一種新的導師（mentor）興起，並受到社會關注。世俗知識分子可能是自然神論、懷疑論或無神論者，但他也可能像羅馬教宗或牧師一樣，樂於給予人們忠告。打從一開始，他們便宣布專心致志於人類的利益，目的是讓人類進步，以鼓吹自己的學說為己任。他們實現自我任命的任務，其手段比神職人員的先輩們激進很多。他們認為自己不受制於天啟宗教[1]，而對於代代流傳的集體智慧、傳統思想和約定俗成的規範，他們會依照自己的判斷，決定要選擇性地遵從或全然棄絕。隨著越來越茁壯的自信與無畏，這是人類史上頭一遭，有人出來主張他們能診斷社會的疾病，並依靠獨立的智識對症下藥；另外，不光是社會的架構，就連人類的根本習性，他們都能想出處方來加以改善。和他們擔任神職的先輩不同的是，他們服務與解釋處方的對象不是眾神，而是眾神的替代品。他們崇拜的英雄是偷了天國火種並帶到人間的普羅米修斯。

這些新興世俗知識分子最具指標性的特色，就是他們喜愛對所屬宗教及其重要人物詳加批判。這些偉大的信仰體系，對人類的貢獻或傷害有多深？那些教宗與牧師，對其宗教的戒律、貞節與真誠，還有仁慈與捐贈，實踐到什麼程度？他們對教會與神職人員的觀點非常嚴厲，而今，宗教的影響力已經持續衰退了兩百年，世俗知識分子在形塑我們的意見與制度上所扮演的角色，則是持續擴大，似乎是時候該檢驗他們在公、私領域上的經歷了。我尤其想聚焦在「告訴人類該如何處世的知識分子們」的道德與判斷力。他們自己的人生過得怎麼樣？他們對親友與夥伴誠實正直到什麼程度？他們處理情欲與財務是否公允？他們說的、寫的都是真實的嗎？以及，他們的思想體系在經歷時間與實踐的考驗後，是否還站得住腳？這項調查從讓—雅克・盧梭（Jean-Jacques Roussrau）開始，他在這

1 指基督宗教、伊斯蘭教與猶太教這三個同源的一神教。

些現代知識分子當中居首位，是他們的原型，在許多方面也是影響力最大的一位。雖然比他更年長的知識分子如伏爾泰，早已開始進行推翻聖壇與尊崇理性的工作，但盧梭是結合現代普羅米修斯所有顯著特質的第一人：主張他有權利全然反對既存秩序；自信他有能力根據他所設計的原理原則，將既存秩序改頭換面；相信這一切能透過政治手段達成；以及最特別的，他承認本能、直覺與衝動，對人類行為的影響甚鉅。他相信自己對人類有一份獨一無二的愛，並被賦予了前所未有的天賦與洞察力，使他的言詞得以精彩巧妙。在他的生前身後，以他對自己的評價來看待他的人，數量出奇地多。他的影響力無論從時間遠近來看，都很巨大。在他死後的那個世代，他的地位達到神話等級。他死於一七八九年法國大革命的十年前，然而，當時許多人認為，促成法國大革命及歐洲舊制度[2]垮台的人就是他，路易十六與拿破崙也這麼認為。英國思想家埃德蒙・伯克（Edmund Burke）曾這樣論及這場革命的菁英：「這些領袖之間曾有一場大爭執，爭著誰才是最像盧梭的那一個……他是他們公認最優秀的完美化身。」法國大革命時期政治家羅伯斯比爾（Robespierre）的說法是：「盧梭是唯一一個，透過他那高尚的靈魂與高貴的品格，證實他配得上人類導師此一角色的人。」法國大革命期間，國民公會投票表決將他的遺骨移葬先賢祠[3]。在典禮上，國民公會主席聲明：「是盧梭提升了我們的道德、習俗、法律、理解力與習性。」[1]不過，如果拉長時間、更深一層來看，盧梭改變了作為文明人的某些基本前提，替換了人類心智的裝備。他的影響範圍非常廣泛，但可以總結為以下五個：第一個，現代教育的所有觀念，某種程度上都受到盧梭學說的影響——尤其是他一七六二年的論文《愛彌兒》（*Émile*）。他普及了、而且在某種程度上發明了愛國情操與戶外活動，並追求昂揚的生命力、自發性、強健的體魄與性格。他批評城市的世故，看出文明的造作，並給予惡名。他發明了冷水澡、計畫性鍛鍊、磨練心性的體育活動，以及週末度假別墅。[2]

第二個是關於他對自然的重新評價。盧梭教導人們，不要信任緩慢進展的物質文化所帶來的漸進式進步。基於此，他屏棄過去參與的啟蒙運動，尋求更徹底的解決方案。[3]他堅信「理性」作為一種診斷社會的工具，有嚴重的侷限性。然而，這並不表示人類心智無法實現必要的改變，因為大腦還有富於想像力的深刻觀察力與直覺，這種潛藏的、尚未被開發利用的資源，必須用來強制改變再也起不了支配作用的理性。[4]為此，盧梭寫下《懺悔錄》（*Confessions*），該書完成於一七七〇年，但直到他過世才出版。這便是第三點，他

---

2 舊制度（ancien régime）的結束代表王權衰落，以及法蘭西第一共和國的開始。
3 先賢祠（Panthéon）又稱為萬神殿，伏爾泰、雨果與大仲馬等人亦長眠此地。

同時處理了浪漫主義運動與現代主義的內省文學，在這當中他發現自我、挖掘內在，並供大眾檢驗，這是繼文藝復興成就之後的更上層樓，是讀者首度看見作家的內心世界（這也是現代文學的一大特點）。雖然如此，這卻是騙人的版本，他的內心因此顯現出欺人的一面，表面坦白，實則充滿奸詐。

盧梭的第四個普及化概念，在某些方面來說，是最具滲透力的。他認為，當社會從大自然的純樸狀態逐漸發展為城市的複雜世故之後，人類也變得邪惡汙濁：在人類自私天性中，他所謂的自愛（amour de soi）會轉變成更邪惡的本能——由虛榮與自尊組合而成的自私（amour-propre）。每個人的自我評價都來自別人對自身的看法，人們將因而尋求金錢、力量、智力與道德上的優越，使他人欽佩自己。人類天性中的自私將變得爭強好鬥、貪得無厭，不但變得與其他人（因視為競爭者而非夥伴）疏離，也跟自己疏離。[5] 疏離會引發心理疾病，特徵是外在與現實之間不幸的背離。

在盧梭看來，競爭之惡會摧毀一個人天生的群體感，並激發他全部的劣性，包括渴望利用別人，這讓盧梭質疑財產私有制，認為這是社會犯罪的根源。所以，他的第五個創新，是他在工業革命的前夕，發展出批判資本主義的要素，這同時可見於他的劇作《納西瑟斯》（*Narcisse*）與演講集《論人類不平等的起源與基礎》（*Discour sur l'egalite*）。他為資產下定義，並認為透過競爭獲取資產，是引起疏離的主因。[6]盧梭為後人留下的思想寶藏，以及他對於文化演進的相關想法，後來受到馬克思等人的攫取繼承。對他來說，「自然」指的是「原始」或「文化出現以前」，由於個人與他人的關係會誘發人類的邪惡傾向，因此所有文化都會帶來弊端：如同他在《愛彌兒》中所寫，「一個人所吐出來的氣息，對其同胞是致命的」。因此，人類文化本身便是一個會不斷發展的人造結構，會規範人們的行為舉止，而你可以透過改變文化，同時改變產生這些文化的競爭因素，確實又徹底地改善人類的行為——這得靠社會工程（social engineering）。

盧梭要建構的這些概念是如此廣泛，幾乎光是概念本身，便是現代思潮的百科全書。當然，這些概念並非全都出自盧梭。他博覽名家：笛卡爾、拉伯雷（Rabelais）、巴斯卡（Pascal）、萊布尼茲（Leibnitz）、貝爾（Bayle）、豐特奈爾（Fontenelle）、高乃伊（Corneille）、佩托拉克（Petrach）、塔索（Tasso），以及他尤其喜愛引述的兩位哲學家，洛克（Locke）與蒙田（Montaigne）。德．斯戴爾夫人（Germaine de Staël）認為盧梭有著「最令人崇敬的稟賦」，她表示：「他沒有發明任何東西，不過，他為一切點燃了火苗。」更確切地說，簡單、直接、有力與發自內心的熱情，讓盧梭作品中的見解，看起來多麼生動又清新，許多讀者因此大開眼界。

於是，這個人成為了擁有卓越力量的道德與智慧導師。而他又是怎麼得到這些的呢？盧梭是瑞士人，在日內瓦出生，被養育成一個喀爾文主義者。其父艾薩克（Isaac）是製錶商，但生意並不太好，反而經常惹是生非，頻繁涉入暴力與暴動。其母蘇珊娜（Suzanne Bernard）則出身富裕家庭，但生下盧梭之後沒多久，就因為產褥熱而過世。儘管他雙親都不是來自於統治日內瓦的寡頭政府，或是與二百人理事會（Council of Two Hundred）、二十五人內部理事會（Inner Council of Twenty-Five）關係緊密的家族，但他們享有最高的投票權與法律上的特權，盧梭也一直都很清楚自己的優越地位，這使他出於利益（而非出於智識的信念）自然而然成為保守派，也使他終其一生，都藐視沒有投票權的群眾。他的家境也算是不錯。

盧梭沒有姐妹，但有一個大他七歲的哥哥。由於盧梭長得像母親，痛失妻子的艾薩克特別疼愛他。艾薩克對他的態度，擺盪於哀憐的情感與恐怖的暴力之間，但即便他受寵，卻曾經公開譴責艾薩克扶養他長大的方式，他後來在《愛彌兒》中寫道：「為人父者的野心、貪欲、專橫與錯誤的先入為主，還有他們的疏忽與殘酷的無動於衷，比起為人母者欠缺思慮的心軟，對孩子的造成傷害更勝百倍。」不過，父親暴力的主要受害者是哥哥，他在一七一八年，因為父親的請求被送入少年感化院，理由是屢教不改。一七二三年，他逃走了，就此音訊全無。盧梭於是成了實質上的獨子，他對許多當代的知識分子領袖就是這麼說的。不過，儘管多少會覺得自己幸運，但他從孩提時期便有強烈的被剝奪感，以及自哀自憐——後者或許是他最為人所知的個人特質。[7]

死亡很快地奪走他的父親與養母，他不想做版畫學徒，於是他十五歲時（一七二八年）逃走，並皈依天主教，以獲得住在法國安訥西（Annecy）的華倫夫人（Françoise-Louise de Warens）的保護。《懺悔錄》中盧梭早年職涯細節的記錄並不可信，但他的私人書信，以及「盧梭產業」龐大的資料，已經被用來建立一些沉默的真相。[8]華倫夫人依靠法國王室撥給的退休金度日，而且似乎是法國政府與羅馬教廷之間的密探，盧梭與她同住，靠她吃穿，從一七二八年至一七四二年，度過了最美好的十四個春秋。在這段時間裡，他們倆有一陣子是戀人，但也有幾段時間盧梭自行離開對方。他在安然邁入三字頭的年紀以前，都過著失敗且依賴的生活，尤其是依賴女人。他換了至少十三份工作，雕刻匠、僕役、神學院學生、音樂家、公務員、農夫、家庭教師、出納員、樂譜抄寫員、文書與私人祕書。一七四三年，他成為法國駐威尼斯大使蒙太居伯爵（Comte de Montaigu）的祕書，雖然這個差事看起來合他意，但他做了十一個月後就被解雇並且馬上逃之夭夭，以免被威尼斯大議會（大元老院）逮捕。蒙太居聲明（相較於盧梭的說法，人們更相信這個版本），這名祕書因為「卑劣性格」與「難以形容的傲慢」，導致「狂悖」與「自命不凡」而注定窮困潦倒。[9]

有幾年盧梭自認是天生的作家，他用字遣詞技巧一流，尤其自認在寫信時特別出色，但他在尊重事實方面卻不怎麼嚴謹。確實，他如果是律師應該會很優秀。（蒙太居是個軍人，這位大使這麼厭惡盧梭的理由之一，是因為當他在口授書信時，費力想著該怎麼拿捏措辭，盧梭卻時常誇張地打個大呵欠，甚至遛躂到窗戶旁邊。）一七四五年，盧梭認識了年輕的洗衣女泰蕾茲．勒瓦瑟（Thérèse Levasseur），她比盧梭小十歲，答應長期做他的女傭。這為他漂泊的生活帶來些許安定。與此同時，他也認識並結交了德尼．狄德羅（Denis Diderot），後者是啟蒙運動的重要人物，後來主編了《百科全書》（*L'Encyclopédie*）。狄德羅和盧梭一樣是工匠之子，靠自身努力成為作家的典範。他寬容大度，對人才的照顧不餘遺力，盧梭欠他很多人情。盧梭透過他認識了聲譽卓著的德國文學評論家暨外交官弗瑞德里希．格林（Friedrich Melchior Grimm），格林帶他參加霍爾巴赫（Baron d'Holbach）的激進派沙龍[4]，這個沙龍便是知名的「哲學領班」（le maître d'hôtel de la pralosophie）。

法國知識分子的力量才剛發端，並在這個世紀的下半葉穩定地拓展開來，但在一七四〇與五〇年代，他們身為社會評論家的地位還不夠穩固，政府如果覺得自身受威脅，依舊可能突然發起暴力行為。盧梭後來大肆抱怨自己所受的迫害，但實際上，他的遭遇與同時代的人相比輕微許多：伏爾泰因為得罪一位貴族，被其僕役公開鞭打，並在巴士底監獄（Bastille）服刑了快一年。販售禁書者則可能要在槳帆船上服刑十年。一七四九年七月，狄德羅因為出版一本為無神論辯護的書遭到逮捕，並被單獨囚禁在法國樊尚（Vincennes）的堡壘中三個月。盧梭那時前去樊尚探監，途中他在報紙上看見一則公告，是第戎科學院（Dijon Academy）的論文比賽邀請函，寫著「科學之重生，和對提升道德有所貢獻之藝術」。

這件事發生在一七五〇年，是盧梭一生的轉捩點。他受到啟發，覺得自己該做點什麼事。其他的參賽者不意外地會為藝術或科學辯論，他則將主張自然的優越性。突然間，就像他在《懺悔錄》中所說的，他堅信自己對「真實、自由與美德」有著無比熱忱。他自我宣告：「美德，真實！我會越來越大聲呼喊，真實，美德！」他補充說，他的背心「被不自覺流下的淚水浸濕」。背心溼透可能是真的，因為盧梭哭點很低。可以確定的是，他立即決定要寫一篇論文，這種方式後來成為他的原則要素：以自相矛盾的方式贏得比賽，然後一夕成名。這個目前仍就失敗、滿腔怨恨，渴望成名的三十九歲男人，至少正合時代所需。那篇論文寫得既拙劣又薄弱，今天看來幾乎不值一讀，但當我們回頭去看這樣的文壇事件，似乎很難解釋，如此不可取的作品，怎麼會製造出這麼大的名氣？確實，知

4 當時文藝的交流聚會，盛行於十七至十八世紀的歐洲。

名評論家勒美特（Jules Lemaître）說盧梭的瞬間神化，「為人類的愚蠢提供了強力的證據」。[10]《論人類不平等的起源與基礎》（*Discours*）出版後，儘管流傳甚廣又引起將近三百則報章雜誌的迴響，卻沒讓盧梭變有錢。這本書的實際銷量很小，而且從中賺到錢的是書商。[11]但另一方面，這本書讓他得以進出許多只開放給上流社會、知識分子的氣派宅邸與莊園。

盧梭寫得一手好字，他可能（有時確實可以）靠抄寫樂譜維生，不過在一七五〇年代之後，他一直都靠著貴族階層的款待度日，除非他選擇跟誰大吵一架（常有的事），結果對方不再提供招待。他為了工作，成為職業作家，他靈感向來源源不絕，只要認真起來就能寫得又快又好，但他的書所造成的影響，無論在哪個層面上，在他生前身後都不盡相同。[12]他的《社會契約論》（*Social Contract*）一般被視為是他成熟政治哲學的概括，其寫作始於一七五二年，在十年後終於出版。這本著作在他有生之年乏人問津，只有一七九一年再版了一次。調查當時的五百間圖書館，發現只有一間有一本館藏。有一位學者名叫麥克唐納（Joan Macdonald），她查看了一千一百一十四部從一七八九年至一七九一年的政治出版品，發現只有十二處提到這本書。[13]她說：「眾人對盧梭的膜拜與其政治思想的影響，兩者必須區分清楚。」對盧梭的膜拜始於獲獎論文，但崇拜者之所以一直大批增加，主要是圍繞著另外兩本書，第一本是他的小說《新愛洛伊斯》（*la nouvelle Héloïse*），副標題是「兩個戀人的書信」，模仿了理查遜（Richardson）的《卡列麗莎》（*Clarissa*）。故事是對一名少婦的追求、引誘、懺悔與受懲，以卓越的寫作技巧吸引對情欲感興趣的讀者，尤其是女性讀者（中產階級婦女市場正在萌芽）及其道德感。這個題材對當時的人來說太過露骨，但最終的宗旨卻非常正派。巴黎大主教指控這個作品「看似想駁斥、暗諷情欲的毒害」，但這種批評卻只是提升了銷量。正如盧梭狡猾的前言，說女孩子就算只讀這本書的一頁也會失了魂，並補充說不管怎樣，「正派女子是不讀情愛小說的」。事實上，正派女子與體面的已婚婦人都讀了這本書，並引用其高道德的結論來為自己辯白。總之，這本書很自然成了暢銷書，不過多數人買的都是盜版。

一七六二年，隨著《愛彌兒》出版，眾人對盧梭的崇拜開始激增。他在這本書裡提出了各式各樣的想法，「論自然以及人類如何回應自然」成了浪漫主義的主旋律，但在當時是原創的。這本書為了確保能擄獲最多讀者，因此過於精心設計。某種程度來看，盧梭太知道如何對自己有利了。一部分是他的感染力越來越強，在宣揚真實與美德時指出了理性的侷限，為宗教在人類內心深處留下一席之地。所以他在《愛彌兒》收進《信仰這一行》這個章節，譴責啟蒙時代與他同夥的知識分子，尤其是無神論者或自然神論者。盧梭批評這些人傲慢又武斷，「即便他們自稱是所謂的懷疑主義，卻無法通曉萬事」，也批評他們破壞信仰的行為，對正派的男女信眾所造成的危害。「他們毀滅、踐踏了所有人的敬畏，偷走了他們從宗教中所獲得的對苦難的慰藉，奪走了對權力、財富的追求唯一的抑制力量。」這說法相當有力，但為了平衡，盧梭覺得也有必要批評國教，特別是天主教對奇蹟的狂熱，對盲目崇拜的鼓勵。這絕非明智之舉，而且盧梭為了打擊盜版，甘冒在著作上簽名的風險，因此老早就被法國教會人士盯上，被懷疑是雙重叛徒：曾皈依天主教，後來又為了恢復日內瓦公民資格而回歸喀爾文教派。因此，由楊森教派（Jansenist）所把持的巴黎高等法院（Parlement），強力反對《愛彌兒》中反天主教的觀點，在司法宮（Palais de justice）前焚燒此書，並發出對盧梭的逮捕令。他及時收到高層友人的警告逃過一劫，此後，他做了幾年亡命之徒。由於喀爾文教派也反對《愛彌兒》，讓他在天主教管轄之外的地方，也被迫不斷遷移居所。但他從來不缺有力人士的庇護，在英國（一七六六至一七六七年間居留了十五個月）與法國（一七六七年之後）皆然。在他餘生的最後十年，政府不再關注他，他的主要敵人變成同輩的知識分子，特別是伏爾泰。為了回應這些人，盧梭寫了《懺悔錄》——一七七〇年他終於落腳巴黎之後才完稿此書。他沒有冒險出版，卻在上流社會的家族裡發送，因此傳閱甚廣。一七七八年他過世時，他的名聲正是新一波高潮的前夕，並在革命者接管巴黎後，達到完美的巔峰。

盧梭在生前就已享有成功。從不帶成見的現代角度來看，盧梭似乎沒有抱怨的理由，但他可是文學史上最愛抱怨的人之一，他堅持自己的一生充滿不幸與迫害。他抱怨得如此頻繁、痛苦與反覆，以致於有人覺得有義務要相信他。有一點他非常堅持：他長期苦於不健康。他是「受病痛所苦的可憐蟲……我有生之年的每一天都在痛苦與死亡之間掙扎」。他「受失眠之苦長達三十年」，他還補充道：「大自然塑造我來受苦，給了我證明能對抗病痛的體質，讓我再難受也不會氣力衰竭，或許我的身體覺得自己的氣力，一直都這麼強吧。」[14]更確切地說，他的私處一直有毛病。在一七五五年他寫給友人特羅尚醫師（Dr Tronchin）的信中，他提到「某一器官的殘疾，從我出生就有」。他的自傳作者萊斯特·克勞克在仔細診斷後寫道：「我相信盧梭一出生就罹患了尿道下裂，這是一種陰莖的殘疾，尿道的開口在陰莖腹側。」[15]成年之後，這變成一種限制，讓他不得不痛苦地使用導尿管，對心理與生理都造成問題。他一直覺得自己需要排尿，而這會讓他在上流社會維持生計變得困難：「我還是一想到就發抖，」他寫道：「被一群婦人簇擁，強忍到某些話題結束……當我終於找到一處敞亮的樓梯間，總會有另一個貴婦拖住我，接著滿院子不斷移動的馬車準備把我擠死。貴婦的侍女們盯著我，排成障壁的僕役們嘲笑我。我找不到符合我用途的一面牆或可憐的小角落。總之，我只有在一一見過每一個人，或某些穿著白襪高貴的腿之後，才能小便。」[16]

這段文章是自哀自憐，有其他大量證據表明，盧梭的健康沒他寫的這麼糟。有時他為了支持自己的論點，會強調自己身強體壯。他的失眠在一定程度上是幻想，因為有不同的人聽過他打鼾。大衛・休謨（David Hume）陪著他航行到英格蘭，寫道：「他是我認識的人裡面最活蹦亂跳的。他能在最凜冽的夜晚待在甲板十個小時，那裡的水手都快凍死了，他卻一點事都沒有。」[17]

不管動機正不正當，盧梭自憐最初始的樣子就是不斷憂慮健康，用來掩護、餵養他生活裡的每一個片段。他從年輕就養成一個習慣，告訴別人他所謂的「內情」以博取同情，特別是出身名門的貴婦。他自稱是「最不幸的將死之人」，曾說過「殘酷的命運糾纏著我」，宣稱「像我流這麼多眼淚的男人，世間罕見」，並堅決地認為「我的命運多舛，慘到沒人敢提，也沒人肯信」。他真的經常這麼說，很多人也信了，直到更深入了解他的個性。甚至真的了解之後，還是繼續同情他。艾丕內夫人（Madame d'Epinay）是他的資助人，雖然她已經察覺到盧梭對她態度惡劣，卻還是說：「當他用簡單而原始的方式講述他的不幸遭遇時，我還是會被感動。」盧梭像是軍隊裡「老兵」，一個老練的心靈騙子。下面這個發現毫不意外，他年輕時寫了幾封討錢的信，有一封還留存在世，收信者是薩伏依公國的統治者。他在信中要求給付撫恤金，因為他罹患了可怕的、會損毀外貌的疾病，而且很快就會死掉。[18]

在盧梭的自憐背後，是令人難以忍受的自大，他認為自己所受的苦、自己的本質，都不同於凡夫俗子。他曾經寫過，「你的不幸怎麼可能跟我一樣？我的處境舉世罕見，從古至今沒聽說過」、「平心而論，能愛我如我愛自己的那個人，還沒出生」、「沒人比我更有愛的天分」、「我生來就是實際存在過最好的朋友」、「如果我認識比我更好的人，我會疑懼不安地離開人世」、「你找給我看看，有誰比我更好、更忠誠、心更軟、更多愁善感」、「後代子孫會尊敬我……因為我值得」、「我對自己深感欣喜」、「我的慰藉存在於我的自尊」、「如果歐洲找得到一個開明政府，他們會設立我的雕像」。[19]難怪伯克會說：「自負只是他的瘋狂行徑中，程度最輕微的小缺點。」

盧梭的自負，有部分是出於他認為自己的基本情緒運作不太正常。「我感覺自己優秀到不會有恨」、「我太愛自己了，以至我無法恨任何人」、「我從來不知道憤恨是什麼感覺，嫉妒、惡意、報復未嘗進駐我心……偶爾生氣，但我從來不狡猾或積怨」。實際上，他常常積怨，而且狡猾地追逐這些憤恨，很多人也注意到這一點。盧梭是第一位公開表明自己是所有人類之友的知識分子，而且他多次這樣表明。但他所說的愛，是泛指全人類，他培養出一種強烈癖好，喜歡譴責特定的個人。他早先的友人，日內瓦的特羅尚醫師就是其中一名受害者，特羅尚曾提出質疑：「全人類之友怎麼會沒朋友，或幾乎沒有？」盧梭的回應，是捍衛他自己有權決定誰值得鞭策：「我是人類之友，人類到處都有。真誠之友還會發現，惡意到處都有——我其實不用說得太多。」[20]身為一個自我中心的人，盧梭有點把對他本人的敵意，視同對真實與美德的敵意。因此他對敵人做什麼都不是壞事，這些人的存在本身就是此學說的永恆懲罰。他告訴艾丕內夫人：「我本性並不殘忍，可是當我看到這個世界沒有公正地對待這些惡人，就覺得一定有一座地獄正等著他們。」[21]

既然盧梭如此自負、自我中心又愛吵架，為何還有這麼多人等著跟他交朋友？這個問題的答案，會帶領我們來到他的性格特質與歷史意義的核心。這有一部分出於偶然，一部分出於本能，一部分是精心策畫的計謀。他是第一位計畫性地利用特權階級罪惡感的知識分子，而他確實達成了目的，以一種前所未見的新方法：系統地讚揚「失禮」。他是現代社會中某種性格小生的原型——憤怒青年[5]。他的本性並不反社會，他小時候確實希望在社會上發光發熱。他特別想得到上流社會婦女的青睞，他寫道：「女裁縫師、女服務生、女店員不會打動我。我需要的是年輕的貴婦。」不過顯而易見的是，他是個改變不了的鄉巴佬，在許多方面都粗魯無文。他在一七四〇年代開始嘗試打入上流社會，試著學習上流社會的遊戲，卻徹底失敗。他那時第一次嘗試勾搭一位已婚貴婦，結果臉丟大了。[22]

不過，盧梭在論文發表成功、打出「自然牌」拿到豐厚獎金之後就改變了戰術。他不再遮掩他的粗魯，反而強調它，將之塑造成一種美德。這個策略奏效了。法國這群受過良好教育的貴族，對古老的特權階級制度早就越來越不安，這些人把栽培作家視為一種能趨吉避凶的護身符。當時的社會評論家杜克洛（C. P. Duclos）寫道：「這些達官顯要就算不喜歡知識分子也會裝作喜歡，因為這是時代風潮。」[23]大部分作家因此獲得資助，所以試圖仿效比他們表現更好的人。透過改變戰術，盧梭變得更炙手可熱、更有魅力，被爭相邀往貴族們的沙龍。那些人喜歡稱呼他是才華洋溢、擁有高度智識的大自然野獸或「大熊」。他不落俗套，巧妙地強調自己的感傷情懷，強調發自內心的衝動而非禮儀規矩。他說：「我的多愁善感，是他們裝不來的那種。他們免除了我的禮數規矩。」他坦承自己「常規上沒教養，不客氣又粗魯。我不在意奉承自己的人，我就是沒教養」，或者又繼續裝模作樣，「有東西在我心裡，免除了我舉止得宜的責任」。

這招數跟他的散文搭配得渾然天成，比起多數其他同時代作家的雕琢藻飾，他的散文

5 指一九五〇年代英國不滿社會現象的青年作家與評論家。

樸實得多，他令人欽佩的率直，與對性事直言不諱的討論彼此相稱（《新愛洛伊斯》是第一本提到婦女束腰等物品的小說）。盧梭藉由刻意而為的單純無知與寬鬆穿著，凸顯出他摒棄社會規範的賣弄，而這一點成了所有浪漫主義派年輕人的標誌。他後來記錄：「我的革命運動始於我的穿著。我捨棄了金色蕾絲、白色長襪與圓膨膨的假髮，我丟了劍，賣了錶。」接著是長髮，他稱為：「這是我向來漫不經心的髮型，正好搭配我蓬亂的鬍子。」他是第一位蓄鬍的知識分子。幾年來，他已發展出多樣化的男性穿著風格，吸引大眾的注目。在瑞士的紐沙特（Neuchâte），小艾倫．拉姆齊（Allan Ramsay）幫他畫的肖像穿著亞美尼亞長袍，這是一種寬大長袖的罩袍。他甚至穿長袍上教堂，起初當地人反對，但很快就見怪不怪。如此穿著逐漸變成盧梭的正字標記，在他造訪英格蘭、名氣很大的時候，照樣穿長袍上皇家劇院，而且因為渴望回應觀眾掌聲，加里克夫人（Mrs Garrick）得勾著他的長袍，才能防止他跌出包廂。[24]

無論他有沒有意識到這一點，他都是一流的自媒體：他的怪異行徑，他在上流社會的蠻橫行為，他的個人極端主義，甚至是他的酸言酸語，都吸引了大量的關注，而且他的訴求無疑吸引了貴族贊助者，也吸引了讀者與異教徒。這是個很重要的事實，我們應該看見這種個人的公共關係手段，尤其是透過怪異的穿著與外表，已經成為眾多知識分子成功的一大重要元素。盧梭以這種方式引領風騷，在許多其他例子上也都是這樣。誰能說他錯了呢？多數人都會抗拒一些概念，尤其是新概念。但多數人都為性格著迷，有個性的放肆言行是方法之一，讓毒藥成為蜜糖，讓公眾因此而被誘導去閱讀、面對某些概念的作品。

這是盧梭獲取名聲、關注與愛戴的部分手段，他本人並無意成為心理學家，卻把大部分令人反感的惡習、忘恩負義，都塑造成正向的美德。對他來說，這並不是失德。他坦承這全都是自然發生的時候，其實經過算計。而既然他說服自己是「最有道德的人類」（他就是這樣寫），那想當然耳，其他人應該更精於算計，而且動機會比他更糟。所以任何事只要牽扯到他，別人一定會設法欺騙，而他必須在聰明才智上贏過對方。他跟其他人的談判基礎相當簡單：別人施予，他接受。他以一種厚顏無恥的主張來加強這個方法：由於他無可取代，所以幫他的人其實就是在幫自己。盧梭用這種招數來回應第戎科學院的授獎信，他寫道，自己的論文點破了不得人心的真相，「而您寬厚地嘉獎我的勇氣，實則也是為您自己增光。是的，先生，您讚頌我，便是在您自己的頭頂戴上桂冠」。當他聲望漸大因而得到各種款待時，也是用同一招。這確實變成他第二天性。他會先堅持這種善舉不超過自己應得的。「身為病人，我有權因為病痛得到人道的包容」，或是「我很窮，而且……應該受到特別照顧」，接著，他會繼續說，他只有在受到壓力時才會接受救濟，而且這令他憂傷不已：「當我屈服於一而再、再而三的漫長懇求，接受別人的供應時，都是為了尋求平靜而不是我的利益。然而施予者付出多少，實際上都成了我的債務——會讓我付出更多代價。」如此這般，他便得到權力去為「如何幫助盧梭」設定條件，例如若要「出借華麗小別墅」或「出借城堡」，他都不擔保任何社會責任，因為「我對幸福的概念就是……不必做任何我不希望去做的事」。所以他寫給一位款待他的東道主：「我必須堅持你要讓我保留全然的自由。只要我受到一丁點的打擾，你就再也見不到我的面。」他的感謝函——如果他有「感謝」的意思——可能比較像是「難相處聲明」，例如他在一封信上寫道：「感謝你勸我前去參訪，但假如這一趟我不必付這麼高額的費用，我會更由衷地感謝你。」[25]

如同盧梭的一位傳記作者指出的，他總是為大家設計好小圈套。他會凸顯自己的貧困，等對方提供資助後再假裝震驚、受傷，甚至憤怒。比如：「你的提議令我心寒。你怎麼這麼不會為自己打算？竟想把一個朋友變成貼身男僕。」他繼續說：「不管你有什麼提議，我都不想聽，假如你懂我，就知道我不是待價而沽。」聽到這番話，那位本來打算招待他的主人誠惶誠恐，被誘導著依照他所開的條件來邀請他。[26]這是盧梭用來說服人的心理學技巧之一，特別是對社會地位在他之上的人，他的字典裡沒有收入通常用來表示謝意的措辭。因此他寄給借他城堡的盧森堡公爵（Duc de Montmorency-Luxembourg）的感謝函上，是這樣說的：「我既不會讚美你，也不會道謝，但我住在你的府邸。人人都有自己的語言——我已用我的語彙訴說了一切。」這伎倆很吃得開，公爵夫人的回信滿懷歉意：「您不必謝我們——是元帥和我要感謝您才是。」[27]

但是盧梭還沒準備好像史金波那樣，從此過著舒心愉快的生活[6]，他更深沉，也更有趣。和他沉著的算計並行在一起的，是名副其實的偏執，這讓他不容許自己輕鬆過著自私自利的寄生蟲生活。他好辯，且始終砲火猛烈，幾乎每一個跟他有密切往來的人都受到波及，尤其是那些幫助他的人。如果去研究這些不愉快又反覆的吵架內容，只能得出他精神異常的結論。這種疾病與偉大又獨特的天才心靈的結合，不只是對盧梭，對任何人來說都很危險。堅信自己完全正確，就是他的主要病徵。要是盧梭沒有天賦，那他的病可能早就自己痊癒，或者就算往壞處發展，也不過是個人的小小悲劇。但他卻擁有絕倫的寫作天分，讓他受到認可、獲得名氣，還廣受大眾歡迎。這對他來說表示：「他永遠

---

6 史金波是狄更斯小說《荒涼山莊》（*Bleak House*）裡的角色，厚顏地利用山莊男主人的善心。

正確」並不是一個主觀判斷，而是整個世界的判斷。當然，那些與他意見相左的人，就是他的敵人。

在所有個案中，這些敵人都曾是他的朋友或贊助人。盧梭總是在決裂之後推論，這些人在表面的友好底下，謀求的是利用他與毀滅他。他容不下「公正無私的友誼」這種概念，而且既然他比其他人優越，而他無法感受到這種動力，那麼其他人自然也感受不到。因此，他從一開始就詳細分析所有「朋友」的行為，才能在這些人一出差錯就馬上察覺。他跟狄德羅鬧翻，這是他欠最多人情的朋友。他與艾丕內夫人用很傷人的方式撕破臉，而她是待他最和善的資助者。他跟伏爾泰吵架——這一點都不難。他跟大衛．休謨起口角，對方視他為文學烈士，還帶他去英格蘭，讓他獲得英雄式的歡迎，並用盡一切力量讓他的英格蘭之行得以成功、愉快。還有數十次沒那麼激烈的爭吵，例如跟他的日內瓦友人特羅尚醫師。盧梭透過又臭又長的抗議信，記錄了大多數的主要爭吵內容。這些書信是他的作品中最傑出的，其辯論技巧之驚人，偽造證據之狡猾，竄改史實與時間順序的巧思之高超，都是為了證明收件者是魔鬼猛獸。他在一七六六年七月十日寫給休謨的信，有十八張對開紙（一張對開紙能裁成二十五張影印紙），這封信被休謨的傳記作家形容成「與痴呆症患者一致的邏輯，但仍是一個精神錯亂者所寫過，最精彩迷人的文書之一」。[28]

盧梭漸漸相信這些假意愛他的人，對他的個別敵對行為不是單一個案，而是某種具關連性的模式。他們全都是某個錯綜複雜的長期陰謀下的密探，目的是打擊、干擾甚至摧毀他，並傷害他的作品。回頭研究人生，他認為這個陰謀集團可追溯至他十六歲，他那時是維塞利斯伯爵夫人（Comtesse de Vercellis）的僕人，「我認為從那時起，我就受到圖謀不軌的惡意阻撓直到今天。所以我不喜歡這種表面的和平，也是合情合理」。讓我們嚴肅地看待事實：相較於其他作家，法國當權者對盧梭算不錯了，只有一個企圖逮捕他，而負責書籍審查的長官馬勒賽布（Malesherbes），總是盡量協助他的作品出版。但盧梭還是覺得自己是某個國際網絡團隊的受害者，尤其在造訪英格蘭期間，他越來越篤定休謨就是幕後主使，背後還有數十個幕僚。有一次他寫信給英國的御前大臣肯頓伯爵（Lord Camden），說自己有生命危險，要求一支武裝護衛隊護送他離開這個國家，但御前大臣對精神病患的來信早就見怪不怪，因此紋風不動。盧梭終於要離開英格蘭時，他在英國東南部的港口多佛（Dover）開始歇斯底里，他奔跑上船，把自己鎖在客艙，跳上一根柱子向群眾演說，宣布泰蕾茲（他的女傭兼情婦）現在也參與要謀害他，企圖用暴力把他困在英格蘭。[29]

回到歐陸後，他開始在前門吸引路人聽他抱怨許多社會階層集體對他不利的情節：天主教、高級知識分子、普通人、女人和瑞士人。他開始確信法國的外交大臣舒瓦瑟爾公爵（Duc de Choiseul）親自接管這個國際陰謀集團，而且花了很多時間組織龐大的人脈網絡，任務就是讓他的生活悲慘。他為一些像是法國占領科西嘉島（Corsica）的公眾大事撰文，巧妙地將之編造成英雄事蹟，但他曾為該處起草憲法。說也奇怪，由於舒瓦瑟爾公爵的請求，盧梭才為波蘭獨立寫了類似的憲法草案，而舒瓦瑟爾公爵在一七七〇年失勢時，盧梭很沮喪：他認為這又是陰險的一步棋！盧梭斷言，自己永遠不知道當初如何得罪人（除了他對真實與正義的認同），讓「他們」決定要懲罰他。但陰謀的相關細節確實無疑，證據多到無法想像：「他們將在我周圍築起一座難以探測的黑暗大廈。他們會把我活埋在棺材裡……要是我出遠門，他們為了能在任何地方控制我，會全面預做準備，把話傳給乘客、馬車夫、旅店老闆……這種對我的極度厭惡，四散在我路上踏出的每一步、目光所及的每樣東西，我的心就要被割裂。」他生前最後的兩部作品，一七七二年開始動筆的《對話錄》（*Dialogue avec moi-même*）與一七七六年完成的《一個孤獨漫步者的遐想》（*Les rêveries du promeneur solitaire*）都反映出這種被害妄想症。當他完成《對話錄》時，他確信「他們」企圖摧毀書稿，因此他在一七七六年二月二十四日前往巴黎聖母院，打算把書稿放在祭壇上要求庇護。但通往唱詩席的大門上了鎖，這肯定是陰謀！所以他又做了六份抄本，著魔似地發送給不同的人：其中一本給了學者賽繆爾．約翰遜博士（Samuel Johnson）的朋友，一位住在英格蘭利奇菲爾德（Lichfield）的女學者，叫做布魯克．布思比（Brooke Broothby）。她在一七八〇年出版了這本書。當時，盧梭已經長眠於他的墓穴，依舊確信有數千個密探在跟蹤他。[30]

這種精神錯亂所造成的心智極度痛苦，對患病者來說非常真實，有時也不得不同情盧梭。遺憾的是，他無法因此退出舞台。他是在世時最有影響力的作家之一，他以人類之友自居，尤其是真實與美德的鬥士，他這樣的形象在過去廣受歡迎，現在也確實如此。所以，把他看作真實與美德的敘述者，我們有必要更仔細觀察他的行為。我們發現了什麼？真實的議題尤其重要，因為盧梭死後，最知名的就是他的《懺悔錄》。這一部著作努力自我剖析，訴說一個人一生的內在真相，這種嘗試亙古未有。這本書是極端坦率的新類型自傳，就像詹姆士．包斯威爾（James Boswell）晚十年才出版的《約翰遜傳》（*The life of Dr Johnson*），是一種極端精確的新類型自傳。

盧梭宣告這本書真實不欺。他在一七七〇年至一七七一年的冬天為此書舉辦朗讀會，在擠滿人的沙龍裡持續了十五至十七個小時，現場還提供麵包。他攻擊他的受害者們，但他的論點令人忍無可忍，以至於其中一個受害者：艾丕內夫人，要求當局必須阻止朗讀會的進行。盧梭同意停止，卻在最後一次朗讀會加入以下談話：「我必須說真話。如果有任何人所知道的事實，與我方才說的話相反，就算檢驗上千次，那也是謊言跟詐欺……無論是誰，以他的眼光來審度我的天性，我的性格、品行、傾向、消遣、習慣，據以認定我是個不誠實的人，他本人就該被勒死。」這番話帶來了一陣令人難忘的沉默。

盧梭之所以能打著「說真話」的名號，是靠宣稱自己的記憶力一流。更重要的是，他說服讀者自己很誠懇，因為他是第一個公開性生活細節的人。他沒吹噓自己很勇猛，反而滿是羞愧與不情願。恰如他說的，他提到他的性經驗是「黑暗又骯髒的迷宮，最難啟齒的不是罪惡，卻是讓我們覺得荒謬與羞愧的事」。可是一個真誠不造作的人，要如何違背自己的意願呢？身為一個年輕人，他在義大利杜林（Turin）幽暗的後街嘶吼，向女人露出光溜溜的屁股。「在她們露出很難形容的眼神之前，露屁股讓我得到愚蠢的歡愉。」盧梭是天生的暴露狂，性方面如此，其他方面也是，而且確實有講述自己性生活的癖好。他描述他的性受虐狂，說他被牧師的妹妹——嚴格的朗拜爾西耶小姐（Mademoiselle Lambercier）打屁股是何等享受（為了激怒她處罰，他還故意搗蛋）。還有他如何慫恿女校友格羅頓小姐（Mademoiselle Groton）也打他屁股：「向一位我拜倒在裙下的傲慢情婦撒謊，服從她的命令，請求她的原諒——對我而言真是賞心樂事。」[31]他告訴大家年少時自己如何手淫，他辯護道，這能讓年輕人免於染上性病，而且「此一令人感到恥辱羞愧的罪行，取得是如此便利，對生活的想像擁有不只一種吸引力：這能讓所有的女人臣服於他們一時的興致，不需美女們的同意，就能讓她們想要誘惑他們，滿足他們。」[32]他描述在杜林的旅店，有同性戀者意圖誘惑他。[33]他坦承與華倫夫人還有她的園丁玩三人行。他形容，當他發現有個女孩有一側乳房沒乳頭時，他無法與她做愛並暴怒離去：「我撇下女人去算數學。」他坦承日後又開始手淫，因為這比積極追求感情生活方便多了。有點故意，又有點下意識地，他給人一種印象：他對性的態度一直都很孩子氣。他的情婦華倫夫人，永遠都被他稱作「媽媽」。

這種有害的自白增強了大家對他「尊重真相」的信心，接著，他再藉由牽扯其他丟臉、與性交無關的插曲來強化這種印象，包含竊盜、謊言、懦弱與擅離職守。不過當中有狡詐之處。他的自我控訴，讓他後來控訴敵人時更有說服力。如同狄德羅憤怒的評論：「他用令人厭惡的方式描繪自己，給他不公正又殘酷的指責批上了真相的外衣。」還有，這些自我控訴都是假的，因為每一次自我批判，後面都會加上毫無遮掩的認錯，再巧妙地辯白自己無罪，讓人讀到最後對他產生同情，又為他的坦率加分。[34]然後再一次，盧梭呈現出來的真相往往變成半真半假的陳述。選擇性誠實，某種程度來說是最不誠實的，這一再出現在《懺悔錄》與他的書信裡。有些「事實」他承認地如此乾脆，但依照現代的學術研究，幾乎都經過歪曲或者根本不存在，有些就算用他的內部證據來看也很明顯。例如，他說同性戀對他獻殷勤的說法，就有兩種相當不同的版本，分別在《愛彌兒》與《懺悔錄》裡。他的「全面記憶」是一個謎，父親過世給錯年分，並說父親當時「大約六十歲」，實際上他父親活到七十五歲。他對杜林旅店所有交代的細節，幾乎都是謊言，但這是他少年時最關鍵的事件之一。而如果透過外部證據，則《懺悔錄》中無一句可信，且真相呼之欲出。實在很難不認同最了解盧梭的當代評論家約翰．赫伊津哈，他指出，由於《懺悔錄》堅稱內容真實可信，使得其中的歪曲事實與謊言特別可恥：「一個人越是專注地一讀再讀，越是深入鑽研，就越能看這本書可恥的更多層面。」[35]什麼讓盧梭的不誠實變得如此危險，又讓他的杜撰震懾了他從前的朋友們——是他用來描述那些人的高超、邪惡的技巧。如同他公正的傳記作者克勞克教授所言：「他跟別人吵架的敘述（好比他在威尼斯發生的事）有種難以抗拒的說服力、口才與真摯的感情。知道真相之後會很錯愕。」[36]

既然盧梭以這種方式獻身於真實，我們又該如何看待他的美德呢？很少有人的生活必須承受如此近距離的監督，近乎赤裸裸地躺在數以千計的學者面前接受道德審判。但考量到他的主張、他在道德標準與行為方面上的持續影響，這也是不得已的事。他說，自己是個為愛而生的人，他傳授愛的學說，比大多數傳教士更不屈不撓。那麼，他是如何靠他那些被研究得一清二楚的天性，來表達自身的愛？從出生時，死亡便奪走了盧梭的母親與正常家庭生活。既然不認識，或許他對母親沒什麼感覺，但他對其他家人也沒有展現過真正的關懷或關心。父親對他來說沒有意義，父喪只是一個繼承財產的機會。在這一點上，盧梭對他長期失聯的哥哥的關心，也只是為了看對方還在不在人世，這樣家族財產才會都落入他手中。他把他的家庭視為現金的一種形式。在《懺悔錄》裡，他描述：「我有個顯而易見的矛盾——極其蔑視金錢，卻又對它有著近乎齷齪的貪念。」[37]他畢生沒有留下太多蔑視金錢的證據。當他的家族財產證實由他繼承，他描述自己收到匯票時，盡了最大的意志力，拖到隔天才把信件打開。他說：「我刻意慢慢打開，找到裡面的匯票。我馬上覺得心情舒暢，但我發誓我最渴望的是戰勝我自己。」[38]

如果這是他對原生家庭的態度，那他又會怎麼對待他實質上的養母華倫夫人呢？答案是：小氣吝嗇。華倫夫人在盧梭窮困時至少出手接濟四次，但盧梭後來飛黃騰達、華倫夫人生計艱難時，他卻甚少幫她一把。根據他自己的敘述，他一七四〇年代繼承家族財產時寄了「一點」錢給她，但拒絕繼續寄錢，因為錢會被她身邊的「無賴們」拿走。[39]這只是藉口，她後來好幾次懇求盧梭幫忙，卻都石沉大海。華倫夫人最後兩年臥病在床，死於一七六一年，死因可能是營養失調。夏美伯爵（Comte de Charmette）同時認識兩人，強烈譴責盧梭沒有「至少把一部分的錢，還給對他最慷慨的女贊助人」。盧梭後來繼續應付華倫夫人，在《懺悔錄》裡，以高明的詭計讚揚她是「最好的女人與母親」，說自己沒寫信給她，是因為不想一一細數自己的困難讓她難過。最後他說：「去吧，品嘗妳的慷慨所結下的果實，為妳的子弟們準備好一個他希望有天能逃向妳的地方！要為妳的不幸開心，因為天國終結了不幸，為妳解除了他的痛苦景況。」以純粹的自我中心來看待她的死亡，這正是典型的盧梭。

要是沒有這強烈的自我中心，盧梭能愛一個女人嗎？根據他自己的說法，「我的初戀與畢生唯一的愛，是蘇菲（Sophie）」。蘇菲是烏德托公爵夫人（Comtesse de d'Houdetot），也是他的資助人艾丕內夫人的姻親。或許盧梭愛過她，但他說自己寫情書給對方「採取了預防措施」，如此一來，如果信件曝了光，對她的殺傷力將不亞於他本身。而泰蕾茲·勒瓦瑟，這名二十三歲的洗衣女在一七四五年成為他的女傭，和他在一起三十三年，直到他過世。他說自己「從未感覺對她有半點愛……我在她身上滿足了性需求，是純粹的性，與她個人無關」。他寫道：「我跟她說過，絕對不會離開她，也絕對不會娶她。」二十五年之後，盧梭和她辦了假結婚，只有幾位朋友到場觀禮，而且婚禮被用來發表一段非常自負的演說。盧梭斷言後代子孫會為他豎立雕像，以及「與盧梭為友，將不只是一個虛名」。

某種程度上，他瞧不起泰蕾茲是做粗活、目不識字的女傭，也鄙視自己是她的伴侶。他控訴，泰蕾茲的母親非常貪婪，而她的兄弟偷了他四十二件上等襯衫（沒有證據顯示她家人有這麼壞）。他說泰蕾茲不只無法讀寫，也不會看時鐘跟日期。他從沒帶她出門過，他如果邀請朋友到家裡吃飯，她也不能同席。她負責送來食物，然後盧梭會「拿她找樂子」。為了討盧森堡公爵夫人開心，他編寫了一張泰蕾茲失禮行為的列表，就連一些出身高貴的朋友，看到他如此輕蔑的態度也大感錯愕。同時代的人都把盧梭跟泰蕾茲切割開，有些人以為她是用來中傷他的小道消息。無數個將盧梭偶像化的傳記作者，無所不用其極地抹黑她，以漂白他對她心胸狹隘的種種行為。[40]

確實，公平一點來看，盧梭也曾經讚美泰蕾茲「擁有天使般的心腸」、「溫柔體貼又善良」，是個「絕佳的商量對象」、「心思單純且不會賣弄風騷的女孩」。他所認識的她「膽小又好掌控」。事實上，我們不知道盧梭是否真的了解泰蕾茲，或許他太過自戀，根本沒心思對泰蕾茲好好觀察研究。有關她最可靠的描述，是詹姆士．包斯威爾提供的，他曾在一七六四年五次拜訪盧梭，後來還護送泰蕾茲到英格蘭。[41]他所認識的泰蕾茲「是個嬌小、活潑、俐落的法國女孩」，包斯威爾為了更近一步接近盧梭而收買她，並設法向她討到兩封盧梭寫給她的信（目前僅存一封）。[42]信件顯示出盧梭的關愛，還有他們之間的親密關係。她告訴包斯威爾：「我與盧梭先生已經在一起二十二年了。我不會放棄法國王后的寶座。」另一方面，包斯威爾曾是她的旅伴，他毫不費力就引誘她上床。包斯威爾在手寫的日記原稿上詳述此一風流韻事，後來被他的遺稿執行者剪下來，在空白處標注「這一段該受指責」，但漏了一句，是他在多佛時寫的：「昨日一大清早離開她的床鋪（在樓梯平台），又做了一次：一共十三次。」而且其他保留下來的陳述，都足以顯示這個女人比大多數人所認為的更世故、更老練。事實似乎是她以一種敬愛的方式獻身盧梭，卻被盧梭的行為教育成要利用他，正如他對她的利用。盧梭最溫暖的愛都給了動物，包斯威爾記錄了一個愉悅的場景，盧梭跟他的貓還一隻叫蘇丹（Sultan）的狗嬉戲。他給予蘇丹（還有上一隻狗，叫土耳其）的愛是在其他人身上見不到的。蘇丹非常愛亂叫，盧梭帶牠前往倫敦時，還差點因此無法參加加里克為他安排在皇家劇院的特別義演。[43]

盧梭留下泰蕾茲，甚至有些珍惜她，因為她能為他做的事情，動物做不到：例如為他接上導尿管。他可能無法容忍有第三者介入他們的關係。例如，有個出版商寄給她連衣裙，他勃然大怒，立刻否決了要支付給她退休金的計畫，這計畫或許能讓她在經濟上不再仰賴他。最重要的是，他不允許孩子占走他對泰蕾茲的各種權利，這導致了他最大的罪行。由於盧梭很大一部分的聲望，是因為他教養孩童的理論——主要是教育，在他的

《論人類不平等的起源與基礎》、《愛彌兒》與《社會契約論》，甚至在《新愛洛伊斯》中都有著墨。奇怪的是，他的現實生活與筆下的相反，他不怎麼關心小孩，也沒有任何證據表示他曾經做研究來驗證理論。他說沒人比他更愛與孩子們玩了，但有一則相關的傳聞，顯示出他這方面的能力其實令人不安。畫家德拉克拉瓦（Delacroix）在《日誌》（*Journal*）表示曾有個人告訴他，說在杜樂麗花園（Tuileries）瞧見盧梭：「一個孩子的球打中這位哲學家的腿。他暴怒，用手杖追打那個孩子。」[44]就我們對盧梭個性的認識，他也不太可能成為一個好父親。即便如此，如果知道盧梭對親生子女做了什麼事之後，你可能會驚訝地作嘔。

一七四六年至一七四七年的冬天，泰蕾茲第一個孩子出世，我們不知道性別，因為他沒有獲得名字。盧梭說，他以「全世界最大的困難」說服泰蕾茲必須棄養，「以保全她的名聲」，她「嘆息一聲，照他的話做了」。盧梭在嬰兒衣服裡放了一張密碼字卡，要助產士把襁褓中的嬰兒丟在育嬰院。他跟泰蕾茲後來生的四個小孩也是以相同方式棄養，只有第一個還不嫌費事地寫了張密碼字卡。他也都沒有幫小孩取名。這些嬰兒不可能倖存太久，一七四六年的文學刊物《法蘭西信使》（*Mercure de France*）中有該機構的沿革，表明當地每年有超過三千個棄嬰，已經窮於應付。盧梭自己在一七五八年也記錄，棄嬰總數當時已攀升到五千零八十二個，到了一七七二年，平均數量已接近八千。有三分之二的棄嬰未滿週歲就夭折了，每一百個棄嬰中，平均有十四個能活到七歲，有五個能活到成年，而且多數都將成為乞丐或無業遊民。[45]盧梭甚至沒記錄他這五個孩子的出生日期，對孩子後來的生活也漠不關心，除了在一七六一年，他有次以為泰蕾茲快死了，於是做了敷衍的嘗試，想用密碼打探第一個孩子的下落，但也很快就不了了之。

盧梭無法將自己的情形徹底保密，例如一七五一年與一七六一年，他偶然以私人信件來為自己辯護。而在一七六四年，伏爾泰因為盧梭攻擊他的無神論而被激怒，結果伏爾泰假冒成一名日內瓦牧師，匿名出版了一本小冊子，書名是《公民的情感》（*Le Sentiment des Citoyens*）。該書公然指控他遺棄了五個子女，並且描述他身染梅毒，是個殺人兇手。但盧梭對這些指控的否認，大致上被公眾接受了。無論如何，他對這段往事的思考，只是他寫《懺悔錄》的因素之一而已。他寫這本書的本意，是想為那些已公諸於世的事實，進行反駁或脫罪。他在書中兩次為棄養之事辯解，然後繼續在《一個孤獨漫步者的遐想》與許多不同的書信中回應。他公開或私下努力為自己平反，時間長達二十五年，留下的文字相當多，但他只是提油滅火，因為這些訊息是由惡毒的言語與偽善所包裝的自私組合而成。[46]他先是指責不信神的知識分子這個邪惡的小圈子，說裡頭人強加了「孤兒」的概念在他天真的腦中，接著說養育子女「多有不便」。他養不起。「當我簡陋的閣樓被家務與孩子的吵鬧聲填滿，我要如何得到工作所需的平靜？」他或許要被迫卑躬屈膝，去做降低他格調的工作，「所有這些不名譽的行為，讓恐怖合情合理地淹沒我」。「我很清楚，如果我當爸爸的話，那不會有比我更慈愛的父親」，但他不要他的孩子與泰蕾茲的母親有任何接觸：「把我的孩子交託給那個沒教養的家庭，這想法令我擔憂。」至於殘忍，像他道德如此超然之人，怎麼可能會犯下這種罪行？「……我愛偉大、真實、美與正義熱烈。我害怕每一種罪惡，我不具有怨恨或傷害他人的能力，甚至連想過都沒有。當我所見皆是善良、寬厚與親切，我便感受到愉快與雀躍。我問，同樣的這一顆心，有可能墮落自此，把最甜蜜的義務踩在腳底下？不！我感覺到，而且大聲宣告——不可能！盧梭此生哪怕只有一個瞬間，都不可能是個沒血沒淚、沒同情心，或是不近人情的父親。」

為了維護他的美德，盧梭不得不持續下去，正面地為自己辯護。就這點來說，盧梭幾乎是湊巧把我們引入他私人問題與政治理念這兩方面的核心。我們對盧梭拋棄孩子正確性的描述，不光因為這是他殘忍無情的顯著案例，也因為這過程中的重要環節，產生了他對政治與政府角色的理論。盧梭認為自己是被拋棄的孩子，在很大的程度上，他從未真正長大，終其一生都無法自立。他把華倫夫人當母親來求助，把泰蕾茲當成保母。《懺悔錄》中有許多篇幅、他的書信中有更多篇幅強調孩子的要素，許多與他往來過的人都把他看成小孩（例如休謨）。這些人剛開始把他看作一個無害又聽話的孩童，接著發現自己努力操控的，是一個天才橫溢、兇狠殘暴的少年罪犯。某些方面，盧梭也自覺是孩子，所以他無法養育小孩。必須有些東西可以取代他的位置，而那個東西就是國家，以孤兒院的形式替他做事。

所以，他主張他的所作所為是「良善且明智的安排」，是柏拉圖所倡議的。「養小孩最好不要太小心，這能讓他們更強健。」他寫道：「我曾希望，直到現在也是如此希望，自己可以像他們那樣被撫養長大。要是我有相同的幸運就好了。」簡言之，他把責任轉移給政府，「我認為我在演一齣公民與父親的戲，把自己看成柏拉圖共和國裡的成員」。

盧梭聲稱，他思索自己對待小孩的處理方式，最終讓他的教育理論成形，然後在《愛彌兒》中介紹推演展，還幫他發想出同年出版的《社會契約論》。在這個特殊情況下，他為了自我辯護的重申與自負變得更加堅定（過程是一連串輕率、缺乏思慮的藉口，我們可以從中看出，他一開始就知道自己的行為是不自然的），接著逐漸演變成發自內心的信念，主張教育是改善社會與道德的關鍵。因此，這是國家大事。政府必須塑造所有人的想法，不光是孩童（正如他在孤兒院的棄子），也包括成年公民。透過這難以理解又無恥的連環扣，盧梭為人父的惡劣行徑，被連結上他的意識形態產物：未來的極權主義政府。

盧梭的政治理念總是圍繞著混亂，因為在許多方面，他都是個前後矛盾而對立的作家——盧梭「產業」變得如此龐大，理由之一是為了解決「問題」而蓬勃發展的學術研究。他的著作中有些段落，使他看起來守舊，強烈反對革命，他寫道「試想要這麼大刀闊斧的危險」、「投身革命的人，其結局差不多都是把自己交給增加那肩上重擔的撒旦」、「我不願與策畫革命扯上任何關係，這麼做總是導致動亂失序、暴力與流血」、「全體人類的自由權，比不上任何一個個體的生命價值」。他的著作也滿是激進的忿忿不平，「我痛恨大人物，我恨他們的地位優越、講話難聽、心存偏見、器量狹小，恨他們所有的不道德行為」。他寫給某位貴婦的信中說：「富人階級，即妳所在的階級，偷走了我後代子孫的麵包。」他自己承認，「如果那些富人與成功人士獲得財富與幸福的方式會讓我吃虧，那就會激怒我」，富人是「飢渴的狼，一旦嚐過人類的鮮血，就拒絕其他食物」。他有許多威猛的格言，激進的口吻讓他的著作特別受年輕人喜歡。「土地所產出的果實屬於我們全體，土地不歸任何人所有」、「人生而自由，但處處都是限制」。他參與編撰《百科全書》[7]的「政

7《百科全書》（*Encyclopédie*）是一七五一至一七七二年間由一群法國啟蒙思想家所編撰，常常夾敘夾議、議論時政。參與編撰者主要有狄德羅、孟德斯鳩、伏爾泰、盧梭等啟蒙運動知名人物。

治經濟」部分，他對統治階級的總結如下：「你需要我，因為我富你窮。讓我們達成這樣的協議：我將允許你擁有為我服務的榮耀，我命令你提供什麼，你就要把你的所有給我，除了麻煩以外。」

不過，只要我們了解盧梭希望建立的國家本質，他的論點就會變得前後一致了。以一種截然不同、本質是平等主義的東西來取代現有社會是必要的，但在過程中，不容許革命帶來的動亂失序。富裕與特權階級應該被國家取代，體現公共意志（General Will），而公共意志訂下的所有契約都得遵守。由於國家透過系統化的文化工程處理程序，對所有人反覆灌輸美德，因此服從將變得本能且自願。國家是父親，是祖國，全體公民都是慈父般的孤兒院的子女。（約翰遜博士寫了令人費解的評論，但他戳破了盧梭的詭辯，「愛國主義是壞人最後的避難所」。）不像盧梭自己的孩子，「公民子女」是透過自由訂定契約，來把自己交給國家／孤兒院，因此，他們的集體意志構成了合法性，有不被強迫做任何事的權利，要是國家想要制定什麼法律，那必須要是他們熱愛且願意服從的。[47]

儘管盧梭寫了與公共意志相關的自由權，但權威機構是其中不可或缺的要素。這也是列寧（Lenin）民主中央集權主義的早期輪廓。法律須由公共意志制定，而公共意志在定義上，必須擁有道德威信。「人民為自己所立的法，不能不公不義」、「公共意志永遠公正」。

此外，假如國家的動機良好（也就是有令人嚮往的長期目標），那公共意志就能可靠地交給領袖們來好好解釋，因為「他們知道公共意志會偏愛最符合大眾需求的決策」。所有人都會發現，與公共意志作對是錯的：「當公共意志與我自己的觀點相反時，就單純證明我錯了，我以為我所想的就是公共意志，但其實不是。」更確切地說，「如果有一天我獨特的意見被接受，我就走到我先前意志的反面，而我將不再自由」。這種說法，讓我們幾乎是身處亞瑟・柯斯勒（Arthur Koestler）的反共小說《正午的黑暗》（*Darkness at Noon*）中的寒冷地帶，或是喬治・歐威爾（George Orwell）描述的「新話」[8]。

盧梭的國家概念不單單是獨裁主義，還是極權主義，因為它指揮人類活動的每一面向，包括思想。在社會契約之下，個人被迫「讓出本身的所有權利給全體社會（即國家）」。盧梭認為，在人類天生的自私與社會責任之間、自然人（Man）與公民（Citizen）之間，有著根深蒂固的衝突，這令他痛苦。社會契約的功能與國家的作用，就是讓自然人再度變得完整：「讓人能做完整的自我，他想要多快樂，你就能讓他就有多快樂。讓他把一切給予國家，或者讓他一個人保留一切。但如果你讓他的心分歧，就是把他撕裂成兩半。」所以，

8 「新話」（Newspeak）指的是官員為了欺弄、操縱公眾而故意使用含混、矛盾的言辭。

你必須待公民如孩童，控制他們的成長與思想，「在他們心底種下社會法則的種子」。然後他們便會成為「合乎理性的社會人，以及同意被這樣對待的公民。他們將會完整如一，會令人滿意，會幸福，而他們的幸福即是共和國的幸福」。

這個過程需要全然的屈從。一開始，他為科西嘉島起草的憲法所規畫的社會契約宣言，誓詞是這樣寫的：「我把我本人，軀體、道德、意志以及我所有的權力，交接給科西嘉國，同意她之於我的所有權，包括我自己還有依靠我的所有人。」[48]於是乎，國家「握有人民及他們所有的權力」，可以控制他們經濟與社會生活的每一面向，打造紀律、反對奢靡與都市化，人民除非經過特別允許，否則禁止進入城鎮。盧梭以幾種手段為科西嘉規畫的政府，成為波爾布特[9]在柬埔寨嘗試建立的政權的先驅。這完全不意外，因為巴黎那些受過良好教育的政治領袖，全都吸收了盧梭的概念。當然，盧梭由衷地相信這種國家會令人滿意，因為人民將被訓練成愛國分子，也喜歡這種國家。他沒使用「洗腦」這樣的字眼，但他寫道：「控制人民的輿論，就能控制他們的行為。」這種控制的基礎在於，將公民當作國家的孩子對待，從嬰兒時期開始，就訓練他們「想到自己時，只會想到他們與國家共同體的關係」。「讓他們除了國家之外一無所有，他們就會只為國家而不為其他。國家會取得他們的全部，也會成為他們的全部。」再一次，這為義大利墨索里尼（Mussolini）

的極權法西斯主義開了先例：「萬事皆在國家之內，無一事在國家之外，沒有事物對抗國家。」因此，教育過程是文化工程的成功關鍵，讓國家受到認同，達成目的。盧梭理念的核心在「公民是孩子，國家是父母」，而且他堅持政府必須全權掌控所有孩子的養育。從此以後（這正是盧梭的概念所引發的真正革命），他透過制定法律，撼動政治的處理程序，把政治程序帶入人類存在的核心，成為新的救世主，透過產生「新人類」來解決所有的人類問題。他寫道：「萬事萬物的根本都依賴政治。」美德是有效政府的產物，「一個自然人的罪行，不超過一個受到拙劣管理的人」；「政治程序，以及新形態政府的生成，是人類疾病的完整處方」。[49] 政治將解決一切。盧梭為這個二十世紀最主要的愚蠢謬見，畫出了一幅藍圖。

盧梭在世時的聲譽，以及他死後的影響力，帶起了有關人性易受欺騙的惱人疑問，更確切地說，人在看到自己不想承認的證據時會有排斥傾向。盧梭的著作之所以受到認可，絕大部分是靠他大力宣稱自己不但正直善良，還是當代最正直善良的人。不過，當他的軟弱與罪行開始為人所知，還成為國際上的話題時，為什麼這種荒謬而無恥的宣示沒有

9 波爾布特（Pol Pot）是一九六三至一九九七年間紅色高棉的實際最高領導人。

被數落，甚至擊垮？攻擊他的人，沒有陌生人或政治對手，反而全都是過去特地向他伸出援手的友人和夥伴。他們是來真的，所做的集體控訴極具殺傷力，休謨一度覺得他「仁慈、謙和、親切、無私且極度善感」，但深入了解之後，盧梭無疑是「殘忍兇惡的人，把自己視為全宇宙最重要的存在」。狄德羅在日久年深的往來後，總結他「愛騙人、像撒旦一樣自負、忘恩負義、尖酸刻薄又滿腹惡意」。對格林來說，他「令人作嘔，毛骨悚然」。對伏爾泰來說，他「是個自負又卑劣的怪物」。這些評價中最可悲的，莫過於好心幫助他的女人們，例如艾丕內夫人與她的丈夫，她對盧梭說的最後一句話是：「我對你除了同情沒別的了。」這些評價不光是基於這個人的言詞，還包括他的作為，而且從那時起的兩百年間，學者們挖掘出大量的材料，無情地證實了這些人說的都是真的。有一位當代大學教授條列出盧梭的缺點：他是「性受虐待狂、暴露狂、神經衰弱、憂鬱症患者、手淫者、因一再被撤職的痛苦而產生典型衝動欲望的潛在同性戀者，無法給予正常愛情或親情，天生的偏執狂，因自身疾病成為孤僻的內向自我崇拜者，滿懷罪惡感，病態的膽怯，有偷竊癖，是幼稚病（infantilist）的患者，急躁易怒，又吝嗇貪婪」。[50]

這類的指控，以及大量出現的佐證，並未改變太多世人對盧梭及其作品的尊敬，反倒支持他在智識與情感上的魅力。終其一生，無論他跟多少朋友撕破臉，對他來說，交新朋友、獲得新的仰慕、信徒，讓達官顯貴給他華宅、晚宴與他所渴求的恭維，都不會是難事。他死後葬在埃爾芒翁維爾（Ermenonville）湖上的白楊島（Île des Peupliers），這裡很快就變成全歐洲的男男女女世俗的朝聖地。那裡有如中世紀聖徒的聖陵。對於此地「虔誠」的滑稽描述，讀來可笑：「我雙膝下跪……雙唇壓在冰冷的紀念碑上……然後親了一次又一次。」[51]他的遺物，例如菸草袋與菸草罐，被小心存放在大家都知道的「聖所」內。這讓人想起人文主義先驅伊拉斯謨（Erasmus）和約翰．科利特（John Colet）在一五一二年造訪聖托馬斯．貝克特（Saint Thomas à Becket）的大聖堂，然後輕蔑地嘲笑著絡繹不絕的朝聖者。他們要如何形容「聖盧梭」？——法國小說家喬治．桑（Georges Sand）都這麼稱呼他。這種事在宗教改革三百年之後，不是應該絕跡了嗎？盧梭的遺骸移葬先賢祠之後，對他的讚譽從未間斷過。對康德（Kant）來說，他「擁有敏銳善感、完美無比的靈魂」。對雪萊來說，他是「令人崇敬的天才」。對席勒（Schiller）來說，「他擁有基督般的靈魂，唯有上帝的天使與他作伴才相稱」。英國經濟學家約翰．彌爾（John Stuart Mill）與小說家喬治．艾略特（George Eliot），雨果（Hugo）與福樓拜（Flaubert），都對他深表敬意。托爾斯泰說盧梭與《福音書》（*Gospel*）「是對我人生兩大有益的影響」。法國人類學家克勞德．李維史陀（Claude Lévi-Strauss）是我們這一代最具影響力的知識分子之一，他在他最重要的著作《憂鬱的熱帶》（*Tristes tropiques*）裡，頌揚盧梭是「我們的大師與我們的同道……要不是配不上他偉大的事蹟，本書的每一頁都當奉獻給他」。[52]

這一切都令人非常困惑，象徵著知識分子比任何人都不講道理、沒有邏輯，而且迷信。事實似乎是：盧梭是一個寫作天才，但他的觀念與生活，兩者都不幸地失衡了。為他人生寫下最佳總結的，是他口中「畢生唯一的愛」，即蘇菲．烏德托公爵夫人。她活到一八一三年，在非常年邁的時候發表了以下結論：「他的醜陋足以嚇壞我，而愛情並未讓他增添風采。但他是個可憐的傢伙，我用仁慈與溫柔待他。他是個有趣的瘋子。」[53]

第二章

雪萊

追求「理想狀態」的絕情詩人

Percy Bysshe Shelley
1792-1822

「他不介意任何年輕男子，只要他能接受，就可以跟他老婆上床。」

——罕特，雪萊的友人

一八一一年六月二十五日，有一位十九歲的英國男爵繼承人寫信給住在英格蘭東南薩西克斯郡（Sussex）的年輕女教師：「我根本不是貴族，也不是什麼政治擁護者，只是熱烈地期盼人類由於美德之故，敢於過著符合自然與理性的生活。」[1]上述說法非常盧梭，但寫信的人——沛爾希・畢西・雪萊（Percy Bysshe Shelley）卻更極端，支持知識分子與作家擁有權力指導全人類。雪萊就像盧梭，相信社會已經全然墮落、需要改變，而這位開明的人，透過自身獨立的智識，擁有道德權利及責任，從根基重建社會。但他也主張知識分子——尤其是他視為文壇領袖的詩人——在這個過程中占據了特權的位置。畢竟，「詩人是這個世界不被承認的立法者」。

一八二一年，雪萊發表了長達一萬字的論文《詩之辯》（*A Defence of Poetry*）。他作為知識分子的代表，發起了介入社會的挑戰，這篇論文成為中世紀以來在社會使命中最具影響力的文學論述。[2]雪萊主張，詩不光能展現語言的獨創性，也不是單純用於消遣解悶，而比任何寫作類型都具有更嚴肅的目標：它是預言、律法與知識。唯有道德指引才能讓社會進步，這原本該由教會提供，但顯然教會失敗了。科學也無法提供，光靠理性主義無法產生道德使命，當科學與理性主義偽裝成道德時，會製造道德災難，就像法國大革命的恐怖統治與拿破崙的獨裁統治。只有詩可以填補道德真空，並給予這種進步一些真正的創造力，詩「乘載著成千上萬個未被理解的思想組合，喚醒並擴展了心靈本身。詩揭開了世界隱密之美的面紗」、「道德的祕訣在於愛，或者發自我們的本性。而自我認同的意思，是我們的思想、行為或個人當中是否存在著美，而非我們本身是否為美」。詩反對了自我本位與唯物的陰謀，詩鼓勵共同體的精神。「人要臻於完人，就必須深刻而仔細地想像。他必須設身處地思考另一個人，以及其他更多人。他必須以同類之苦為苦，以同類之樂為樂。道德完善的絕佳手段是想像力。而在這個實踐想像的行動中，詩會提供效果。」詩能推動文明國家的道德進步：事實上，詩的隨從是想像力，詩的天然環境是自由，而所有的文明與道德，是撐起一切的第三腳。要徹底重新建構社會，需要富有想像力的詩：「我們要有想像力來創造已知：我們要有豐沛的衝動，好讓我們根據想像力來行動。我們想要如詩的人生。」更確切地說，雪萊不光是提出以詩治理的聲明而已：他更加先進，第一次大大批評了後來成為十九世紀社會核心的唯物主義：「詩，以及錢財得以體現的自我原則，是世人的上帝與財神。」[3]

雪萊的詩當然實踐了他鼓吹的理念，他是偉大的詩人——他的詩有很多角度可以理解、鑑賞。但他自己說的最深層面，根本上是道德與政治。他是英國詩人之中最有政治色彩的。他大部分的長詩與很多較短的詩，都是一種公共訊息，呼籲某種社會行動。他最長的一首詩是將近五千行的《伊斯蘭的起義》（*The Revolt of Islam*），關切的是壓迫、暴動與自由。他在《知性美禮讚》（*A Hymn to Intellectual Beauty*）中，宣稱良善的精神賦予了全人類自由與平等，並歡慶它戰勝公認的罪惡。《解禁的普羅米修斯》（*Prometheus Unbound*）再次說明，對他而言（對馬克思等人來說也是）成功的起義與神話人物的勝利，象徵知識分子帶領人類到達塵世的烏托邦。《欽契一家》（*The Cenci*）再一次寫了起義對抗暴政的主題，藉此抨擊喬治四世，而《暴政的面具》（*The Mask of Anarchy*）則是抨擊他的大臣們。《奧西曼德斯》（*Ozymandias*）是十四行詩，這位法老權傾一時，而詩中頌揚的是獨裁專政的報應。在《來自尤佳寧山區的詩》（*Lines from the Eugenean Hills*）這個抒情的作品中，他提到圍繞這個世界的暴政循環，邀請讀者加入他公正的烏托邦。[4]《西風頌》（*Ode to the West Wind*）是另一首請求讀者散播他政治訊息的詩，「把我死寂的思想驅散在宇宙」，如此才能「鼓舞新生」，「把我的話……傳播給全世界的人」。《致雲雀》（*To a Skylark*）這首詩也差不多，詩人努力讓他的聲音被聽見，讓訊息傳遍各處。雪萊終其一生對自己作品不受公眾注意感到灰心，他極度渴望自己的政治與道德學說能夠打動整個社會，不意外地，他最激昂的兩首詩，都是懇求讓他的言論廣泛流傳並受到注意。總之，身為藝術家，雪萊一點也不自我中心。很少有詩人為自娛而寫的作品比例這麼少。

然而，雪萊的為人如何？一直到現在，大眾的看法基本上還是對他第二任妻子兼遺孀瑪麗・雪萊（Mary Shelley）的敘述照單全收：這一位詩人非常純潔無邪，靈魂超脫凡俗，毫無狡猾與邪惡之處，他獻身給藝術與他的追隨者，但他絕對不是政客。他更像聰明善感的孩童。上述看法受到許多同代人的支持，而對於他外表的描述：瘦弱、蒼白，二十多歲時還停留在青春期。盧梭開創了放蕩不羈的穿著風潮，在浪漫主義知識分子之間已經延續了二、三個世代。拜倫（Byron）不只找機會刻意穿著東方或阿拉伯風格的服飾，身上的歐洲服飾也受到影響而變得寬鬆——他省去製作精細的領巾，敞開襯衫領口，甚至不穿外套只穿襯衣。這種對於傳統貴族服裝的藐視，後來被更多的平民詩人複製，例如濟慈（Keats）。雪萊也跟上風潮，但他加上自己的特色：學院風男夾克與制服帽。有時候衣服對他來說太小了，特別適合他想傳遞的印象：青少年的衝動與生氣，有點笨拙卻又迷人。女士們特別愛他這種裝扮，就像她們也愛拜倫不繫衣帶、不扣鈕扣的穿著。這幫助雪萊建立強大、持久且神祕的形象，這種有如大理石般的固定表現形式，如同英國詩人評論家馬修・阿諾德（Matthew Arnold）對他的描述：「美麗卻無能的天使，徒勞地在虛無裡撲動祂閃耀的翅膀。」在阿諾德對拜倫的評論中，他發現拜倫的詩比雪萊的詩莊嚴有力，他說雪萊的詩有「非現實這種無可救藥的缺點」，另一方面，雪萊這個人有「美麗迷人的靈魂」，而且「勝過拜倫不知多少」。[5]很少這麼不通情理的評論，他的每一點都有問題，表示他對這兩個人的認識都不深，因而無法讀懂雪萊的作品。不過，他對雪萊性格的評論又跟拜倫差不多，拜倫曾寫道，雪萊「是我認識最好、最無私的人，再沒別人了。我認識的人裡面，跟他一比，沒有不像禽獸的」，還一再強調，「就我所知他是最不自私、最溫和的人——我沒聽過有人比他更懂得奉獻，為別人犧牲自己的財富與感受」。[6]拜倫做這些評論時，雪萊的悲劇對他來說還歷歷在目。此外，拜倫對雪萊的理解，都是雪萊自己告訴他的。拜倫深諳世故，對於騙人的話術有精明的判斷與批判，所以他對雪萊印象的說詞，比跟他同時代心胸開闊、放蕩不羈的藝文圈分子更有分量。

不過，真相截然不同，尤其對那些把雪萊視為詩人（例如我）的任何人來說都非常不同，其中的差異大到令人不安。真相從不同的來源浮現，最重要的來源是雪萊自己的信件，[7]它們暴露了雪萊在追求理想上極度專注，而只要有人妨礙到他，他就會不留情面、甚至殘忍地拋棄對方。他就像是盧梭——熱愛總體人類，但對待個體時往往特別殘酷。他燃燒著炙熱的愛，但那是抽象的火焰，靠近不會致命，卻容易灼傷。他把理想放在眾人之前，他的一生證明了理想也能如此無情。

雪萊在一七九二年八月四日，出生於靠近薩西克斯郡霍舍姆（Horsham）菲爾德莊園（Field Place）內一幢喬治亞建築風格的府邸。他不像許多主要的知識分子是獨生子，但他許多方面都處於一個更容易墮落的位置：他是可觀財產與重大頭銜的唯一男性繼承人，他有四個妹妹、一個弟弟，小他兩歲到九歲。今日我們很難理解這種條件在十八世紀末是何種意義：但對他的雙親、更別說對他的弟妹來說，他生來就是天之驕子。

雪萊家族是一個古老家族中較年輕的一支，且與當地的大地主諾福克公爵（Duke of Norfolk）有親戚關係，他們的財富相當可觀，是雪萊的祖父畢西男爵（Sir Bysshe）沒多久前積攢下來的。畢西男爵是第一代準男爵，出生於新澤西州的紐阿克（Newark），是新世界的冒險家，行事粗野、無法無天又精力充沛，雪萊顯然繼承了他的幹勁與無情。其父提莫西男爵（Sir Timothy）於一八一五年繼承爵位，他是個明顯不同的人，性情溫和不惹人厭，多年來身為索勒姆（Shoreham）的議員，過著盡忠職守、無可指責的生活，其政治傾向從溫和的輝格派（Whiggism）逐漸變為中間路線的托利黨（Tory）。[8]

雪萊在莊園裡度過充滿田園風光的童年，身邊圍繞著溺愛他的父母，敬慕他的妹妹們。他很早就顯露出對大自然與自然科學的熱情，他會用化學製品與熱氣球做實驗，且終生都保留這項興趣。一八〇四年，他十二歲時被送往伊頓公學，在那裡讀了六年。他一定非常用功，因為他的拉丁文與希臘文說寫流暢，也大量背誦上古文學知識。他讀書一向貪多又迅速，嚴肅的論著與通俗小說都讀，也讀當時最受推崇的詩人柯勒律治（Coleridge）的作品。他是學校裡的神童。一八〇九年，曾任皇家醫師、在伊頓公學兼職教授業餘科學與數學的詹姆斯・林德醫師（Dr James Lind），介紹十六歲的雪萊讀威廉・高德溫（William Godwin）的《政治正義論》（*Political Justice*）——這本書是當時左翼重要的必讀書目。[9]林德對惡魔學（Demonology）也感興趣，這激發了雪萊對超自然與神祕學的熱情：除了讀遍當時流行的哥德式小說[1]與珍・奧斯汀（Jane Austen）受到眾多批評的《諾桑覺寺》（*Northanger Abbey*）之外，他還親身參加光明會（Illuminati）等地下革命社團的活動。

一七七六年，亞當・魏薩普（Adam Weishaupt）在德國的英格斯塔德大學（Ingolstadt University）創立了光明會，宗旨是保衛啟蒙運動的理性主義者。他們的目標是啟發全世界，直到（他主張的）「公侯與國家非暴力地從世界上消失，所有人類種族成為一家人，世界成為理性人的居所」。[10]就某種意義來說，這成了雪萊永恆的目標，但他在吸收光明會內涵的同時，也熱衷於敵對陣營的攻擊性宣傳方式，尤其是阿比・巴瑞爾（Abbe Barruel）轟動社會的極端主義者小冊子《雅各賓派的歷史回顧》（*Memoirs Illustrating the History of Jacobitism*）。這本小冊不但攻擊光明會，還攻擊美生會（Masons）、玫瑰十字會（Rosicrucian）與猶太教徒。雪萊有好幾年沉迷於這本禁書，常常推薦給朋友一讀（他第二任妻子瑪麗在一八一八年寫《科學怪人》用過這本書）。同時，雪萊心裡還混雜著他當下與未來所閱讀的大量哥德式小說。

如此這般，雪萊從十幾歲開始，對政治的接觸便同時來自兩種管道，一是對祕密結社的興趣，二是巴瑞爾與其同黨所宣傳的歷史陰謀集團理論。他始終無法擺脫這些，而且這有效地阻礙了他理解大不列顛的政治，例如在他看來，英格蘭西北部港口城市利物浦（Liverpool）或北愛爾蘭城市卡蘇里（Castlereagh）當地人的訴求與政策，全都是邪魔外道。[11]他早期的政治作為，幾乎只有向激進作家罕特（Leigh Hunt）提出「成員開明、無成見」的祕密結社，以抵擋自由的敵方聯盟。[12]更確切地說，一部分跟雪萊有交情的人一直把雪萊的政見當笑話，那不過是在現實生活中投入一點哥德式的浪漫。英國小說家，同時也是雪萊密友的皮考克（Thomas Love Peacock），在其小說《厄夜修道院》（*Nightmare Abbey*）中諷刺祕密結社的狂熱。他把雪萊寫成希瑞普（Scythrop）這個角色，說他「如今，因為熱衷於改變世界

---

1 哥德式小說（Gothic fiction）多以黑暗、恐怖為題材。

而惹禍上身。他打造了許多空中閣樓，利用祕密法庭與光明會的人馬，把人送進裡面居住。光明會的人始終是他對人類革新的想像要素」。面對皮考克如此輕蔑地看待自己的烏托邦，雪萊多少有點責任。根據友人湯瑪士・霍格（Thomas Jefferson Hogg）的說法，雪萊不只堅持「以痴迷的激情」大聲朗誦《恐怖神祕故事集》（*Horrid Mysteries*）[2]給任何願意聽的聽眾，還自己寫了兩本哥德式小說，《紮斯特洛齊》（*Zastrozzi*）在他就讀伊頓的最後一個學期出版，《術士聖歐文》（*St Irvyne or the Rosicrucian*）則是他去了牛津大學之後的第一個學期出版，而著名的詩人白朗寧（Elizabeth Barrett Browning）只是把這第二本當作「寄宿學校時做的白痴行為」。[13]

雪萊還在校時就被叫做「伊頓的無神論者」，他就此一砲而紅，或可說是惡名昭彰。考量到後來他對家族不留情面的控訴，有一點很重要，就是他的祖父與父親，根本沒有制止他青年時期的寫作（其中也包括詩），反倒是鼓勵他創作，並資助出版。根據雪萊妹妹海倫（Helen）的說法，老畢西爵士付了他校園詩作的印刷費，而他在一八一〇年九月去唸牛津之前，畢西爵士又付了那本名為《得勝者與卡日烈的原創詩集》（*Original Poetry by Victor and Cazire*）一千五百本的印刷費。[14]雪萊秋季前往牛津就讀，他父親提莫西帶他去拜訪龍頭書商史萊特（Slatter's），並告訴對方：「此為犬子，頗有文才。他已經是作家，不論他要印什麼奇怪的東西都請滿足他。」確切來說，提莫西鼓勵他寫出得到帕德嫩（Parthenon）詩獎的作品，並把資料寄給他。[15]他顯然希望指引雪萊離開他眼中的年少激昂，然後進入嚴肅的文學領域。他資助兒子寫作是基於這個明確的理解：雪萊可以跟朋友們表達反宗教的想法，但他不可以出版，因為這會破壞雪萊的大學生涯。

正如一封現存的信件所顯示的，雪萊無疑同意了這一點。[16]但後來他卻開始違反諾言，而且是以最明目張膽、最全面的方式。一八一一年三月，他在牛津大學讀一年級時，寫了一本挑釁的小冊子談他的宗教觀。他的主張既不新穎，也沒特別驚世駭俗——直接援引自洛克與休謨。雪萊寫道，由於思想出自感覺，「上帝」就無法從感性、知覺中推演出來，信仰不是出於自由意志的行為，所以不信神也不能是種罪惡。雪萊為這個沉悶的詭辯取名為《無神論之必然》（*The Necessity of Atheism*），印出之後在牛津的書店上架，還寄給學校裡全部的主教與首長。總之，他的行為從學校當局來看是蓄意挑釁、惹事生非，學校的回應也在意料之中：開除。提莫西慌了，尤其他還收到兒子來信，不否認自己幹了這種事。這對父子在倫敦飯店（London Hotel）的會面不太愉快，父親乞求兒子放棄理想，或

2　被珍．奧斯汀列為七大恐怖小說之一的哥德式小說。

至少等年紀大一點再說，兒子則堅持「理想比父親的內心平靜更重要」，於是父親斥責、怒吼、詛咒，然後再次流淚。雪萊笑了，「突然爆發一陣魔鬼般的大笑」，他笑到「從座位上滑下來跌坐地上，整個背貼在地板上」。[17]接下來他們達成協議，父親會給他一年兩百英鎊[3]。隨後又發生了一個突發事件（在一八一一年八月），他與海莉兒・衛斯布魯克（Harriet Westbrook）結婚，海莉兒十六歲，是他妹妹伊莉莎白（Elizabeth）的同學。

他從此就與家人決裂。雪萊先是試著向他母親招手，然後企圖把妹妹們拉到他的陣營，但都失敗了。他在一封寫給朋友的信裡，譴責全家人是「一群冷酷、自私、算計的禽獸，活在世上似乎除了吃、喝、睡，不再有別的目標或要務了」。[18]他寫給不同家人的書信，讀起來十分離奇。當他想多要一點錢的時候，會使出狡猾的話術，其他時候則相當殘酷、狂暴且語帶威脅。他寫給父親的家書，從矯情的懇求漸漸升級成辱罵，帶有令人難以忍受的驕傲口吻。例如，一八一一年八月三十日，他在信中乞求：「當我患難之時，除了您，我不知道還能成功向誰求助……您會寬大地原諒年輕人的過錯。」到了十月十二日，他輕蔑地寫道：「儘管你易於被偏見與情緒誤導，就像其他人一樣，但社會制度使你成為一家之主。我得坦言，對於那些並不屬於最高等級的頭腦而言，去誤信、看重那些會產生嚴重後果的錯誤，也是再自然不過的事。」過了三天，他譴責提莫西「懦弱、惡劣，為了私利卑鄙地迫害我……你對待我的方式病態、卑劣，當我因為無神論被開除學籍，你卻希望我在西班牙被殺害。這種想要願望實現的渴望近乎犯罪。英格蘭的法律懲罰謀殺者，這或許對我來說是好事，因為這會讓他們望而生畏。我應該把握機會去看你——如果你再也聽不到我的名字，我會大聲唸出來。不要以為我是任人宰割的害蟲——如果錢夠多，我會去倫敦找你，在你耳旁念給你聽，畢西，畢西，畢西——是的畢西，唸到你耳聾為止」。這封信沒有署名。[19]

他對母親更加兇惡。他的妹妹伊莉莎白要跟他的朋友愛德華・葛拉姆（Edward Fergus Graham）訂婚，母親贊成這樁婚事，但他反對。十月二十二日，他寫信給母親，譴責母親與葛拉姆有染，安排伊莉莎白的婚事是為了掩蓋事實。[20]這一封可怕的信似乎完全沒有事實憑據，但同一天寫給伊莉莎白的信，卻提到那封信的存在，並要求她拿給父親看。在其他信件裡，他說他母親「卑賤又墮落」。[21]於是，他們請來家庭律師威廉・惠頓（William Whitton）負責打開、處理雪萊寄給家人的所有信件。惠頓為人寬厚，急於促成父子和好，結果卻因為雪萊的傲慢被拒之門外。惠頓在信中抱怨雪萊給母親的信「不像話」（那種情

3　以當時金價計算，約為今日的七萬五千美元。

況下的溫和說法），但信被退回了，雪萊在回信中潦草地寫著：「雪萊先生在冷靜細讀後，認為退回威廉・惠頓的信是正當的。雪萊先生告知惠頓先生，在與紳士們交涉時（這種機會可能不多）不要打開私人信件，否則這種無禮言行將會被指責為卑鄙無恥。」[22]

家人似乎很害怕雪萊的暴力行為。「如果他留在薩西克斯郡，」提莫西寫給惠頓的信上說：「我一定要找志願警察[4]把我團團圍住才行。他讓她的母親與妹妹們極度害怕，連聽見狗吠都嚇得飛奔上樓。他要的就只是一年兩百英鎊。」更可怕的是，雪萊那時居無定所、放蕩不羈的生活，可能會引誘一個或多個妹妹起而效尤。在一封日期為一八一一年十二月十三日的信件裡，他試著說服一名菲爾德莊園的獵人偷偷把信交給海倫，上面寫了「記住，海倫，我**才不會**忘記妳」。海倫當時才十二歲，這是一封惡意的信件，可以讓父母相當心寒。[23]他也急於逗弄更小的妹妹瑪莉。雪萊很快就加入高德溫的圈子，然後認識了高德溫那個不受管教的女兒瑪麗——瑪麗的母親是女權主義領袖瑪麗・沃斯通克拉夫特（Mary Wollstonecraft）——以及瑪麗那個沒有血緣關係、更狂野的妹妹克萊爾・克萊爾蒙特（Claire Clairmont）。雪萊成年後的人生，都不斷追求與年輕女人們相處、同居，並且與他圈內的任何男人一起分享——至少理論上是這樣。對他來說，他的妹妹們似乎是組成這種「家庭」理所當然的候選人，尤其他認為自己有道義上的責任，要幫助她們「逃脫」父母家中討厭的唯物主義。他預謀要去英格蘭東南部的哈克尼（Hackney）的寄宿學校拐走伊莉莎白跟海倫，而瑪麗與克萊爾被派去探路。[24]很幸運這件事沒有發生，但雪萊沒有拒絕亂倫，他和拜倫一樣著迷此道，只是沒真的走到拜倫那個地步——拜倫跟同父異母的姐姐奧古斯塔．李（Augusta Leigh）談戀愛。在雪萊的長詩《伊斯蘭的起義》中，男女英雄拉昂（Laon）與賽絲娜（Cythna）本是兄妹，印刷商反對而逼他改寫，這與拜倫《阿拜多斯新娘》（*The Bride of Abydos*）裡的賽利姆（Selim）與茱麗卡（Zuleika）關係相同。[25]雪萊和拜倫一樣，總是認為自己在性行為的常規上，已經得到終身豁免。

這讓跟他交往的女人活得很辛苦，沒有證據顯示她們之中有任何一位（克萊爾可能是例外）喜歡這種分享男人的概念，或者喜歡任何形式的雜交。雪萊不滿這些女人都想過正常的生活（就像他的原生家庭）。這位詩人無法這樣過日子，他以各種改變、取代、危險與刺激為樂。不安與焦慮對他的作品似乎有其必要，可能他蜷曲坐著，身邊有一本書或一張紙，隨時隨地就能傾吐詩句。他一生都住在配備家具的出租房間或房屋，搬走的原因往往是債主找上門，或者愁苦的人生重大變故難倒了他。他持續工作與生產，他的閱

---

4 英國警察制度裡的兼職員警。

讀量驚人，產出量也相當龐大，而且大多是上乘之作。不過他從許多方面尋求的刺激，對其他人來說卻是災難，對他年輕的妻子海莉兒來說尤其如此。

海莉兒是個漂亮、優雅、非常傳統的中產階級女孩，是成功商人的女兒。她為了天神般的詩人墮落，失去理智跟他私奔，她此後的人生注定是一場災難。[26]有四年時間她和雪萊過著飄忽不定的生活，先後搬到倫敦、愛丁堡、約克郡、北威爾斯、林茅斯（Lynmouth），然後再次搬到威爾斯、都柏林、倫敦與泰晤士河谷。雪萊在上述其中一些地方，涉入了非法的政治活動，被當地的地方官員與警方，甚至中央政府給盯上。他在這些地方變得臭名昭彰，他沒付錢給商家，還惹怒了鄰居，他們擔心他危險的化學實驗，鄙視他那個「家庭」中的不當關係——他總是跟兩個或兩個以上的年輕女人。在湖區（Lake District）與威爾斯，雪萊的房子兩度被當地居民攻擊，讓他被迫撤離。他也會在債主跟警察上門前逃之夭夭。

海莉兒盡力分擔他的活動，協助發送他的非法政治宣傳單。她很高興雪萊的第一首長詩《麥布女王》（*Queen Mab*）是獻給她的。她生下女兒伊麗莎・伊恩瑟（Eliza Ianthe）然後又懷了一個兒子查爾斯（Charles）。但她沒辦法讓雪萊永遠為她著迷，就像其他女人一樣，雪萊的愛深切、誠摯、熱情，也確實永恆——只不過一直變換對象。一八一四年七月，雪萊告知海莉兒，他與高德溫的女兒瑪麗陷入愛河，要離開她前往歐陸（與克萊爾．克萊爾蒙特同行）。這消息對她來說是晴天霹靂，對於她的反應，雪萊先是意外，然後出言汙辱。他十足自我中心，有強烈的說教傾向，他預設每個人對他的決定不光有配合的責任，還必須要贊成。只要有人沒做到，他很快就會表現出生氣的樣子。

雪萊離開海莉兒之後，寫給她的信跟寫給他父親的信相差不遠，剛開始擺出施予恩賜的樣子，如果海莉兒沒站在他的角度時，就轉變成一種自以為是的憤怒。雪萊一八一四年七月十四日寫給她的信上寫道：「別指責我，妳從來沒有用滿溢的熱情填滿我的心。」他說自己一直對她寬宏大量，依舊是她最好的朋友。一個月後，雪萊邀請她到特洛伊與自己、瑪麗和克萊爾會合：「妳至少可以在這裡找到一個忠貞不渝的朋友，永遠看重妳的利益，永遠不會任意傷害妳的情感。除了我，妳不能期待能從別人身上獲得。其他人不是無情就是自私。」一個月後，他發現這招沒效，然後變得更具攻擊性：「我自認比妳那些名義上的朋友們更值得，也更可靠……我主要的研究將會帶來讓妳招架不住的好處。雖然如此，當別人對我懷抱一股激烈、持續的熱情，想讓我偏愛她的友誼更勝於偏愛妳，我仍然不斷想方設法，讓自己永久、真正地對妳好……而我的回報，沒道理是被傷害，被批評指責——如此空前而專一的誠摯，該得到的回報，遠不該是這樣。」隔天他又老調重彈：「我的努力，以及我們用堅定不移的正直情誼所建立出來的規則，無論妳對上述是否還滿是信心。想想我超級心智的影響下，那些妳多麼渴望的未來生活吧。」[27]

他寫這些信，一部分是為了從海莉兒身上挖錢（當時她身上還有一些），一部分是為了向她施壓，以免她把他的行蹤告訴債主與敵人，還有另一部分是想阻止她去找律師。在他的信中，提到「我的人身安全」與「我的安全與慰藉」時還用頓點批注強調。雪萊的臉皮極薄，但對他人的感受似乎非常遲鈍（這種組合不太常見），當他發現海莉兒最後接受了有關她權益的法律建議，他勃然大怒。「在訴訟過程中，妳如果太過一意孤行，毀掉的是妳自己的計畫。儘管如此，我還是會被這些事影響：我們昔日的友好回憶，以及妳或許還不想徹底失去的美德與寬容。於是我本來能做出的讓步，會比法律能提供給妳的更多。顯然我不該再為妳考慮，而應該只把妳當敵人……這種作為是最徹底、最黑暗的背叛。」他補充，「我愚蠢到期待妳的崇高與寬容」，並控訴她「歹毒又卑劣的自私」，企圖「傷害一個悲痛的無辜男人」。[28]至此，他已經徹底自我欺騙，堅信自己從頭到尾的行為無可挑剔，而海莉兒罪不可恕。「我深深相信，」雪萊給友人霍格的信中說：「我將因此成為更忠貞不渝的朋友，更有益的愛人，對真實與美德更熱切的堅持者。」[29]

這是雪萊諸多幼稚的特質之一，他能在提出對自己最有利的請求時，摻雜最傷人的辱罵。所以他寫信給母親，指控她通姦，接著要求她寄來「我的電鍍機與日光顯微鏡」。他辱罵海莉兒時，中間穿插的請求不只是索錢，還有討衣物：「我即刻就需要長襪一捆，還有沃斯通克拉夫特夫人（瑪麗的母親）死後出版的著作。」他說如果沒錢，「我勢必會餓死……我親愛的海莉兒，快把必需品寄過來」。[30]雖然雪萊知道她懷了自己的孩子，但他完全沒有過問她的情況。然後這些信件戛然而止，海莉兒在寫給友人的信中說：「雪萊先生變得放蕩揮霍，沉溺於肉欲，這全都是因為高德溫先生的《政治正義論》……我下個月就要分娩了。他不會在我身邊，他現在關心的不是我。他從沒問起我的健康，或是寫信告訴我他過得如何。總之，我愛過的那個男人已經死了。現在的是吸血鬼。」[31]

雪萊的兒子在一八一四年十一月三十日誕生，海莉兒為他取名為查爾斯·畢西。沒人知道他的父親是否見過他。海莉兒的姐姐伊麗莎（Eliza）一直在她身邊，並且決定孩子不該由雪萊身邊放蕩的女人扶養。雪萊因此不滿，對她產生敵意。他不像盧梭視子女為「不便」，而是努力爭取小孩。但理所當然，打官司對他不利，法院裁定小孩由衡平法院（Wards of Chancery）監護，之後他便失去興致。海莉兒的人生被毀了，[32]在一八一六年九月，她把孩子托給父母，暫住在倫敦市西南部的切爾西（Chelsea）租屋處。她最後一封信是寫給她姐姐的：「我記得妳所有的好意，而我如此卑微，無可回報，這常常讓我心痛。我知道妳會原諒我，因為妳的本性不會對人苛刻。」十一月九日，她失蹤了。十日，她的遺體在海德公園（Hyde Park）的九曲湖（Serpentine）被發現。遺體已經膨脹，有人說她懷孕了，但沒有確鑿的佐證。[33]雪萊一直以來都到處傳播假消息，說自己跟海莉兒分手是共同協議，他對海莉兒死訊的反應，先是辱罵對方的家人，再編造一連串謊言。她寫信給瑪麗：「似乎，這個可憐的女人——她那些可憎、邪惡的家人裡最無辜的一個——從他父親的房子裡被趕出去，淪落到去賣淫，直到她跟一個名叫史密斯（Smith）的馬夫同居。他拋棄了她，所以她自殺了。謀殺那可憐傢伙的人，無疑是她那蛇蠍心腸的姐姐，因為沒辦法再透過她和我的關係牟利，只為了保障自己繼承老人的財產——現在他也快死了！……人人都給了我充分的正義——證明我對她的正直與心胸寬闊。」[34]寫完此信的兩天後，他又寫了封冷酷的信給那位姐姐。[35]

雪萊歇斯底里的謊言，或許解釋了另一起算在他頭上的自殺案，他對此非常不安且負有責任。范妮．伊姆利（Fanny Imlay）是高德溫的繼女，是高德溫第二任妻子在前一段婚姻所生。她比瑪麗大四歲，海莉兒形容她「非常單純而敏感」。雪萊對她有所企圖，在一八一二年十二月寫給她的信中說：「我是那些令人畏懼、有著長爪、被稱為『人』的動物之一。但不必怕我，我向妳保證，我是我同類中最無害的一個，靠蔬食維生，出生之後沒咬過人，而我卻甘冒風險打擾妳。」[36]她或許在雪萊激進的「朋友共同體」計畫中起過重要作用，那是個共享性愛的計畫——雪萊自己、瑪麗、克萊爾、霍格、皮考克加上克萊爾的哥哥查爾斯．克萊爾蒙特。雪萊身上所有的大事令她目眩神迷，而高德溫與妻子認為，她已經無可救藥地愛上他。在一八一四年九月十日至十四日，雪萊自己在倫敦，瑪麗與克萊爾在巴茲（Bath），范妮那段期間在傍晚造訪了他的住所，他可能在那裡誘姦她。接著雪萊前往巴茲，十月九日，他們三人收到范妮一封非常消沉的信，郵戳地點是布里斯托（Bristol）。雪萊馬上出發找她，但沒找到。事實上，她當時已經前往斯溫席（Swansea），並在隔天於麥克沃思阿姆斯（Mackworth Arms）的旅舍房間裡服用了過量鴉片。雪萊從沒有在信中提過她。不過，一八一五年的一首詩有提到她（「別離時，她的聲音輕顫」），詩中描述自己（年紀輕輕頭髮已灰白，眼神憔悴地）坐在她的墓旁。但那只是空想。他從未去看她的墓，她始終都被埋在無名墓裡。[37]

配合雪萊想法的犧牲者，其中一個叫伊莉莎白．希欽納（Elizabeth Hitchener），是薩西克斯郡工人階級的年輕婦女。她父親曾是一個走私販，後來轉做旅館老闆。她憑藉自身驚人的努力與犧牲，成為赫斯比朋特學院（Hurstpierpoint）的女教師。她以想法激進而聞名，雪萊開始與她通信。一八一二年，雪萊在都柏林鼓吹愛爾蘭自由，當時愛爾蘭人無動於衷。他手上握有許多具顛覆性的資料，他靈機一動要寄給希欽納小姐，讓她在薩西克斯郡散發。他用一個很大的木箱裝起來，但作風依舊，只付了夠運到霍利黑德（Holyhead）的錢，以為木箱會被繼續運送，而希欽納小姐會在到貨時支付餘款。木箱當然在港口就被打開了，英國內政部接獲通知，派守衛去找那位女教師。這實際上斷送了她的前程，但她卻與有榮焉。雪萊邀請希欽納小姐加入自己的小圈圈，她答應了，大大違背父親與友人的勸告。他還說服她借給他一百英鎊，推測這應該是她的畢生積蓄。

這時雪萊對她讚譽有加：「雖然她出身卑微，但她從年少時期就養成深沉細微的思考習慣。她天性使然，好奇愛發問，且洞察敏銳，能略過一大堆偏見。」[38]在寫給她的信裡，他稱呼她「我風暴中的磐石」、「比我更具天賦的天才，我的論點的裁判，惠我良多的影響者」，「她是無論去到何方，都會帶來幸福、革命、自由的那些存在之一」。[39]她在林茅斯加入了雪萊一行人，據稱「她成日笑個不停、說個不停、寫個不停」，並幫忙發送雪萊的傳單。海莉兒跟她的姐姐很快就開始討厭她，雪萊並不反對他的女人們彼此有競爭的緊張態勢，但在這個案例中，他很快就跟著討厭她。他似乎在一次海邊漫長的散步時誘姦了希欽納小姐，但後來就厭倦了。當海莉兒與伊麗莎開始攻擊她時，他就決定希欽納必須離開。反正他這時候已經跟高德溫一家有往來，他覺得那裡的年輕淑女更令人興奮，所以希欽納被打發回薩西克斯郡繼續處理官司。雪萊承諾給她每週兩英鎊。她在那裡被視為笑柄，是被男人拋棄的情婦。雪萊寫給霍格的信上輕蔑地寫道：「棕髮惡魔，這是我對我們那位才剛卸任的折磨者與女教師的稱呼，她應該收到我們的養老金了吧。我付這筆錢內心很沉重。但非這麼做不可。她因為我們對情勢的誤判而丟了教職，否則園本能安穩度日。現在她說她名聲掃地，健康受損，她內心的平靜被我的暴行摧毀：身心都不幸地徹底受騙，沒有任何女英雄遭受過這等磨難！」他接著又忍不住多嘴：「她是個狡猾、膚淺、醜陋、雌雄同體的怪物女人。」事實上她只收到第一期工資，而她借出的一百英鎊則永遠討不回來。她回到雪萊將她救出的卑賤之中，她是雪萊激情下的受害者。

另一個類似卻更卑微的例子是丹．希禮（Dan Healey），一個十五歲的小伙子，被雪萊從愛爾蘭帶回來做僕人。我們鮮少聽說雪萊有僕人，但他總是有三到四個。雪萊在一封寫給高德溫的信上，為自己的游手好閒辯護，理由是「如果我受雇織布或耕田，而我的妻子受雇煮飯做家務，我們在目前社會中的地位應該很快就會改變，我想多說一句，這對我們人類來說不會更有益」。[40]所以一定要有僕人，不管他養不養得起。他通常以極低的薪資雇用在地人，但是丹不一樣，因為雪萊在都柏林發現可以叫他張貼非法海報。一八一二年夏季在林茅斯時，雪萊再次叫丹去牆壁或馬房張貼大幅報紙。丹被告知，如果被當局查問，要編謊說「剛剛在路上遇到兩位先生」。八月十八日，丹在英國西南部城市巴恩斯特（Barnstaple）被捕，他照著吩咐說謊了，但對他一點好處都沒有。他依據《喬治三世第三十九號法案》（the Act of 39 George Ⅲ）第七十九條被判有罪，可處總計兩百英鎊的罰金，如繳不出，則判刑六個月。正如大家（包括有關當局）所預料的，雪萊沒有支付罰金，而且逃跑了，還跟他的清潔婦借了二十九先令、跟一個鄰居借了三英鎊當跑路錢[5]。丹進了監牢，釋放之後又回去當雪萊的僕人，結果過了六個月卻被解僱，雪萊的官方說法是丹已經變得「不正直」——可能在監獄裡學到壞習慣——但真正的理由是：雪萊必須省錢。雪萊還積欠他十英鎊的薪水，而且從來沒有還。[41]於是這一個深受打擊的受害者，也因此逐漸淪落到黑暗中。

一定會有人說，這些行為都發生在雪萊非常年輕的時候。一八一二年時他才二十歲，他拋棄海莉兒跟瑪麗私奔時才二十二歲。但我們往往忘了，這個世代的英國詩人將英語文學改頭換面時有多麼年輕，他們過世時也確實都還年輕——濟慈活到二十五歲，雪萊二十九歲，拜倫三十六歲。拜倫在一八一六年五月十日永久地逃出英格蘭。他第一次跟雪萊在日內瓦湖（Lake Geneva）湖畔碰面時只有二十八歲，雪萊二十四歲，而瑪麗跟克萊爾只有十八歲。瑪麗便是在這個湖邊，利用初夏的長夜寫出小說《科學怪人》（*Frankenstein*）的，你可能會說這是女學生的作品，但如果這些作品給人感覺孩子氣，那也是成年人的偽裝。他們實際上拒絕這個世界的價值觀，並提出自己的替代方案，就像一九六〇年代的學生一樣[6]。他們不認為自己年輕到不用負責任，或因為年輕就要求特權——恰恰相反，雪萊特別強調他對世界的任務具有高度的嚴肅性，他在智識上成熟得很快。雪萊磅礴的詩作《麥布女王》雖然在某些方面很稚嫩，但他創作時才二十歲，隔年出版時二十一歲。一八一五年至一八一六年，他的年紀來到二字頭，作品達到巔峰，這個階段的作品顯示他不但閱讀量巨大，思想也極其精深。雪萊無疑擁有強健的心靈，同時也纖細而善感。而且，即便年輕如他，也接受了為人父母的責任。

現在讓我們來看看他的孩子們。他總共有七名子女，由三個不同的母親所生。頭兩個，伊恩瑟與查爾斯是海莉兒所生，由法院監護。雪萊爭這兩個孩子爭得很兇，他之所以輸掉官司，部分原因是法院被他詩作《麥布女王》裡的一些觀點嚇壞了。雪萊把此舉視

---

5 作者注：拜倫對僕人身陷麻煩時的作為，正好可以拿來跟雪萊的冷漠做明顯對比。拜倫馬上就替蓄鬍的家務總管法切里（G-B Falcieri）付了罰金。

6 指英美的反文化運動，次文化、波希米亞主義與嬉皮等文化皆因這一波浪潮而生。

為意識形態上的對立，法院企圖要他撤回他的革命目標。[42]當判決不如他意，他一直想著要如何平反，仇恨大法官埃爾頓勳爵（Lord Chancellor Eldon），卻沒有進一步關心孩子的跡象。由於法院的裁決，他有責任每季支付三十英鎊給寄宿在養父母處的孩子，而這筆帳會從他的津貼裡扣除。他從未行使法院所准的探視權，儘管長女伊恩瑟在他死時已經九歲，但他還是沒寫信給孩子過，他從未過問他們過得好不好，除了唯一一封形式上的信，在孩子的養父湯瑪士・修姆（Thomas Hume）手上，日期是一八二〇年二月十七日，內容訴說自己的過失，但本質上是一份無情的文件。[43]沒有其他信件或他現存的日記有提過這兩個孩子。他似乎從內心放逐了他們，儘管他們像是幽靈一般出現在他帶有自傳性色彩的詩《心之靈》（*Epipsychidion*）。不過海莉兒在詩中被消除了，以「那時的行星」替代：

如雙胞胎嬰兒般受到矚目，一姐一弟，
錯亂地冀求一個墮落的母親

他和瑪麗生了四個孩子，其中三個夭折，唯一存活下來的兒子畢西・弗洛倫斯（Percy Florence）出生於一八一九年。瑪麗的第一個孩子是女兒，在嬰兒期猝死，另一個兒子威廉四歲時在羅馬得了腸胃炎，當時雪萊連續三個晚上坐在一旁陪伴，但這孩子還是死了。雪萊這麼做，一部分可能是因為女兒克拉拉（Clara）之死——他在這個事件上，對自己所扮演的角色感到內疚。一年之前，克拉拉還是襁褓中的嬰兒，一八一八年八月，瑪麗與這個嬰兒待在相對涼爽的義大利夏日勝地巴尼迪盧卡（Bagni di Lucca），雪萊人則在威尼斯之上的埃斯泰（Este）山丘，堅持瑪麗跟嬰兒要馬上與他會合。那段可怕的五天行程就在一年裡最熱的季節中，雪萊不知道小克拉拉還沒出發就身體不適，而抵達時顯然生病了，身體狀況還一直沒有改善。但過了三週，又一次完全為了配合自身的方便——他正陶醉於跟拜倫爭論激進看法——他發出強硬的命令給瑪麗，要瑪麗跟嬰兒馬上到威尼斯與他會合。可憐的克拉拉，根據其母親的說法，正處於虛弱又發燒的糟糕狀態，而這一趟是在酷熱的路上從清晨三點半一直走到下午五點鐘。當他們抵達帕多瓦（Padua）時，克拉拉顯然病入膏肓。雪萊堅持她們必須繼續走到威尼斯。在路上，克拉拉逐漸有「嘴巴跟眼睛抽搐的動作」，然後在抵達威尼斯後的一小時死亡。[44]雪萊承認「這是意料外的打擊」（這分明可以預見），瑪麗陷入了「某種絕望的地步」。這是他們感情惡化的重要時期。

他們的進一步惡化是在冬天，雪萊有一個私生子在那不勒斯（Naples）出生，教名是愛蓮娜（Elena）。他登記這是他的孩子，並登記母親的名字為瑪麗．高德溫．雪萊，但她肯定不是生母。之後，雪萊被以前的僕人保羅·法吉（Paolo Foggi）勒索。法吉的妻子艾莉莎（Elisa）是雪萊孩子們的保母。法吉威脅的理由很充分，因為雪萊偽造文書，聲明私生子的孩子是瑪麗，而或許艾莉莎就是孩子的母親。雖然有許多有力論點反對此一說，但艾莉莎自己有完全不同的故事。一八二〇年，她告訴威尼斯的英國大使——對雪萊評價很高的理查·霍普納（Richard Hoppner）——說那位詩人在那不勒斯育嬰院（Naples Foundling Hospital）所丟下的女嬰，是雪萊自己跟克萊爾·克萊爾蒙特所生。霍普納對雪萊的行為感到噁心，並在寫給拜倫的信中吐露這個祕密，拜倫的回信寫著：「無論如何這些事實都難以質疑，但事實似乎如此。」[45]拜倫知道雪萊與克萊爾·克萊爾蒙特的一切，克萊爾是拜倫私生女阿萊格拉（Allegra）的母親。克萊爾在拜倫一八一六年春天離開英格蘭之前，勾引他生下了這個小孩。拜倫對於誘姦處女有所顧忌，除非她表示已經跟雪萊睡過，才有可能跟她上床。[46]拜倫對克萊爾的道德評價非常低，因為她實際上不只勾引他，還誘使瑪麗跟他上床，[47]他因此不容她扶養阿萊格拉，於是拆散這對母女——但最後證實這對於孩子是毀滅性的。拜倫很高興阿萊格拉是自己的而不是雪萊的，他知道那段時間克萊爾跟雪萊沒有性行為，但他顯然以為瑪麗離開之後，他們這一段斷斷續續的關係就會重新開始，結果卻有了愛蓮娜這個私生子。許多不同的解釋都是雪萊為自己辯白時提出的，但孩子的雙親，機率最大的顯然是雪萊與克萊爾的組合。[48]瑪麗被這件事壓垮了——瑪麗從沒喜歡過克萊爾，很生氣她一直出現在他們家裡，如果那孩子是她的，那她就會變成家裡的永久成員，然後跟雪萊的婚外情就會繼續下去。為了安撫瑪麗的憂傷，雪萊決定棄養這個嬰兒，並追隨他的英雄盧梭的腳步，善用孤兒院。毫不意外地，一八二〇年，這孩子十八個月大就在孤兒院夭折了。隔年，雪萊不理會霍普納等人的批評，在寫給瑪麗的一封信中，用不流露感情、揭露實情的句子，總結了這件事：「我很快就回到對任何事、任何人的意見都漠不關心的狀態，除了用我們的良心仔細地公斷。」[49]

雪萊在那之後還有濫交嗎？這一定跟拜倫理解的不同。拜倫在兩年半後的一八一八年九月宣稱，雪萊在一個威尼斯女人身上花了兩千五百英鎊，而且「至少跟兩百個各式各樣的女人——也許更多」上過床，然後列舉出他二十四個情婦的名字。[50]另一方面，拜倫的榮譽感比雪萊好些。拜倫從不耍詐或騙人。雪萊在寫給性解放革命家兼男女平權主義者勞倫斯（J. H. Lawrence）的信中提到：「如果有任何罪大惡極、令人絕望的犯罪，是讓我害怕而不敢犯下的，那就是誘姦。」[51]但這是他的理論，並非他的實踐。除了前面提過的例子，他還跟一個出身名門的義大利婦女艾米莉雅．維維亞尼（Emilia Viviani）談戀愛。雪萊對拜倫交代了一切，但又補充：「希望你別提到我告訴你的任何事，因為沒人知道完整的真相，而且瑪麗聽到可能會非常生氣。」[52]雪萊似乎渴望有一個女人讓他的生活安穩舒適，也希望擁有追求婚外性行為的自由。與此相應，他（至少在原則上）同意他的妻子擁有相同自由。這種約定，如我們將看見的，成為了男性知識分子反覆出現的目標。這種約定從未成功，雪萊當然也沒成功過。他試著跟海莉兒協議這種自由權，然後是瑪麗，卻都讓她們極度痛苦——她們單純就是不想要這種對等的自由。

顯然雪萊經常跟他的激進朋友罕特討論這些想法。畫家與日記作者班傑明．海登（Benjamin Robert Haydon）記錄了他無意間聽見雪萊「傾身向罕特先生與另一位婦人述說……貞操的邪惡與荒謬」。在這場討論中，罕特說的話嚇壞了海登：「他不介意任何年輕男子，只要他能接受，就可以跟他的妻子上床。」海登補充：「雪萊勇敢地採取了罕特的原則，還有行動——罕特辯說沒有精力實踐這些，而且只要偷偷調戲一把就可以滿足了。」[53]他沒有記下那位婦人的想法。當雪萊告訴海莉兒「可以跟他的朋友霍格上床」時，她斷然拒絕。當他提供了相同條件給瑪麗，她看起來似乎同意，但最後決定自己不喜歡這個男人。[54]現存的證據顯示，雪萊自己的自由戀愛主義實驗進行得鬼鬼祟祟又不磊落，就像大多數的普通姦夫，以隱瞞與謊言把自己捲入不斷的爭吵當中。

他處理錢財也是一樣，非常複雜，且令人極其痛苦，在此我只能嘗試做出這種最簡單的總結了。理論上，雪萊一點也不認同私有財產制，更別說他身為既得利益者的遺產制度與法律上的長子繼承權了。在《革命的哲學觀》(*A Philosophical View of Reform*)裡，他記下他的社會主義信條：「文明改良的極致，必然會產生財富均等的最後成果，這是社會制度臻於理想的條件之一，無論最終成功的希望如何，朝此目標邁進是我們的責任。」[55]但與此同時，給予開明之人特權，例如他，繼續持有所繼承的財產是必要的，才能助長這個目標。這很常見，也確實幾乎是普遍現象：激進的知識分子在財富上自我辯白，而且雪萊利用它千方百計地向其家族榨取金錢。對他來說不幸的是，他寫給精神導師高德溫的最初的信，在自我介紹時驕傲地宣告：「我是薩西克斯郡有錢人的兒子……我是每年六千英鎊資產的法律限定繼承人。」[56]這肯定會讓高德溫豎起耳朵。高德溫不但是引領風騷的激進哲人，還是個把財務弄成一筆糊塗帳的天才，是史上最無恥的討錢人。他跟不同朋友借的錢，金額非常嚇人，而且都在他迷宮似的借貸系統裡消失了，什麼影子都看不到。於是他逮住年輕天真的雪萊，死不放手，他不但拿走雪萊家族的錢，還以十九世紀初的債務人所有下流的手段，讓雪萊徹底毀滅：遲簽借據(post-dated bonds)、折現文件，特別是惡名昭彰的死後償還借據(post-obit)，如此一來，年輕人限定繼承的資產就能以驚人的利率大幅折現，期待著他們的父親死亡。雪萊接納了所有這些百害無利的做法，把利率抬到很高，然後直接進了高德溫的財務黑洞。[57]

高德溫一毛錢都沒還過，但這似乎對高德溫貧窮的家庭也沒有太大的改善。經過種種努力後，雪萊終於打發了這個寄生蟲。他寫道：「短短幾年內，我已經給了你可觀的財富，為此，我連自己都窮得要命，相較於你得到的，我失去的是近乎四倍的金額。除了在我們之間產生的一點善意，這些錢給過你的任何好處，可能都還不如丟進海裡去。」跟高德溫相交，對雪萊的傷害不只是錢財的損失。海莉兒對這位偉大哲人的看法相當正確，高德溫以許多方式讓她的丈夫變得粗俗、麻木，特別是對錢的態度。她提到，當雪萊已經為了瑪麗拋棄她，在他們的兒子威廉出生後來看她，「他說是男孩他很開心，因為這樣弄錢容易一點」。[58]他的意思是，從此他可以用較低的利率用「死後償還借據」來借款了；此時他不是個二十二歲的詩人與理想主義者，而是一個慣耍花招、長期的債務人。

高德溫不是雪萊畢生唯一的吸血鬼。還有另一個終身騙白食的知識分子：罕特。二十五年後，英國歷史學家麥考萊（Thomas Babington Macualay）在向《愛丁堡評論》（*the Edinburgh Review*）的編輯納皮爾（Napier）提到他回覆罕特的信時，總評罕特這個人是「無懼於成為一個只要他想，就會向許多人討二十英磅的人」。[59]最終他以海洛德．史金波的角色在狄更斯《荒涼山莊》中名垂千古，狄更斯向友人坦言，「我認為他應該是沒有任何語言精確描繪過的形象……絕對是真實人物重現」。[60]在雪萊的時代，罕特漫長的借貸生涯才剛起步，他效法盧梭多次磨練而效果良好的技巧，說服他的受害者們，他們的慷慨是在幫助他們自己。雪萊死後罕特接著找上拜倫，拜倫最後無條件免除了罕特欠他的債務。拜倫認為罕特掠奪了雪萊的資產，但其實罕特做的事更壞，他說服雪萊，像他們思想如此先進的人，欠債還錢不具道德上的必要性：為人類效勞，其本身便已足夠。

於是雪萊，這位真理與美德之人，一生都在為了躲避債務而跑路與行騙。他到處借錢，對象形形色色，大多數人都收不回款項。無論何時，雪萊一家多半離開得很狼狽，丟下一小群曾經信任、而今發怒的人們。年少的丹・希禮不是雪萊欺騙的唯一一個愛爾蘭人，顯然他也跟拉利斯（John Lawless）借了不少錢。拉利斯是雪萊在都柏林結交的、擁護共和政體的編輯。他承擔不了這筆錢的損失，在雪萊離開後，寫了封焦急的信給霍格，想打聽雪萊的下落。他隨後很快就因為債務被逮捕，但雪萊沒支付欠款救他出獄，甚至因為他發牢騷而出言辱罵。他在寫給都柏林的共同朋友紐金特（Catherine Nugent）的信中說：「我恐怕他這樣對妳，就像他現在對待我們這樣。」[61]更糟的是，雪萊在林茅斯的帳單，都是簽他的名字（「以拉利斯先生之信譽」），這是偽造簽名，是當時的死罪。[62]

雪萊欺騙的另一群人是威爾斯人，發生在他逗留期間。他一八一二年抵達威爾斯，租下一座農場、雇用一些僕人（「你能按我們的要求雇用信得過的女僕嘛？我們總共需要三個」），但很快就因為六十至七十英鎊的債務，在威爾斯西北部的卡納封（Caernarvon）被逮捕。威廉斯（John Williams）贊助了他的威爾斯冒險，還有羅勃茲醫師（Dr. William Roberts）這位鄉下醫生，出來幫他支付了保釋金，而債務再加上其他費用，則是倫敦一位初級律師貝德威爾（John Bedwell）支付的。三人全都為自己的慷慨後悔，三十多年後，在一八四四年，羅勃茲醫師還在努力從雪萊的資產中討回拖欠的三十英鎊。貝德威爾的討債也一樣無功而返，雪萊一年後寫信給威廉斯說：「我收到貝德威爾一封很不客氣又盛氣凌人的信，我以堅定不妥協的氣魄回信了。」雪萊喜歡擺高姿態。威廉斯的兄弟歐文（Owen）是農夫，借了一百英鎊給雪萊，我們看到雪萊寫信給威廉斯，要求歐文再多拿出二十五英鎊，補充說：「你是否順從這個請求，將能讓我知道，我們的友誼是否會因為你的袖手旁觀冷卻。」接下來的一年，雪萊與威廉斯的關係破裂，互相指責的糊塗仗已經淹沒了詩人欠的錢。無論是威廉斯或是歐文，都沒拿到半絲半毫的償還，但雪萊對任何欠自己錢的人（高德溫與罕特除外）卻是兇惡又愛說教。另一個威爾斯人，伊凡斯（John Evans）收到兩張催款信，雪萊提醒他欠的是現金，「此道義上的債務，跟所有其他債務相比是最為迫切的，奉勸您有立即償還之必要，在此情況下若無動於衷、拖拖拉拉不履行，非常令人悲痛」。[63]

我們不清楚雪萊「道義上的債務」是什麼意思。他並不顧忌向女人借錢，範圍從洗衣婦、打雜的女傭，與林茅斯的旅館女老闆（她借出三十英鎊，最終拿回了二十英鎊，因為她聰明地扣留雪萊的書），到他的義大利友人艾米莉雅（他跟她借了兩百二十克朗，相當於五十五英鎊）。他也欠各種工錢。例如一八一七年四月，他和罕特同意付錢買一架約瑟夫・柯克曼（Joseph Kirkman）製造的鋼琴，鋼琴準時送達，但過了四年錢還沒付。雪萊還找來龐德街（Bond Street）上最有名的四輪大馬車製造商查特（Charter）為他做上好的車輛，車輛造價五三二・一一・六英鎊，他一直使用到過世。查特後來把這位詩人告上法院，但到了一八四〇年代，他還在努力籌錢。雪萊剝削的另一個特殊團體，是小型印刷書商，他們以賒帳的方式替他出版詩集。這始於雪萊下訂單時，向牛津書商史萊特借了二十英磅。史萊特顯然很喜歡他，怕他去找貪婪的放款人，結果雪萊卻把他捲進代價高得離譜的混亂中。一八三一年，史萊特的兄弟，一個水管工，寫信給提莫西男爵：「為了努力讓令郎不去找猶太人以奇高的利率籌錢，我們已然損失慘重……我們的損失已經超過一千三百英鎊。」他們最後因為債務被逮捕，而且錢似乎從沒討回來過。《亞拉斯特》（*Alastor*）的書商韋布里奇（Weybridge）在書發行四年半之後，還在努力找雪萊付錢，沒有證據顯示他曾獲得賠償。雪萊寫信給第三個書商（一八一四年十二月）說：「如果你願意供書給我，我將擔保你『死後償還借據』，其比率是每提供價值一百英鎊的書，我支付兩百五十英鎊。」他告訴他其父及祖父的年齡，分別是六十三與八十五歲，實際上是六十一與八十三歲。第四個書商湯瑪士．胡坎（Thomas Hookham）不但讓雪萊賒帳印刷《麥布女王》，還借錢給雪萊。他也一直沒收到欠款，而且因為同情海莉兒的罪名，成為雪萊憎惡的對象。雪萊在一八一四年十月二十五日寫信給瑪麗說：「如果妳看到胡坎，別公開羞辱他。我依然希望……我將適時地讓這個毫無悔意的惡棍，痛恨他自己的情欲。他應該在發情時被砍，他的驕傲應該被踩成碎片。我將讓他自私的靈魂一片片地枯萎。」[64]

雪萊的兩性關係與財務狀況都不檢點，他和父母的關係、和妻小的關係、和朋友的關係、還有和工作夥伴與技工的關係都是混亂的，但這一切的共同分母是什麼？無疑的，除了他自己外，他沒有看見其他人觀點的能力。簡言之，他缺乏想像力。這就很奇怪了，因為想像力是他政治改革理論的核心。根據雪萊的說法，需要想像力或「智識之美」才能改變世界。由於詩人擁有最高品質的想像力，也由於詩人的想像力是所有人類才藝裡最具價值、也最有創造力的，所以他封他們為這個世界天生（儘管不被承認）的立法者。而他——最偉大的詩人之一——在此的想像力也許能同理全部的社會階級，包括被欺凌的農工、盧德分子[7]、彼德魯暴民[8]、工廠工人等他從未親眼見過的人民。他在抽象上能夠感受全體受苦受難的同胞，卻發現他顯然不可能（不是一次而是多次、上百次）讓想像力同理每天打交道的人。不論是從書商到男爵，從女傭到情婦，他就是無法看見這些人有權利、有資格在觀點上與他不同。而且，只要在衝突中他們不讓步或妥協，他就會辱罵他們。有一封雪萊寫給威廉斯的信，上頭日期是一八一三年三月二十一日，完全概括了他這種想像力上的極限。信的開頭先在言詞上譴責倒楣的貝德威爾律師，接著猛烈攻擊時運更加不濟的希欽納小姐（「一個女人有著不顧一切的見識與令人敬畏的熱情，卻能冷酷不脫序地報仇……她受苦的日子我由衷大笑」）。信中還包括對人類的誓言——「我已做好準備，為我的國家與朋友們做任何能為他們效勞的事」。信的結尾是「也包括你，我仍然誠摯相待的好友」。而收件人威廉斯正在被欺騙，他很快就成為下一個憤怒的債主。[65]

雪萊把自己的人生奉獻給對政治進步的追求，運用他非凡的作詩天賦，卻沒察覺他配不上這種想像力。他沒有努力找出自己想幫助的人們，真實生活到底如何，然後設法改善。他寫出《告愛爾蘭人民書》（*An Address the Irish*）時，尚未踏足那個國家，當他抵達愛爾蘭，

7 盧德分子（Luddites）指的是強烈反對機械化或自動化的人。
8 彼德魯暴民（Peterloo）指一八一九年八月十六日英國曼徹斯特被鎮壓的群眾。

他並未有系統地調查情況，或找出愛爾蘭人真正的想望。[66]確切來說，他打算祕密地摧毀他們珍愛的宗教。雪萊也始終對英格蘭政治與公眾意見、後滑鐵盧時期的政府所面對的弊端與危急，保持全然的無知，不具有努力解決弊端的真心實意。他從未透過他認為這麼不可或缺的「想像力之穿透力」，去設法了解、公正地對待善意且敏銳的其他人，如愛爾蘭政治家卡斯爾雷子爵（Castlereagh）與倫敦警察廳創立者羅伯特・皮爾爵士（Sir Robert Peel）。在《暴政的面具》裡，他辱罵他們，就像他在書信中辱罵他的債主跟他拋棄的女人一樣。

雪萊無疑想要一個政治上全面改造的社會，包括消滅組織化的宗教，但他很困惑要怎麼做到這一點。有時他鼓吹非暴力的手段，有人視他為第一個真正非暴力抵制的福音傳播者，是甘地的先驅。[67]他在《愛爾蘭演講》（*Irish Address*）中寫道：「不要和武力或暴力扯上關係，真正的革命家對於意圖暴力的相關事物都有最強烈的不屑！……所有的祕密結社也都不好。」但雪萊偶爾會請求組織祕密團體，而且他的部分詩作，只能理解成煽動。《暴政的面具》本身是矛盾的：有一節詩（第三四〇至三四四行）支持非暴力，但最著名的一節，其結尾是「你們為眾，他們為寡」，而且重複出現，以懇求起義（第一五一至一五四行，以及第三六九至三七二行）。[68]拜倫跟雪萊一樣是反抗者，但拜倫的行動比起一個知識分子更像一個人——他一點也不認同改造社會，只相信民族自決——他非常質疑雪萊的烏托邦。雪萊的上乘詩作《尤利安和馬達洛》（*Julian and Maddalo*）記錄了兩人在威尼斯的冗長對話，馬達洛（拜倫）說到雪萊的政治計畫，「我想你可能會做出一套反駁—控制的系統／如果有人說話」，但實務上想出「這麼具啟發性的理論只是徒然」。

這首詩的寫作日期，實際上是一八一八年至一八一九年，雪萊感謝拜倫的批評指教，讓自己輕率的政治基本主義畫下休止符。雪萊虛心地與拜倫商量：「我無能與拜倫動爵競爭，但就像我一樣，沒有任何人值得與他辯論，容我……在每個字都蓋上不朽的戳記。」那時拜倫的權力使他呆若木雞，就像他所說的「日光讓螢火消失」。無疑地，認識拜倫讓雪萊趨於成熟穩重，但他不像拜倫，開始視自己的角色為受壓迫人民的組織者——先是義大利人民，後是希臘人民——於是轉而反對任何形式的直接行動。在他人生的盡頭，這意義非常重大，他開始批評盧梭，將他視同法國大革命的恐怖暴行。在他未完成的詩作《生命的勝利》（*The Triumph of Life*）裡，盧梭化身為羅馬詩人維吉爾一般的說書人，一個煉獄中的囚犯，誤以為在世時一定能實現理想，結果因此而墮落。但我們一點也不清楚，雪萊是否以此聲明放棄實際的政治活動、全神貫注於想像力的純粹唯心論。[69]

誠然，在他過世前的幾個月，他的性格沒有任何徹底改變的跡象。克萊爾後來活到超過八十歲，而且成為一個明智的女人（受到亨利・詹姆斯〔Henry James〕魅力十足的小說《阿斯朋手稿》〔Aspern Papers〕影響），在事發的六十年後，寫下「海莉兒的自殺，對雪萊是有益的——他變得沒那麼志得意滿，也沒有過去那麼狂野」。[70]這可能是真的，儘管相隔這麼久，克萊爾簡化了這些事件。雪萊確實變得不那麼暴力、那麼自我中心，但這種改變是漸進的，在他死時絕對還沒完成。一八二二年時，他和拜倫都在建造自己的船隻，唐璜號（Don Juan）與波利瓦號（Bolivar）。雪萊尤其熱衷於航行，為此，他堅持夏天一定要在拉斯佩齊亞（Spezia）海灣的萊里奇（Lerci）租屋而居。瑪麗當時又懷孕了，非常討厭乘船，最主要是太熱了。他們再一次逐漸疏遠。她開始幻滅，厭倦了離鄉背井的刻苦生活。此外還有新的威脅，雪萊航海的同伴是愛德華・威廉斯（Edward Williams），他是在英國東印度公司領半薪的中尉。雪萊對威廉斯美麗的非正式妻子（common-law wife）珍（Jane）顯得興致勃勃，珍有音樂天賦，會彈吉他，而且（和克萊爾一樣）歌唱得很好，這都是雪萊向來喜歡的。他們在夏季月光下舉辦音樂會。雪萊寫了好幾首詩送給她，或是將她入詩。瑪麗是否會被取而代之，就像她取代了海莉兒一樣呢？

六月十六日，如同瑪麗所擔憂的，她流產了，並再次陷入絕望。兩天後雪萊寫了封信，明白表示他倆的婚姻差不多已經玩完了：「我只想要那些能夠感受我、懂我的……瑪麗沒有。或許，因為必須隱瞞那些會讓她痛苦的想法，而必然會導致這個結果。這是丹達羅斯的詛咒[9]，一個如此強大而純淨的人卻喜歡家庭生活，必然不會激起同情。」雪萊補充道：「我越來越喜歡珍了……她對音樂有品味，外型與姿態優雅，某種程度上抵銷了文學素養上的欠缺。」[71]那個月底，瑪麗發現她的處境、酷夏與居所都難以忍受。她寫道：「我希望我能斷開鎖鏈，離開這個地牢。」[72]

她獲得解放的方式是悲劇性的、無預警的。雪萊向來為速度痴迷，如果在二十世紀，他或許會成為賽車手或飛行員，他有一首詩《阿特拉斯的女巫》（*The Witch of Atlas*），是一首宇宙旅行的歡樂讚歌。唐璜號本來就是為快速航行打造的，而雪萊把它改得更快。船身只有二十四呎長，卻配備了兩根主桅與縱帆，他和威廉斯設計了全新的上桅帆，能大幅增加風帆面積。為了再加快航行速度，拜倫的造船工程師在雪萊的要求下，重新趕製了桅桿裝配帆及索具，還有不合用的船尾與船首。現在她是一艘又快又危險的船，開起來「就像女巫」。[73]天候惡劣時，這艘船只有三張順風用的大三角帆、一張風暴帆，而且僅能浮在水面上八公分。雪萊與威廉斯乘坐這艘改裝過的船，打算從利伏諾（Livorno）返航回萊里

9 希臘神話中，丹達羅斯（Tantalus）洩漏天機而被罰站於湖中。

奇。他們在一八二二年七月八日午後天氣轉壞時啟程，而且全速前進。六點半風暴來襲，當地的義大利船隻全都趕忙返回港灣。其中有位船長說他觀測到雪萊的船陷於驚濤駭浪，卻依舊全速前進，而他請他們登上他的船，或至少把帆收起來，「否則你們會喪命的」。但兩人當中有一人（推測是雪萊）大喊「不」，然後就見他捉住同伴手臂、阻止收帆，「看起來很生氣」。唐璜號在離岸十哩處沉沒時，依舊是滿帆，兩人都溺斃了。[74]

濟慈在同一年先走一步，因為結核病長逝於羅馬；拜倫在兩年後，在希臘被他的醫師放血致死。這麼短的時間內，英語文學的閃亮時代就來到盡頭了。瑪麗帶著小畢西這位未來的準男爵（此時查爾斯已經過世）回到英格蘭，樹立起紀念雪萊的神話紀念碑，但她心靈上的創傷並未消逝。她目睹這位知識分子一生的陰暗面，也感受過理想的力量如何傷人。當有朋友看到小畢西正在學識字時，說：「我相信他未來會成為一個不凡的人。」瑪麗・雪萊突然動怒，激動地說：「我請求上帝，他長大後會成為一個普通的人。」

第三章

馬克思
偽造科學的災難預言家

Karl Marx
1818-1883

「馬克思不信神，但他很相信自己，並讓每一個人都會為他所用。他心中盈滿的不是愛而是仇恨，以及些許對人類的同情。」

——巴枯寧，無政府主義者

卡爾・馬克思（Karl Marx）對現實的大事件，以及對人類心靈所造成的衝擊，在現代知識分子中，無人能出其右。不光是因為他的觀念與方法論強烈吸引著那些不夠謹慎的腦袋，還因為他的思想建構出當今世上最大的兩個國家：俄羅斯與中國，以及許多附庸國。感覺上他有點像羅馬神學家聖奧古斯丁（St Augustine），後者的作品在五世紀至十三世紀流傳甚廣，普及程度大於其他教會領袖，也因此在形塑中世紀的基督教國家時，扮演了支配性的角色。但馬克思的影響更加直接，因為他為自己設想出來的（我們將會看到）個人獨裁專政，是真的被實施了，而且讓人類蒙受難以估算的後果。實施者是他三個最主要的追隨者：列寧、史達林與毛澤東，他們在這方面非常忠於馬克思主義。

馬克思是他那個時代（十九世紀中葉）的產物，而馬克思主義是十九世紀哲學的典型，並宣稱是符合科學的哲學。「符合科學」是馬克思表達強烈認可的用語，他習慣以此來區分他自己跟他的許多敵人。他和他的著作「符合科學」，敵方則否。他覺得自己發現了歷史中人類行為的科學解釋，近乎達爾文的演化論。他的追隨者在各自建立的國家中灌輸人民這個教條：「馬克思主義的見解是科學的，過去沒有其他主義達到這一點。」甚至影響了基礎教育與大學的所有科目。而且這種情況還擴散到非馬克思主義的世界，知識分子們（尤其是大學教授）被它的力量迷住了。其中有大量認同馬克思主義的自然科學權威，這吸引許多教師承認「馬克思主義在其學科中算是科學」，尤其是一些在不精確、或半精確的科系，如經濟學、社會學、歷史學與地理學。當然，如果是希特勒拿下一九四一年至一九四五年膠著的中東歐，而非史達林，然後在這個重要區域貫徹意志，他們也會主張納粹的教條符合科學，例如，他們的種族理論會在學術的掩蓋下滲透到全世界的大學校園。只是軍隊的獲勝確保了盛行的科學是馬克思主義，而非納粹主義。

所以，有關馬克思，我們必須問的第一件事是：要根據什麼（如果有的話）來研判他是一個科學家？意思是，他致力於追求的客觀知識，有多大程度是藉由對證據審慎的查探與評估？從表面上來判斷，馬克思的傳記透露他主要是個學者，他有兩條學者的血統。他的律師父親海因利希（Heinrich）本名希爾謝・哈勒維・馬克思（Hirsche ha-Levi Marx），是一名研究猶太教法典《塔木德》的拉比之子。而這位拉比也是梅因斯（Mainz）著名拉比艾利沙・哈勒維（Rabbi Elieser ha-Levi of Mainz）的後代。哈樂維的兒子耶忽達・明茲（Jehuda Minz），是義大利帕多瓦塔木德學校的校長。馬克思的母親亨麗耶塔・普列斯堡（Henrietta Pressburg）也是一名拉比之女，是知名學者與賢者的後裔。一八一八年五月五日，馬克思在普魯士的特里爾（Trier）出生，是家中九名子女之一，但也是唯一活到中年的兒子。他的姐妹們分別嫁給了工程師、書商與律師。這一家人是典型的中產階級，而且正在這個世界發跡，父親海因利希相當開明，被描述為「真正的十八世紀法國人，非常了解伏爾泰與盧梭」。[1]由於普魯士在一八一六年頒布命令，禁止猶太人從事高階的法律與醫療工作，於是海因利希成為一個新教徒，讓六個孩子在一八二四年八月二十六日受洗。馬克思在十五歲時受了堅信禮，一度看起來像狂熱的基督徒，他上的是拘謹、但後來脫離教會的高中，接著是波昂大學（Bonn University），然後從這裡轉學至當時世上最好的大學：柏林大學（Berlin University）。他從未受過猶太教育也從未嘗試獲得相關知識，或是表現出對猶太人的理想有任何興趣。[2]雖然一定會有人說，他培養出某一類學者特質，類似於那些研究猶太教法典的學者：他喜歡累積大量一知半解的研究資料，打算要做百科全書式的工作卻從未完成；他非常蔑視所有非學者的人；以及在與其他學者打交道時，他極度自信且易怒。差不多他所有的著作，確實都有塔木德研究的正字標記：一定會對該領域的其他著作進行評注、批評。

馬克思成為一位古典學者，後來專攻哲學中盛行的黑格爾辯證法。他有博士學位，但他是從水準低於柏林大學的耶拿大學（Jena University）拿到學位的。他似乎始終沒有優秀到在大學謀得一職。一八四二年，他成為《萊茵新聞》（*Rheinische Zeitung*）的記者，並主編了五個月，直到這份刊物一八四三年被禁。其後他為《德法年鑑》（*Deutsch-Französische Jahrbücher*）與其他巴黎刊物寫稿，直到他一八四五年被驅逐出境。接著，是在布魯塞爾被驅逐出境。之後他參與建立共產主義者同盟（Communist League），並於一八四八年寫出《共產黨宣言》。革命失敗後他被迫搬走（一八四九年），在倫敦落腳，之後便永久定居於此。有些年，在一八六〇年代與一八七〇年代，他再度投身革命的政治活動，經營國際工人協會[1]，但大多數時間都窩在倫敦。他直到一八八三年三月十四世過世為止，也就是長達三十四年，都耗在大英博物館（British Museum）為龐大的《資本論》找資料，並試著把這些資料整理成可發表的形式。他一八六七年得以看到第一卷出版，但第二卷、第三卷是他的同事弗里德里希·恩格斯（Friedrich Engels）從他的筆記彙編而成，並在他死後才出版。

所以，馬克思過著學者的人生，他一度抱怨：「我是一台注定要對書籍狂吞猛嚥的機器。」[3]但從更深的意義來看，他實在不是一個學者，也完全不是科學家。他感興趣的不

1 國際工人協會（International Working Men's Association）又稱「第一國際」，後者是第二國際成立後才出現的名稱。

是挖掘真相，而是宣揚真理。馬克思是由三個面向組成的：詩人、記者與倫理學者，每個元素都重要，組合為一體，便是他龐然怪物般的意志，讓他成為一個極難對付的作家與預言家。但他的一切都與「科學」無關。更確切地說，所有的問題就出在他反科學。

馬克思的詩人元素遠比一般所想的還重要，儘管他的詩人形象很快就被政治幻想所吞噬。他年少就開始寫詩，圍繞著兩個主題：第一個是他對鄰家女孩燕妮・威斯伐倫（Jenny von Westphalen）的愛慕，她有普魯士—蘇格蘭（Prussian-Scotch）血統，與他在一八四三年成婚。第二個是世界的毀滅。他寫了大量詩作，當中有三卷寄給燕妮的手稿，由他們的女兒蘿拉（Laura）繼承，並在她一九一一年過世時不知去向。不過有四十首詩的抄本留存下來，包括一齣以韻文寫成的悲劇《奧蘭尼姆》（*Oulanem*），馬克思認為這部作品可以成為他那個時代的《浮士德》。有兩首詩在一八四一年一月二十三日，發表於柏林的《雅典娜》（*Athenaeum*）雜誌，標題為「兇殘之歌」，而兇殘正是其詩作的特有調性，再加上對人類處境濃烈仇恨的悲觀主義，對腐敗與暴力、集體自殺與跟魔鬼立約的迷戀。「我們被束縛，被粉碎，被掏空，被驚嚇／永久地被拘禁在這大理石磚一般的軀殼裡，」年輕的馬克思寫道，「……我們是冷酷的神豢養的猩猩」。他把自己當作神，說「我將發出怒吼，詛咒人類」，而在他大部分的詩作表面之下，包含了「整體世界危機正在擴大」的觀點。[4]他喜歡引述歌德《浮士德》中魔鬼「梅菲斯特」的詩句「一切的存在都活該毀壞」，例如在他反對拿破崙三世（Napoléon III）霧月政變（The Eighteenth Brumaire）的小冊子上就那樣寫。他終其一生，對既存系統將迎來美好的、翻天覆地的結局，都抱持這種末日的異象，他的詩透露了這點，這是他在一八四八年寫出《共產黨宣言》的背景，並在寫作《資本論》時達到高潮。

總之，馬克思從頭到尾都是個末世論作家。值得注意的例子，比如《德意志意識形態》（*The German Ideology*）的初稿，他在一個段落熱烈緬懷過去的詩作，在涉及「審判日」之處，「天堂看見已焚毀的城市的倒影……而《馬賽進行曲》（*Marseillaise*）與《卡馬尼奧拉曲》（*Carmagnole*）所組成的『天國和聲』，加上轟然雷動的火砲伴奏，斷頭台行刑的時間滴答作響，熊熊火燄發出刺耳的聲音說著：會好起來的，一會好起來的。自我意識被絞死在街燈柱上[2]」。[5]然後再一次，《共產黨宣言》裡出現了模仿《奧蘭尼姆》的句子，由無產階級披上英雄的斗篷。[6]在他一八五六年四月十四日令人毛骨悚然的演說中，詩裡的末日調性再次爆發：「歷史即審判，其劊子手為無產階級。」恐怖的事物、房子上的紅十字標記、慘敗的象徵、地震、熔岩在地殼破裂時沸騰起來。[7]重點是馬克思「最後審判日」的概念，

2 在法國大革命時，群眾把巴黎的路燈視為政府的象徵物，於是摧毀路燈並把受刑者吊在燈柱上。

無論在其恐怖的詩中異象，或其最終的經濟異象，都是藝術的概念，絕非科學。這種異象一直縈繞在馬克思心中，而身為一個政治經濟學家，他是先設立目標再去追索，為了得出「異象必然發生」的結論去尋找證據，而不是以進步的方式，客觀地檢驗資料推論結果。想當然耳，詩人的性格會讓馬克思的歷史推斷充滿戲劇性，讓激進的讀者深深著迷，因為他們想要相信資本主義的死亡與審判即將到來。馬克思的經歷明白顯示，他寫詩的天賦不時出現，產出了一些令人印象深刻的段落。在此理解下，他是憑直覺知道結果、而非憑理性或推論。馬克思到死都是一個詩人。

但他同時也是記者，某種程度來說，他記者做得挺出色。馬克思發現要制定計畫寫出一本大部頭的書，不光很難，是根本不可能。即便是《資本論》，也是他將一系列論文用膠水黏貼成冊，不是真正的一本書。但他非常適合寫立場鮮明、尖銳的、回應重大時事的短篇文章。他的詩人想像力告訴他，社會即將崩潰，所以幾乎每一件新的大事發生，都能與這個大原則產生關連，這給予他的新聞工作顯著的一貫性。一八五一年八月，有個早期社會主義者歐文（Robert Owen）的追隨者，即當時《紐約每日論壇報》（*New York Daily Tribune*）的資深主管丹納（Charles Anderson Dana），延攬馬克思成為該報歐洲政治版的通訊記者，每週要寫兩篇文章，每篇稿費一英鎊。接下來十年，馬克思貢獻了近五百篇文章，當中一百二十五篇是由恩格斯捉刀代筆。這些文章在紐約被大幅抽換與改寫，但其中最有力的論述，是純粹的馬克思風格。事實上他最大的天分是做一個製造爭議的記者，操用機智的短句與警句。許多東西都不是他的發明，「工人沒有國家」與「無產階級除了身上的枷鎖，沒什麼好失去的」是法國大革命時期知名政論家馬拉（Marat）創造的警句。從德國詩人海涅（Heine）那裡取來的知名笑話是，有個資產階級在背部戴著封建制度時代的盾形紋章，「宗教是人民的鴉片」這句話也是。法國社會主義政治家路易．勃朗（Louis Blance）貢獻了名句「各盡所能、各取所需」，而「各國的工人們，聯合起來！」則來自德國勞工領袖夏佩爾（Karl Schapper）。但馬克思有能力自己創造，比如「在政治上，德意志對其他國家的做法已有主見」、「宗教只是人類開始自轉以前，繞著打轉的假恆星」、「資產階級的婚姻是妻子共有制」、「革命敢於向對手叫罵最挑釁的字眼：我很渺小，但我一定最重要」、「每個年代的統治觀念，都是其統治階層的觀念」。此外他具備罕見的天分，能凸顯他人的格言，並在自己的論點中，以正確的位置、致命的組合，精準地運用這些元素。沒有政治作家能超越他在《共產黨宣言》的最後三句話：「無產階級除了身上的枷鎖，沒什麼好失去的。他們將獲得全世界。全世界的工人，聯合起來！」馬克思運用記者的眼光，發現比起任何事物，短而精煉的句子更能避免他完整的哲學在十九世紀的最後二十五年被遺忘。

如果詩提供了異象，而記者的警句使馬克思的作品出眾，則使之穩重的，是學術的專門術語。馬克思是學者，更確切地說，是一個不及格的學者。滿腔憤怒、本來想做大學研究員的人，打算以新的哲學流派震撼全世界——這同時也是他謀取權力的計畫。因此，他對黑格爾的態度矛盾，他在德文第二版《資本論》的序言中寫道，「我承認自己是這位偉大思想家的信徒」，以及「我在討論《資本論》的理論價值時，耍了耍黑格爾的專門術語」。但他說他的「辯證法」與黑格爾的恰好相反，對黑格爾來說，思考程序是創造了現實，可是，「另一方面，在我看來，觀念不過是在人類大腦裡被調換與轉化的現實物質而已」。因此他主張，「在黑格爾的著作裡，辯證法顛倒了實際的順序。如果你想要找到包藏在騙人把戲裡的合理核心，你得再次把它導正」。[8]

於是，馬克思用他對黑格爾方法中發現的致命缺陷，來追求學術聲望，企圖以全新的哲學取代整個黑格爾體系，更確切地說，那是一種讓所有既存哲學都變得過時的超級哲學。但是他繼續相信黑格爾的辯證法是「理解人類的關鍵」，不但繼續使用，還至死都是它的囚徒。因為辯證法及其「矛盾論述」解釋了不斷升溫的全體危機，而這個危機源自於他十多歲就懷抱的詩人異象。他在即將到達生命終點時（一八七三年一月十四日）寫到，景氣循環顯露出「資本主義社會內在固有的自相矛盾」，並將生成「這些循環的最高點，一場全體的危機」。這會導致即便是「新德意志帝國的暴發戶」也會「反覆講述辯證法」。

這跟現實世界的政治與經濟有任何關係嗎？什麼也沒有。就像馬克思的哲學原本的出發點就是一個詩人異象，所以其精緻美妙的闡述，也只是把異象操作成難懂的術語。然而，要讓馬克思的智識手段開始運作，需要道德上的推動力。他在對高利貸者與放款者的敵意中找到了這種激情，與他的財務困難直接相關（後文會說到）。馬克思早期的系列作品中可以看見這種情緒，例如有兩篇題為《論猶太人問題》（*On Jewish Questions*）的論說文，在一八四四年的《德法年鑑》上發表。黑格爾的追隨者全都反猶太人，只是程度不一，在一八四三年，黑格爾左派留下的反猶太領袖鮑威爾（Bruno Bauer）發表了一篇論述，要求猶太人全面禁止猶太教。馬克思的論說文是回應此篇文章，他不反對鮑威爾的反猶太主義。更確切地說，他自己也分享這篇文章，予以認同，且引述以表贊同。但他不同意鮑威爾的解決方案。鮑威爾認為猶太人反社會的根源是宗教，只要撕裂猶太人的信仰，就能夠矯正；馬克思則否決了鮑威爾的看法，在他的觀點裡，猶太人的罪行是在社會與經濟層面。他寫道：「讓我們想想真正的猶太人。不是安息日的猶太人，而是日常的猶太人。」他問：「猶太文明的世俗基礎是什麼？一定有務實、利己。猶太人的世俗狂熱是什麼？做小商販。

他們的世俗信仰是什麼？錢財。」於是，猶太人漸漸地把這種「務實的宗教」傳揚到整個社會：

錢財是以色列小心守護的神，若沒有錢財，其他的神都不會存在。錢財讓人類其他神祇的地位都矮了一截，並把祂們都變成了有價之物。錢財用自己的價值衡量所有物品。所以，錢財奪走了整個世界自身真實的價值，包括人類世界與大自然。錢財是讓人類的工作及存在異化的要素：該要素支配了人類本身，而人類敬拜它。猶太人的神一直都在世俗化，而且已經成了世界之神。

猶太人使基督徒墮落，並說服他們「除了變得比鄰人更有錢，沒有其他使命」，而且「這世界是一間交易所」，政權成了金權的「奴隸」。因此，解決方案要著眼於經濟。金錢活動有「極高的可能性」招致這種問題，「金錢─猶太人」成了「當前眾所周知的反社會要素」，使得「猶太人令人生厭」，所以必須徹底破壞那個「先決條件」。要廢除猶太人對錢的態度，同時也得廢除猶太人及其宗教，則猶太人在這世界腐化基督教信仰的異象就會消失：「把自己從金錢跟生意行為中解放出來，也就是從務實的猶太文明中解放出來，我們的時代將會自我解放。」[9]

如此這般，馬克思對世界的錯誤解釋，彷彿是學生餐廳裡的反猶太主義與盧梭思想的組合。接下來三年，從一八四四年至一八四六年，他將之擴充成他的成熟哲學。在此期間，他決定了社會的有害要素、必須推翻的高利貸金權，不光只有猶太人，還包括全部的資產階級。[10]為達此目的，他煞費苦心地利用黑格爾的辯證法——這一頭有金權、財富、資本，是資產階級的工具，另一頭有新的救贖力量：無產階級。他以嚴謹的黑格爾表述法提出論據，使出所有能想得到的德國哲學術語，儘管他的動力顯然是道德與最終異象（末日危機），而這依然是詩性的。因此，革命即將到來，在德國，那將是一場哲學革命。「單一社會階層無法自我解放，除非它解放了所有社會階層。簡言之，人類單靠贖罪的自我解救能力，已經完全喪失。這種分崩離析的社會，以一個特殊階層稱呼它，即是無產階級。」馬克思似乎是要說，無產階級是一種不屬於階級的階級，能溶解所有階級，是一種從來沒有被記載的救贖力量，不會臣服於歷史法則，而且終將在歷史之中終結歷史——很詭異，這是一個非常猶太人的概念，無產階級將成為彌賽亞或救世主。此革命包括兩個要素：「解放的腦袋是哲學，心臟是無產階級。」如此一來，知識分子將來自社會精英、一般大眾、工人與步兵。

把富人階層的範圍從猶太金權擴張到整個資產階級，再用新的哲學來界定無產階級之後，馬克思繼續在他哲學的核心運用黑格爾辯證法，為這場大危機設下大事件。這段關鍵的段落如此作結：

> 無產階級將正式宣告私有財產歸其所有，就像他們也宣告雇傭勞動（Wage-labour）是替別人產生財富，為自己製造窮苦。如果無產階級勝利了，那完全不是為了成為社會的專制者，而只是為了廢除自身階級及其對立面。然後無產階級及其注定的對立面，私有財產制，將會消失。

馬克思就這樣成功界定了他在詩人異象所見到的大災變，不過這個定義是用德文術語寫成，從大學殿堂以外的現實世界來看完全不知所云。

即便馬克思將這些事件政治化，但他仍是使用哲學術語：「沒有革命，社會主義無法成立。當有組織的行動展開，當靈魂、事物的內在開始顯現，則社會主義就能揭開所有政治的面紗。」馬克思是一個真正維多利亞時代的人，他和維多利亞女王寫信的時候也一樣，經常在文句下畫線強調，但他的強調，實際上並未在傳達意思上幫上太多忙，其含義依舊沉沒在德文的、學術的、哲學用語的晦澀概念之中。為了讓世人接受，馬克思也求助於典型的誇大敘述，強調他描述的是全球性的過程，卻同樣被術語拖累。例如他說：「無產階級只能在世界史的觀點中存在，就像共產主義一樣，其行動也只能在世界史的觀點中存在。」或是：「在經驗上，共產主義是統治階層全體、立即、同時行動才可能存在，其前提是全面發展的生產力及仰賴生產力的世界貿易。」不過，即便馬克思的意思很清楚，他的陳述也未必有效，而只是一個道德哲學家不具約束力的附帶意見。[11]以上我引述的部分句子，如果改成是相反立場的話，聽起來也同樣似非而是或似是而非。所以，這位道德哲學家，是如何把這些先知性言論、把這些天啟，變成真實世界的事實證據與科學的呢？

馬克思對事實的態度矛盾，一如他對待黑格爾的哲學。一方面，他花了好幾十年收集事實根據，共累積了上百本龐大的筆記，但這些在圖書館發現的事實，是官方事實。藉由那些居住在世界之中的人民，透過親眼親耳檢驗所發現的事實，不是馬克思會感興趣的事實。他是個徹底、無藥可救的書呆子，世上沒有任何事物能把他趕出圖書館。他對貧窮與剝削的關注要追溯到一八四二年秋季，當時他二十四歲，正在寫一系列的文章，探討在地農夫採集木材之權利的管理法規。根據恩格斯的說法，馬克思告訴他，「他所研究的法規涉及竊木問題，而他對萊茵河的支流摩澤爾河（Moselle）農民行為的調查，使他的注意力從單純的政治轉至經濟情況，再轉向社會主義」。[12]但沒有證據顯示馬克思曾經跟這裡的農民與地主實際講過話，或是親自訪視現場。此外，一八四四年他為《前進報》（*Vorwärts*）寫金融週報，有一篇是探討中歐西利西亞（Silesia）織布工的困境。但他從沒去過西利西亞，或者，就我們目前所知，沒有跟織布工談話的任何記述，如果有，那也非常不像他會做的事。馬克思一生都在寫關於金融與製造業的文章，但他認識的人當中，只有兩位跟金融或製造業流程有關，一位是他在荷蘭的姨丈利奧・菲利普（Lion Philips）。菲利普是成功的商人，最終創立了龐大的飛利浦電子公司（Philips Electric Company），而他對於處理資本主義的看法，肯定見識廣博且饒富趣味，讓馬克思在探究時遇上麻煩。但馬克思只有在談到高級財務學的技術問題時，向他請益過一次，而且儘管曾經四度拜訪，馬克思關切的也只有家族資金的私人問題。另一位博學的人是恩格斯本人，他曾經邀請馬克思去參訪棉花工廠，但被婉拒了。就我們目前所知，馬克思終其一生，都從未親自踏足任何一間磨坊、工廠、礦井或其他製造業的工作場所。

更令人訝異的是，馬克思敵視有這類經驗的革命夥伴——也就是開始有政治意識的工人。他一直到一八四五年才與這些人接觸，當時他短暫造訪倫敦，參加當地德意志工人教育協會（German Workers' Education Society）的會議。他對所見所聞感到不悅，這些人大多是有專門技術的工人、鐘錶匠、印刷工、製鞋工人。他們的領導人是林務人員。他們自學、受過訓練、嚴肅、舉止有禮，非常反對放蕩不羈的藝文圈，急著改變社會，但是對達成目標的實際措施態度謹慎。他們沒有馬克思的天啟異象，最重要的是，他們不使用他的學術術語。馬克思藐視他們：他們當不成革命的先鋒。馬克思總是偏愛像自己一樣的中產階級知識分子，他與恩格斯創立共產主義者同盟時，以及成立第一國際時，都設法將工人階級的社會主義者從任何有影響力的位置上排除，而只是以無產階級的名義坐在委員會席上。他的動機有部分是因為知識分子的勢利眼，部分是因為真正有工廠實務經驗的人，傾向於反對暴力，偏愛穩定、漸進的改善：那些人有足夠的見地懷疑他所宣稱的天啟式革命，其中的必要性與必然性。馬克思有一些最惡毒的譴責，是直接用在這些人身上。例如在一八四六年三月，他在一場「考驗」中試圖讓威廉·魏特林（Willian Weitling）屈服，時間就在共產主義者同盟於布魯塞爾舉行會議之前。魏特林很窮，是一個洗衣女的私生子，始終不知其父姓名，他在裁縫店當學徒，十分賣力地工作與自學，為自己贏得了大批的德國工人追隨者。「考驗」的目標是堅定主義的「正確性」，貶抑任何高傲的工人階級，這類人缺乏馬克思的思想所必要的哲學訓練。馬克思對魏特林的攻擊極其猛烈，馬克思說，他有罪，因為他在指揮一場運動時沒有中心主義。這種行為在未開化的俄羅斯沒什麼，在那裡「你可以用愚蠢的年輕人和使徒，建立成功的聯合會。但在文明國家，像是德國，你就得理解，沒有主義，什麼都辦不到」。還有：「如果你企圖影響工人，特別是德國的工人，沒有主義與清楚的科學觀念作為軀幹，那你就只是在玩一場空洞又不道德的傳教遊戲，將無可避免地造出一位受了啟發的使徒，讓聽他們講道的蠢驢們目瞪口呆。」魏特林回應，他不是一個在研究中編造主義的社會主義者。他為真正的工人發聲，不會屈從於那些「跟這苦難世界裡真正勞工相隔甚遠」的純理論家。有位目擊者說：「這使馬克思勃然大怒，他用拳頭奮力捶桌子，捶到桌燈都搖晃了。他跳腳大吼『無知從來就沒幫上任何人』。直到會議結束，馬克思都還在暴怒，在房間裡到處跺腳。」[13]

這是馬克思對工人階級出身的社會主義者，以及任何被大批的工人追隨的領袖，進一步的攻擊模式，因為他們鼓吹的是對工作與薪資實質問題的務實解決方案，而不是空有教條的革命。例如，馬克思攻擊當過排字工人的法國經濟學家普魯東（Pierre-Joseph Proudhon）、農業改革者克里基（Hermann Kriege），以及首位擁有實權的德國社會民主黨人士暨勞工組織者拉薩爾（Ferdinand Lassalle）。馬克思對農業一竅不通，尤其不了解克里基落腳的美利堅合眾國，但他在《反克里基宣言》（*Manifesto Against Kriege*）裡，譴責克里基提議給予每位農民一百六十英畝的公地。他認為應該用承諾的土地招募農民，可是一旦共產社會建立起來，土地就得變成共同持有。普魯東反對教條主義，他寫道：「看在上帝的分上，在我們終於推翻所有（宗教的）教條主義後，別再讓企圖灌輸人民另一種教條的任何事物滲透進來了……別再自己製造新的、不寬容的領袖了。」馬克思痛恨這幾句話。他在一八四六年六月所寫的《哲學的貧困》（*Misère de la Philosophie*）中，長篇大論地抨擊普魯東，指控他是「幼稚鬼」，對經濟學與哲學「非常無知」，尤其誤用了黑格爾的概念與技巧——「普魯東先生對黑格爾辯證法的理解僅止於其慣用語。」至於拉薩爾，則成了馬克思反猶太與種族歧視情結中最殘酷的受害者：他是「猶太鬼爵士」、「猶太胚子」、「掩藏在美髮油與廉價首飾之下的猶太滑頭」。「如今我清楚得很」，馬克思在一八六二年七月三十日寫給恩格斯的信中說，「他的頭型和頭髮顯示，他是和摩西一起逃出埃及的黑人後裔（除非其母或父親那一系的祖母曾與黑人雜交）。這種猶太與德意志在黑人基礎上的結合，一定會製造出異常的雜種」。[14]

當時，馬克思既不願意親自調查製造業的工作條件，也不願意向聰明又有親身經歷的工人學習。他何需這麼做呢？運用黑格爾的辯證法——即在所有必要條件裡，他已經在一八四〇年代末得出人類命運的結論，剩下的就只有找出事實來證明它們。這些事實能從新聞報導、政府藍皮書（官方報告），以及前輩作家們所搜集的證據中獲得；而且所有資料都能在圖書館裡找到。那何必再看得更遠？要解決的就像馬克思所看見的那樣，是找到類型正確的事實：相符的事實。哲學家亞斯培（Karl Jaspers）相當貼切地總結了他的方法：

> 馬克思的寫作風格不是研究人員那種……若是違反他的理論，他不引述例子，也不列舉事實，只引述那些明顯能支持或確立他所認為的終極真理者。其方法只是為了替自己辯護，不是研究調查。然而，為某事辯護之後宣告這是有根據的十足真理，這不是科學家，而是信徒。[15]

在此理解下，「事實依據」不是馬克思的核心工作；它們是附屬的，用以支撐早已得出的不相干結論。因此，他畢生學問的不朽經典《資本論》，不可視為他所聲稱的「對經濟進程之特質的科學調查結果」，而是一種道德哲學的運用，堪與維多利雅時代的評論家卡萊爾（Carlyle）與拉斯金（Ruskin）相提並論。《資本論》的篇幅驚人，而且經常出現前後不一的冗長說教，攻擊製造業的流程與所有權的原則，表達出一個強力，但本質不理性的憎恨。說來也怪，這本書沒有一個核心論點來整合內容，馬克思在一八五七年時，原本打算將這部作品寫成六卷：資本、土地、薪資與勞工、政府、貿易，以及最後一卷，論世界市場與危機。[16]但要完成上述計畫，需要有條不紊的自我約束，事後證實這超出他的能力。他實際產出的唯一一卷（令人困惑的是，現在成了兩卷）毫無邏輯模式可循，是一系列隨意安排先後順序的個人解說。法國馬克思主義哲學家阿圖塞（Luis Althusser）發現其架構是如此令人困惑，以至於必須要求讀者略過第一篇，直接從第二篇，也就是第四章開始讀，[17]但其他的馬克思主義評注者憤怒地駁斥這種見解。事實上，阿圖塞的方法也沒太大幫助。恩格斯寫的《資本論》第一卷一覽表，只強調出薄弱之處，沒指出結構上的缺失。[18]馬克思死後，恩格斯從馬克思一千五百頁對開本的筆記中，製作出第二卷，改寫了其中的四分之一，結果用了枯燥凌亂的六百頁來談論資本的流通，大部分是探討一八六〇年代的各種經濟理論。恩格斯從一八八五年工作到一八九三年的第三卷，全面考察資本尚未涵蓋的所有面向，但也不過是一系列的注釋，包括用一千頁來討論高利貸，內容大多是馬克思的備忘錄。這些龐大資料注記的日期幾乎都是一八六〇年代早期，同一時間馬克思也在寫第一卷。事實上，沒有人可以阻止馬克思完成這部作品，除了他自己。他精力不足，而且不知道一切雜亂無章。

第二與第三卷不在我們的討論範圍，因為馬克思不太可能希望它們以這種形式面世，這兩卷的工作實際上已經停擺十五年。在第一卷（他的作品）中，真正重要的只有兩章，第八章《工作日》與即將進入第二卷的第二十四章《原始積累》，其中包括知名的第七節「資本積累的歷史傾向」。上述內容不管怎麼理解都不是科學分析，而完全是預言書，馬克思說未來會「一、資本巨頭的數量將逐漸降低。二、相應地，會增加大量的貧窮、壓迫、奴役、衰退與剝削。三、工人階級穩定地加劇其憤怒的行為」。這三股力量一起發作，將產生黑格爾哲學的危機，或是他所謂的政治經濟異象，就像他年少時那些如詩般的大災變想像：「這些生產工具的集中化，與勞工的社會主義化，到達一個只剩資本主義軀殼、實際上互不相容的程度，這將會爆炸成碎片。資本主義者私有財產制的喪鐘敲響了，剝奪者們將反被奪走一切。」[19]這聽起來非常令人興奮，讓許多世代的社會主義狂熱者相當鼓舞，但其預言內容在科學上，並沒有比一本占星年鑑還強。

相較之下，第八章《工作日》描述資本主義對英國無產階級生活的影響，確實提出了有事實根據的分析，更確切地說，這是馬克思的作品中唯一真正處理到勞工的部分，是他整個哲學在表面上的主題，因此值得檢驗一下它的「科學」價值。[20]由於我們已經注意到，馬克思只找符合自己成見的事實，這背離所有科學方法的原則，使得這章從一開始就有根本的弱點。但馬克思除了根據偏見選擇事實，是否還會歪曲或竄改事實？我們必須思考這一點。

該章試圖主張的論點，以及馬克思道德理論的核心，即在於資本主義的本質必然會對工人漸進地加重剝削。也因此，越多的資本用於雇用勞工，就有越多的勞工被剝削，這是極大的道德罪惡，會製造最後的危機。要證實這個論點的科學正當性，馬克思必須證明：一、前資本主義時期（pre-capitalist）的小工廠工作條件就很惡劣了，但在工業資本主義（industrial capitalism）之下還會更加惡化。二、假定資本的本質無情且難以改變，在資本化達到最高的產業中，對工人的剝削會增強到最高點。關於第一點，馬克思連嘗試都沒有，他寫道：「就英格蘭有大規模製造業開始到一八四五年這段期間，我應該只是略為提及，詳情請見恩格斯《英格蘭工人階級的工作條件》（*Die Lage der arbeitenden Klasse in England*）。」馬克思補充說，後來的政府出版品，尤其是工廠視察員的報告，已證實「恩格斯洞見了資本主義者手段的本質」，以及「他所描述的環境，對細節的存真值得讚揚」。[21]

簡言之，馬克思《資本論》第一篇中所有對一八六〇年代中期工作條件的科學檢驗，主要基礎都來自一部作品，就是恩格斯二十年前出版的《英格蘭工人階級的工作條件》。因此相對地，馬克思研究的科學價值，是否也可以依據這項單一資料來源呢？恩格斯出生於一八二〇年，是萊茵地（Rhineland）巴門城（Barmen）一家殷實的棉花製造商之子，他在一八三七年進入家族企業任職。一八四二年，他被派往公司的曼徹斯特辦公室，在英格蘭待了二十個月，在此期間他造訪倫敦、奧海姆（Oldham）、洛奇代爾（Rochdale）、阿什頓（Ashton）、利茲（Leeds）、布拉德福（Bradford）、哈德斯菲爾德（Huddersfield）等地，當然也包括曼徹斯特，因此他對紡織原料的貿易有直接經驗，但除此之外，對英國的情況並未握有第一手的資訊。例如他對礦業一無所知，也從沒下過礦坑；他也不知道鄉下地區或農村的勞動情形，但他還是寫了整整兩章的《礦工》（*The Miners*）與《田地上的無產階級》（*The Proletariat on the Land*）。一九五八年，兩位真正的學者，美國歷史學家韓德遜（W.O.Henderson）與查洛納（W.H.Challoner），在翻譯與編輯恩格斯的著作時，查核了他所有資料來源跟引文出處，[22]結果幾乎是毀了全書的客觀歷史價值，使得此書評價再無可疑：該書是一部有關政爭的著作，一份文宣，以及一篇長篇的攻擊性演說。恩格斯在寫作時，致信給馬克思說：「在這場關於世界輿論的法庭裡，我指控英國中產階級犯了大規模的屠殺、搶劫和法條裡的所有罪行。」[23]

這番話恰恰總結了這本書：寫這本書就是為了控訴。其中諸多內容，包括對前資本主義時期與工業化早期階段的考察，都不是根據原始的資料來源，而是許多價值可疑的二手來源，特別是蓋斯凱爾（Peter Gaskell）一八三三年的《英格蘭的製造業人口》（*The Manufacturing Population of England*），這是一部浪漫時代的神話，企圖證實十八世紀是英國自由民與工匠的黃金時代。事實上，正如一八四二年皇家委員會（Royal Commission）對童工的調查，最終證實小型的、前資本主義的作坊與村舍裡的工作環境，比蘭開郡（Lancashire）的棉花工廠惡劣多了。恩格斯援引的原始資料已經是在五、十、二十、二十五，甚至四十年前的出版物，儘管他引用了這些「同時代」的資料，他給的夜班工人非婚生嬰兒的數據，也刻意不提源自一八〇一年，而他引述了一份愛丁堡環境衛生的報告，卻沒說該報告寫於一八一八年——他屢次刻意不提他的事實與證據早已因為過期而完全失效。

恩格斯的不實陳述是蓄意要欺騙讀者還是他自己，始終都不是很清楚。但有時這種欺騙顯然是刻意的，他用了工廠調查委員會在一八三三年顯示工作環境惡劣、有害健康的證據，卻未告訴讀者一八三三年英國財政大臣奧爾索普子爵（Lord Althorp）便已批准《工廠法》（Factory Act），而且實施已久，大幅減少了報告中描述的情形。他在處理其中一個主要參考資料，凱—沙圖華茲博士（Dr. J. P. Kay）的《曼徹斯特棉花工廠受雇的工人階級，其客觀與道德條件》（*Physical and Moral Conditions of the Working Classes Employed in the Cotton Manufacture in Manchester*）時，使用相同的詭計。沙圖華茲博士的著作協助推動了當地公共衛生設施的重大改革，但恩格斯沒提到這些，他誤解犯罪率的統計數字，或是在無法支持他的立場時忽視它們。更確切地說，他時常故意隱瞞否定其論點的事實，或是阻止他所嘗試揭發的「特殊罪惡」的事實。細看恩格斯從二手資料中引述的內容，經常都被刪節、縮減、斷章取義或是曲解，唯一不變的是會加上引號，看起來彷彿是逐字逐句引述。《英格蘭工人階級的工作條件》的韓德遜與查洛納英譯版本，從頭到尾都是記載恩格斯歪曲事實與欺騙的注腳，單單第七章《無產階級》，謊言與謬誤，包括事實的錯誤竄改，就出現在第一五二、一五五、一五七、一五九、一六〇、一六三、一六五、一六七、一六八、一七〇、一七二、一七四、一七八、一七九、一八二、一八五、一八六、一八八、一八九、一九〇、一九一、一九四頁，與二〇三頁。[24]

馬克思不可能沒察覺恩格斯著作中這些確實的缺失與欺瞞，因為早在一八四八年，早已被德國經濟學家希爾德布蘭（Bruno Hildebrand）揭發，馬克思對該書熟悉得很。[25]此外，馬克思自己也使用恩格斯歪曲事實的陳述法，故意不告訴讀者在這本書出版之後，由於《工廠法》及其他改善法規之實施，勞動條件已大幅改善，而影響的恰恰是他所強調的勞動條件類型。無論如何，馬克思運用第一手或第二手的資料來源，都是以相同精神：十足隨便、心懷偏見地扭曲事實，以及他對恩格斯的作品那種完全不公正的評價。[26]他們確實常常一起騙人，但馬克思是更厚顏無恥的偽造者。有個案例特別明目張膽，他甚至在此超越了自己。他對成立於一八六四年九月的第一國際，發表所謂的「就職演說」（Inaugural Address）。為了煽動漠不關心的英國工人階級，讓他們焦慮，證明生活水準正在下降，他蓄意竄改英國首相威廉・格萊斯頓（W. E. Gladstone）在一八六三年財政預算演講時的一個句子。格萊斯頓在評論國民財富增加時，說的是：「我應該幾乎是戒慎恐懼地看著財富與權力令人興奮的增長，照我看法的話，增長只存在於生活富裕的階級。」但他補充：「我們也樂於知道，英國勞工的平均條件在過去二十年，已經改善到令人意想不到的程度，改善到我們幾乎可以宣布，這在任何國家、任何年代，都是前所未見的。」[27]馬克思在他的演講中描述格萊斯頓的話：「財富與權力令人興奮的增長，只限於資產階級。」格萊斯頓是這麼說沒錯，但他有大量的統計數據加以佐證，而且無論如何他都知道必須念茲在茲，確保財富盡可能分配得越廣越好，很難想像有人把他的意思顛倒得如此無恥。馬克思將它當成原始資料提供給《晨星報》（*Morning Star*），但《晨星報》與其他報紙，以及《英國國會議事錄》（*Hansard*），都校正了對格萊斯頓演說的引述。馬克思的引用錯誤被指出來，但他還是在《資本論》中複寫一遍。此外還有其他的不一致，而當他的竄改又再次被注意、告發，他表示墨水溢出而造成了混淆。他、恩格斯，以及後來他的女兒愛琳娜（Eleanor）都串通一氣，為這站不住腳的事件辯護了二十年。他們沒有一個人承認這些明目張膽的竄改，而爭辯的結果讓部分讀者誤會了這件事，就像馬克思所盼望的，兩邊的人馬加入公開論戰。但是，馬克思其實知道格萊斯頓沒說過那種話，他的欺騙是蓄意而為。[28]這並非單一個案。馬克思在引述時，也同樣竄改了亞當．斯密的話。[29]

馬克思有系統地誤用資料來源，在一八八〇年代吸引了兩位劍橋學者的注意。他們藉由《資本論》的法文修訂版（出版於一八七二至一八七五年），一八八五年在劍橋經濟俱樂部（Cambridge Economic Club）出版了一份報告，叫做「對卡爾．馬克思於《資本論》第十五章運用藍皮書之意見」。[30]他們說第一次檢查馬克思的參考文獻時，「是為了取得某些地方更完整的資訊」，但是礙於「不相符之處持續增加」，於是決定仔細檢查「明確錯誤的範圍與嚴重性」。他們發現政府藍皮書的文本，與馬克思的引述有所出入，而且不是單一的錯誤，「有著曲解事實的影響力」。在某些狀況下，他們發現引述的話經常「視情形縮短，省略了許多可能違反馬克思亟欲建立之結論的段落」。另一種是「從報告的不同篇章，把許多片段組合在一起，偽裝成一個單獨的聲明，加以引述。然後強迫讀者接受，好似引號內容全是從藍皮書直接引述的當局說法」。比如在講縫紉機的主題上，「他肆無忌憚地使用藍皮書，極為惡劣……就為了證明其所建立的、與現實相反的論點」。這兩位學者推論：找到的證據可能不夠「充分到可以指控他蓄意竄改」，但肯定顯示出「在引述權威上，近乎犯罪的輕率」，並警告「看待馬克思作品的其他篇章時，必須有所懷疑」。[31]

真相是，即便是用最低的標準調查馬克思運用的證據，都會讓人懷疑他所寫的每一件事。他一直都不可信，《資本論》第八章全部的重點，就是蓄意且有系統地竄改，就一個命題的論證而言，他的論據在客觀檢驗時顯然站不住腳。他違背真實的罪行，有以下四條。第一，由於最新的資料不支持他的論據，所以他用過時的資料；第二，他選擇工作條件特別惡劣的產業，來作為資本主義的典型代表，這項欺騙對馬克思來說尤其重要，因為不這麼騙人，他真的也不必寫第八章了。他的命題是資本主義製造了更加惡劣的工作條件。資本家為了確保足夠的報酬，只要雇用越多人，就有越多工人受到惡劣待遇。但他所引述的證據，最終證實了幾乎全都是過時產業裡規模最小、最無效率、投資不足的企業，多數個案屬於前資本主義時期，例如陶器廠、女裝裁縫、鐵匠、烘焙、火柴、壁紙、蕾絲等。在許多他所提出的特定案例中（像是烘焙），工作條件確實惡劣，因為公司缺乏資本，負擔不起引進機器的費用。實際上，馬克思處理的是前資本主義時期的工作條件，而無視於擺在他面前的事實——資本越多，受苦越少。他確實探討了現代的、高度資本化的產業，像是鋼鐵業，但他發現缺乏證據，於是利用經過竄改的批評（例如：

多麼諷刺！／這只是在硬拗！）。至於鐵路公司，他則不得不拿出古早意外事故的聳動新聞片段（例如：最新鐵路災難），他的命題需要乘客在每一公里的事故發生率都提高才行，但是實際數字反而急遽下降，在《資本論》出版時，鐵路已成為世界史上大眾運輸最安全的模式了。

第三，當馬克思引述工廠稽查員的報告，指出勞工惡劣的工作條件與不友善的待遇，並將之視為體制上無法避免的情況時，實際上，那些稽查人員口中「哄騙的工廠老闆」已經被指出、看穿且起訴了，受害人數在此過程中不斷減少。第四，馬克思以視察人員的報告作為資料來源，這揭露了他最大的謊言。他主張資本主義的本質無可救藥，更進一步來說，資產階級政府將帶給工人窮困與不幸，正如他所寫：「政府，是整個管理階級為了控管而設置的執行委員會。」但真如此的話，國會怎麼會通過《工廠法》，政府也不會執行這項法案了。差不多所有馬克思的事實，都是選擇性地利用（有時是竄改）政府（如稽查員、法院、太平紳士[3]）改善工作條件的努力，而這必然會涉及揭發與懲罰這些該負責任的壞老闆。如果制度本身沒有革新——這在馬克思的理論中是不可能的——他也不會寫出《資本論》了。他不願意做任何現場調查，便不得不仰賴這些被他稱為「統治階級」的人所找出來的證據，而這些人正在努力撥亂反正，也不斷成功達到目標，於是馬克思必須選擇曲解這些主要證據，或是放棄他的命題。這本書過去是、現在也是結構性地欺騙。

由於馬克思沒有花半點工夫理解製造業如何運作，所以他無法或不願意理解一個事實，即打從工業革命在一七六〇至九〇年的萌芽之際，最有效率的製造業者，已經習慣大量運用資本，提供勞動者更好的工作條件，所以他們傾向於支持工廠法規。同樣重要的是，他們支持法規落實，因為這減少了他們所認為的不公平競爭。工作條件因此改善，也由於工作條件改善，工人沒有像馬克思所預測的群起反抗。這位先知於是不知所措。《資本論》暴露的問題是，馬克思對資本主義的理解，犯了根本性的錯誤，他的錯誤正好是因為他的不科學：他不親自調查事實，或至少運用他人調查的客觀事實。不光是《資本論》，而是他的全部作品，從頭到尾都表現出對真相的屏棄，有時次數多到像是在藐視真相。這就是為何馬克思主義作為一個社會體制，無法產生其所宣稱的成果。說它「符合科學」，太荒謬了。

儘管馬克思表面上是個學者，但如果他的著作動機不是對真理的愛，那麼在他的生活中，是什麼給予他激勵？為了挖掘這一點，我們必須更仔細地審視他的個人特質。以

3 太平紳士（Justices of Peace）為英法系地區的體制，由政府委託民間人士處理一些簡易法律程序。

下的事實，在某種程度上來說，是一個可悲的事實：知識分子們大量的著作，不是出於大腦與想像力的抽象工作，而是出自深植內在的本性。馬克思是此一規律的絕佳範例，我們已經仔細談過他所提出的哲學，是他詩人異象、記者寫作技巧與學術風格的混合物。但馬克思哲學的實際內涵，也能顯示他性格的四個面向：他對暴力的喜好，他的權力欲望，他對金錢的無能，以及最重要的，他傾向利用周遭的一切。

馬克思主義裡，一直都有暴力的潛在傾向，並透過馬克思主義者統治的實際行為，不斷地顯現出來，這種統治方式是設計者本人的投射。馬克思一生都活在極端的語言暴力中，一再體驗暴力口角和人身攻擊。馬克思的家庭吵鬧不休，幾乎是他未來妻子燕妮注意到他的第一件事。在波昂大學時，警察因他持有手槍而逮捕他，他差一點就被判入獄。大學的檔案保管處顯示，他涉及學生鬥毆，與人決鬥被刺傷了左眼。他跟家人的口角讓他父親幾年來都鬱鬱寡歡，最終導致馬克思與母親徹底鬧翻。在燕妮現存最早的信件裡可以讀到這樣的句子：「請不要用這麼多的仇恨與惱怒寫信。」顯然他持續不斷的爭吵，使他寫作時使用暴力的表述方式（說話時更甚），而且往往會因酒精而加劇。馬克思沒有酒精中毒，但他定期喝酒，經常喝得太多，偶爾會參與令人擔心的拚酒較量。馬克思的個人生活有一種麻煩，他從二十幾歲開始就離開德國，住在異國城市的社會裡，只差沒放棄國籍了。他鮮少出城找朋友，也不想試著融入群體，此外，他和一起移居外國的人往來密切，其本身就是一個狹小的圈子，唯一的興趣就是革命的政治活動。這更解釋了馬克思為什麼對人生的目光狹隘，很難找到其他更能助長他愛爭吵的本性的社會背景了，這些小圈子以其兇猛而惡名昭彰。根據燕妮的說法，在布魯塞爾，這些爭吵沒有停過，而在巴黎，他在綠磨坊街[4]所舉行的編輯會議必須關緊窗戶，以免外面的人聽見無止盡的大呼小叫。

不過，這些爭吵並非漫無目標。從鮑威爾以來，馬克思跟每一個往來的人爭吵，直到成功控制了對方。結果有許多不懷好意的敘述，是馬克思狂怒之下的手筆，鮑威爾的兄弟甚至寫了一首有關他的詩：「在暴烈的痛苦中，邪惡從特里爾一路相隨／沒完沒了地吼叫，他緊握罪惡之拳／好似有一萬個惡魔，鑽進頭髮裡占據了他。」[32]馬克思矮小、口音很重、黑髮且蓄鬍，肌膚蠟黃（他的孩子叫他「摩爾人」[5]），戴著普魯士風格的單片眼鏡。俄羅斯文學家安納科夫（Pavel Annenkov）目睹他對魏特林的「考驗」，形容他「有濃密的黑髮，

4 綠磨坊街（Rue Des Moulins）在今日的巴黎歌劇院商圈附近，曾聚集許多偉大的藝術家。
5 摩爾人（Moor）一詞當時在歐洲使用廣泛且略帶貶義，一般指穆斯林。

毛茸茸的雙手，禮服大衣扣得歪七扭八」。他舉止無禮，「自負，有點瞧不起人」。他「尖銳、金屬般的聲音很適合他一直在傳達的、對人對事的激進意見」。他「以刺耳的聲調說每一件事。[33]他最喜歡的莎士比亞作品是《特洛伊羅斯與克瑞西達》（*Troilus and Cressida*），他喜歡其中埃賈克斯（Ajax）與忒西忒斯（Thersites）的激烈辱罵。他喜歡引述上面那一段，有一篇文章名為「愚鈍的閣下：您腦袋裡的料，比我手肘裡的還少」，受害者是追隨他革命的海因岑（Karl Heinzen）。海因岑的報復是把馬克思描寫成一個憤怒的矮男人。他發現馬克思「令人難以忍受的髒」，是「貓跟黑猩猩的雜種」，有著「一頭凌亂的黑髮，髒兮兮的泛黃膚色」。他說，馬克思的衣服與膚色分不出天然的土色或是髒。以及那雙好鬥、惡意的小眼睛，「噴發出邪惡的火光」。還有一句口頭禪：「我會殲滅你。」[34]

馬克思大部分時間，其實都花在搜集政治對手與敵人的檔案，他並不顧忌把這些交給警方，如果這樣能在他需要時產生作用的話。那些重大的公開爭論，確實偶爾會濺血，例如一八七二年在荷蘭的行政中心海牙（Hague）舉辦的第一國際會議，就預示了蘇聯大清算的樣貌。在史達林主義者的時代，沒有任何事物不令人想起馬克思的行為。馬克思在一八五〇年與魏理希（August von Willich）的爭吵中便是這麼惡語毀謗，以至於後者向他要求決鬥。馬克思雖然之前跟人決鬥過，這次卻表示「不願投入普魯士軍官的遊戲」，並無意阻止他的年輕助手施拉姆（Konrad Schramm）替他上場。但施拉姆從未用過手槍，而魏理希精於射擊。施拉姆中槍受傷了。魏理希的第二槍，是射向一位跟馬克思有關係的狡猾之人，鐵肖（Gustav Techow）。燕妮有理由厭惡他，因為他殺了至少一名革命追隨者，最終因為謀殺警察被判處絞刑。當跟自己的策略合拍時，馬克思就不排斥暴力、甚至恐怖主義，一八四九年在談到普魯士政府時，他威脅：「我們殘忍無情，不會向你們求情討饒。當輪到我們占上風時，我們必不會掩飾我們的恐怖手段。」[35]隔年，他以德文書寫、發送的「行動計畫」明確地煽動群眾暴力：「這些完全不是敵營所說的暴行。人民對抗他們痛恨的人，或報復那些有著可恨回憶的公共建築，我們不但應該寬恕，還要伸出援手。」[36]偶爾他也支持刺殺，且準備好執行暗殺的人員。有一位追隨的革命者名叫科瓦萊夫斯基（Maxim Kovalevsky），當馬克思獲知一八七八年在柏林林登大道（Unter den Linden）謀殺普魯士國王威廉一世（Emperor Wilhelm）未果的消息時，他也在場，並記錄了馬克思的暴怒，「不斷咒罵那個沒有實現他恐怖行動的恐怖主義者」。[37]這樣的馬克思，要是權力穩固，似乎一定能製造異乎尋常的暴力與殘酷。但當然，他永遠都實現不了大規模的革命或暴力，所以才把壓抑的怒火寫進書裡，讓他作品的口吻永遠都是絕不讓步的極端主義，許多段落給人的印象是在盛怒時所寫的。不久之後，列寧、史達林與毛澤東會以更巨大的規模，實踐馬克思內心所感受到的兇殘，以及他的作品所散發出來的暴力。

實際上，馬克思覺得自己的作為合乎道德的程度有多少呢？無論是曲解真相或鼓吹暴力，都很難講。在某種意義上，他有強烈的道德感，他滿腔熊熊的欲望，想創造一個更好的世界，但他還是在《德意志意識形態》裡嘲笑道德，他主張道德「不科學」，而且可能成為改革的障礙。他似乎認為人類的行為省去這一類形上學的改變，將能引起共產主義的出現。[38]就像許多自我中心的人，他傾向於認為道德法則不適用於自己，或是有點將道德本身視同自己的利益。無疑地，他在無產階級身上看見利益，能共同擴張、實現他自己的看法，俄國無政府主義者巴枯寧（Michael Bakunin）發現他「一直熱衷於為無產階級奮鬥，儘管當中參雜著個人的虛榮」。[39]他一直都很自戀，有一封年輕時寫的、篇幅極長的信留存至今，假託是寫給父親的，實際上大概是寫給他自己的。[40]他對於別人的感受與看法，都沒什麼興趣也不在意，不管在哪裡工作，他都想要獨力作業。他在擔任《新萊茵新聞》（*Neue Rheinische Zeitung*）的主筆時，恩格斯評論道：「編輯團隊的編制，完全是馬克思一人獨裁。」[41]他沒時間也沒興趣了解民主，除了他給這個詞加上的特殊與造假的意義。任何一種類型的選舉他都厭惡——在從事新聞工作期間，他對英國普選不屑一提，僅僅視之為酒醉的狂歡會。[42]

有關馬克思政治目標與行為的聲明，有許多不同來源，而值得注意的是「獨裁者」一詞出現得十分頻繁。安納科夫在一八四六年說他是「民主政體獨裁者的體現」，另一個非常有智慧的普魯士警察，在回報馬克思在倫敦的言行時注意到：「他個性的特點是對權力沒有極限的野心與熱愛……是其黨羽的絕對主宰……他凡事親力親為，為自己的任務下指令，無法忍受不同意見。」鐵肖（他的邪惡副手）有一次故意灌醉馬克思，想讓他吐真言，接著給了他一個絕佳的描繪，說他「性格突出」，有著「極度的知識分子優越感」，以及「要是他的心比得上他的才智，那麼他所擁有的愛便與恨一樣多，我將願意為他赴湯蹈火」。可是，「他的靈魂裡缺乏高貴的品質。我確信危險的私人野心，會吞噬他內在所有的善良……他所有的努力，目標都是獲得個人權力」。巴枯寧對馬克思的最終評價也抱持相同看法：「馬克思不信神，但他很相信自己，並讓每一個人都會為他所用。他心中盈滿的不是愛而是仇恨，以及些許對人類的同情。」[43]

馬克思習慣性的發怒，他的獨裁氣息與他的仇恨，無疑反映出他的權柄意識，以及他無法行使更大權力的極度痛苦。他年輕時的生活放蕩不羈、無所事事、道德淪喪。在他的中年早期，他依然認為很難合理、有系統地工作，經常整夜坐著聊天，然後白天半睡半醒地躺在沙發上。到中年晚期，他作息變得比較規律了，但他在工作上從不自律。他還是對最輕微的批評感到憤慨。他與盧梭都具備的特質之一，就是喜歡與朋友和贊助人吵架，尤其在對方給予有益的建言時。當他忠誠的同僚庫格曼醫師（Dr Ludwig Kugelmann）在一八七四年建議，只要把生活打理得好一些，就能輕鬆完成《資本論》時，馬克思就此與他決裂，並使他蒙受無情的辱罵。[44]

他狂暴的利己主義，有生理與心理上的淵源。他過著非常不健康的生活，很少運動，口味很重，食量通常很大，菸抽得兇，酒喝很多，尤其是烈酒。結果他的肝臟不停出毛病。他根本不太洗澡或洗手、洗臉，這一點，加上他不當節食，或許解釋了他長達二十五年的皮下膿腫災難。膿腫加重了他天生的易怒，而且病情似乎在他寫《資本論》時最嚴重，「不管發生什麼事，」他在信中嚴肅地告訴恩格斯，「我希望資產階級只要存在，我就會想起我的惡性膿瘡」。[45]膿腫的數量、大小與嚴重程度不一，但時不時就會出現在身體各個部位，包括他的臉頰、鼻樑、屁股（讓他無法寫作）和陰莖。一八七三年，這些膿腫因焦慮與怒火引發了神經崩潰，留下瘡瘢。

此外，他主要的憤怒與挫折，以及他對資本主義體制的深惡痛絕，或許根源是他特別不善理財，這讓他年輕時落入高利貸的手中。對高利貸怒不可遏的仇視，是他整部道德哲學真實的情感動力，可以解釋為何他對這個主題投入這麼多的時間與精神，又為何他整個階級理論都建立在反猶太主義的基礎上，以及為何他在《資本論》裡有一段冗長且激烈的篇章譴責高利貸──那是他從馬丁．路德（Martin Luther）一篇冗長的反猶太惡罵中挑選出來的。[46]

馬克思的財務困境始於大學，並持續了一生，這些困境源自於本質上幼稚的心態。馬克思隨意借錢、花掉，然後當沉重的貼現票據加上利息成了應付款項時，他的震驚與憤怒始終如一。就整體而論，他把「收取利息」視為以資本為基礎的任何制度的必備要素，而是違反人性的犯罪，其根本是人對人的剝削而他的整個制度，都是設計來消弭這一點的。但在他自身情況的特殊脈絡裡，他回應財務困境的方式，是去剝削每一個他能取得聯繫的人，首先是他的家人。錢主宰了他與家人的往來信件，他父親寫給他的最後一封信，是一八三八年二月。當時海因利希已經時日無多，反覆抱怨馬克思對家人漠不關心，只想得到幫助或是發牢騷：「現在你法學課程才過了第四個月，你已經花了二百八十塔勒（thaler），我整個冬天都沒賺這麼多。」[47]三個月後他過世了，馬克思不打算去參加葬禮，反而開始對母親施壓。他已經接受了一種生活模式，向朋友借錢，再定期向家人討錢。他認為家人「相當有錢」，有責任援助他，讓他做重要的工作。除了斷斷續續的新聞工作（似乎政治目的大於賺錢），馬克思從來沒有認真找過一份差事。雖然他在倫敦（一八六二年九月）曾一度應徵過鐵路職員，卻因為筆跡太潦草而被打回票。馬克思不願意追求職業生涯，似乎是他的家人對他的討錢冷漠以對的主因，他的母親認定他只會越借越多，不但拒絕幫他償債，最後甚至完全斷絕供給，之後便甚少往來，她極度不滿地認為：「卡爾能累積資本的，只要他不光是寫跟資本有關的玩意兒。」

不過，偶爾馬克思會繼承到一筆不小的金額。父親的死為他帶來六千金法郎（Gold francs），他把一部分花在比利時工人的武器裝備上。他母親死於一八五六年，遺產比他預期的少，因為他本來以為也會繼承到向菲利普姨丈借來的錢。他一八六四年也從友人威廉（Wilhelm Wolf）的資產中，收到一筆可觀的金額。其他的收入是透過他的妻子與妻子的家人（她自己也帶了嫁妝來，包括一套銀製餐具、伯爵先祖傳下來的徽章大衣，家徽刀具與寢具）。他倆收到的財富，合理投資的話，足以供應舒適的生活，且實際收入從沒有低於每年二百英鎊，是技術純熟的工人平均薪資的三倍。但不管是馬克思還是燕妮都對錢不感興趣，只喜歡花錢。遺產與借來的錢一樣，都一點一滴地花掉了，他們始終都沒有多出一便士的餘裕。他們一直負債，經常債務沉重，除了銀製餐具，其他物品也定期送去當鋪，包括他父親的衣物。有一陣子馬克思外出時，只有一件褲子可穿。燕妮的家人和馬克思的家人一樣，拒絕再幫這位無可救藥、揮霍無度的懶惰蟲女婿一把。一八五一年三月，馬克思在寫給恩格斯的信中，說自己生了一個女兒，並抱怨：「我家連一枚錢幣都沒有。」[48]

那時，當然恩格斯已經是被剝削的新對象。從一八四〇年代中期他們第一次相逢開始，直到馬克思過世，恩格斯都是馬克思一家的主要收入來源。他可能交出了自己收入的一半以上，但總額難以估算，因為在他提供金援的二十五年裡，金額都不固定。想必馬克思一再擔保下一輪捐款即將到來，很快就能讓自己回到正軌。這種關係是馬克思單方面的剝削，完全是不平衡的，因為他始終占據主宰的地位，有時還會囂張跋扈。難以理解的是，他們需要彼此，就像舞台上搭檔演出的喜劇演員，無法獨自表演，頻頻抱怨卻離不開對方。這種合夥關係在一八六三年幾乎瓦解，當時恩格斯覺得馬克思不顧他人感受地討錢太過分。恩格斯在曼徹斯特有兩間房子，一間是娛樂事業用的，一間給他的情婦瑪麗（Mary Burns）住。瑪麗去世時，恩格斯深感悲痛，卻因為馬克思冷酷無情的信（日期為一八六三年一月六日）而暴怒，信中只簡短對傷痛表達致意，然後馬上索討更多錢。[49]沒有比這更能顯示馬克思的自我中心了，恩格斯冷淡地回了信，兩人差一點絕交。後來有些不同，因為這封信讓恩格斯徹底了解馬克思性格的極限。大概這一次，恩格斯發現馬克思永遠不會去找一份工作，或扛起養家的責任，或把事務理出任何一種條理，也發現自己唯一要做的就是定期給錢。所以在一八六九年，恩格斯賣掉事業，以確保年收入不低於八百英鎊，當中有三百五十英鎊撥給馬克思。因此，馬克思在他人生最後的十五年，是一個靠投資收益過活的「食利者」，享受著一種可靠的安全感。儘管如此，他花錢的速度大約是每年五百英鎊、甚至更多，他向恩格斯辯解：「以商業角度來看，這裡不適合純粹的無產階級體制。」[50]所以馬克思繼續寫信，要求恩格斯施捨更多的錢。[51]

但是當然，馬克思揮霍成性又不願意工作，首要受害者是自己的家人，尤其是他的妻子。燕妮是社會主義者中最悲慘的、令人同情的人之一，她是在弗洛登山（Flodden）被殺的第二代阿蓋爾伯爵的後裔，有著明顯的蘇格蘭外貌，蒼白的膚色，綠眼，以及傳承自父系那邊的紅褐色頭髮。燕妮是個美女，而且馬克思愛她——他的詩可以佐證——她也熱愛馬克思，為了他跟娘家、婆家的人爭吵。一個像馬克思這樣自我中心的人，如何能產生這樣的愛情？我認為是因為他很強壯，很有派頭，青年時期相當英俊，儘管總是髒兮兮。特別是他很搞笑。歷史學家們很少注意到這個特質，而這個特質幫助解釋了他某種吸引力，此外他還有點神祕（這也是希特勒的才能之一，在私領域與公開演說上都是）。馬克思的幽默往往嘲諷又粗魯，儘管如此，他絕妙的笑話還是令人開懷大笑，如果他不幽默，他許多令人不快的特質，會讓他一個追隨者都沒有，女人們也會都背棄他而去。

但笑話是打動女人最有效的方法，她們的人生經常比男人更艱難。馬克思與燕妮常常一起大笑，後來也正是馬克思的笑話，讓女兒們跟他的關係緊密。

馬克思很自豪妻子是蘇格蘭貴族後裔（他誇大這一點），以及普魯士政府高官暨男爵的女兒。一八六〇年代他在倫敦發出自己印製的舞會邀請函，提到她「娘家姓氏是馮．威斯伐倫」。他常常聲稱，比起貪婪的資產階級（許多目擊者說，他說這個詞會刻意發出刺耳的聲音，以示蔑視），自己跟真正的貴族相處還比較融洽。但是跟一個沒有國家歸屬、沒有工作的革命者結婚的可怕現實，應該會使燕妮漸漸醒悟，寧可去跟一個心胸狹隘的資產階級安頓下來。從一八四八年之後至少十年，她的人生是一場夢魘。一八四八年三月三日，比利時發出馬克思的驅逐令。他當時被關押在監獄裡，燕妮也整夜在牢房裡，和一群賣淫者關在一起。隔天，這一家人被警察護送到邊境。隔年的大部分時間，馬克思不是在逃跑，就是在接受審訊。到了一八四九年六月，他已經窮到一無所有。七月時他向一位朋友坦白：「我太太的最後一件珠寶，已經拿去典當。」[52]他維持志向的方法是荒謬的、長期的革命樂觀主義，他在寫給恩格斯的信中說：「儘管現況如此，但驚人暴動的革命火山，從未如此逼近。細節稍後詳談。」但是對燕妮來說，從來沒有那種慰藉，而且她當時懷孕了。他們認為英格蘭安全，卻也是窮困潦倒，現在她有了三個孩子，燕妮、蘿拉與艾德格（Edgar），並於一八四九年十一月生下第四個，取名蓋（Guy）或吉多（Guido）。五個月後，他們因為沒錢付房租，被趕出在切爾西的房間而流落街頭，當著（燕妮寫道）「切爾西那些暴民」的面前。他們把床賣了，才能付錢給肉鋪、牛奶販、藥劑師與麵包店家，他們在萊斯克廣場（Leicester Square）發現避難所，在一幢骯髒的寄宿宿舍裡。那個冬天，嬰兒吉多在那裡夭折了。燕妮在那些日子留下許多絕望的記述，從此，她的情緒、她對馬克思的愛，便從未真正復原過。[53]

一八五〇年五月二十四日，英國駐柏林的大使威斯特摩蘭伯爵（Earl of Westmoreland）拿到一份報告副本，這是一個機敏的普魯士警探，記錄以馬克思為中心的德意志革命分子的活動細節。當時燕妮忍受的生活，沒有比這份報告寫得更清楚的：

（馬克思）過著放蕩不羈的知識分子生活方式。洗澡、穿著整潔與更換內衣，是他很少做的事情，倒是經常喝醉。雖然他經常連著好幾天遊手好閒，但是當他有大量工作要做，也會日以繼夜賣力工作。他沒有固定的就寢與起床時間，經常熬一整晚然後在正午穿好衣服躺在沙發上，一直睡到傍晚，絲毫不受房間周遭來來去去的影響（他們一共只有兩個房間）……家具沒有一件是乾淨而完整的，每樣東西都破損、破爛與裂開，每樣東西都蒙上半公分厚的灰塵，亂到了極點。（客廳）中間有一張覆著油布的老式大茶几，上頭堆著手稿、書本跟報紙，還有孩子們的玩具，以及他妻子縫紉籃裡的碎布與破衣服，幾個邊緣有缺口的杯子、刀叉、油燈、墨水、平底無腳的酒杯、荷蘭陶製菸斗、菸草、菸灰……一個舊貨商店老闆如果把這些稀奇古怪的零碎物品分送給別人，也會感到羞恥。當你走進馬克思的房間，煙霧與菸草的熏氣會讓你眼睛流淚……每樣東西都很髒且布滿灰塵，所以坐下來便成了一個冒險之舉，這裡有一張三隻腳的椅子，另一張椅子孩子們正在玩煮飯遊戲。這張椅子剛好有四隻腳，是給訪客坐的，但孩子們的煮飯痕跡並未擦去，如果你坐下，便是拿褲子開玩笑。[54]

這份報告的日期是從一八五〇年起，或許描述的正好是這家人財富水位的最低點。但接下來幾年他們又面臨其他的不幸打擊。取名為法蘭齊絲卡（Franziska）的女兒在一八五一年誕生，翌年夭折。兒子艾德格是馬克思最鍾愛的孩子，他叫他「小蒼蠅」，在骯髒的環境下罹患腸胃炎，死於一八五五年。這對兩人來說都是嚴重打擊，燕妮未曾忘懷，「每一天，」馬克思寫道，「我的妻子都告訴我她希望躺在墓穴裡」。另一個女兒愛琳娜已經三個月大了，但對馬克思來說兒子和女兒是不同的。他一直想多生幾個兒子，而現在一個都沒了，女兒對他來說除了當助手，沒有其他價值。

一八六〇年，燕妮得了天花，外表留下了無法恢復的疤痕。從那時起，直到她一八八一年過世，她逐漸退居馬克思的人生幕後。一個疲倦的、幻滅的女人，慶幸著小小的恩惠：她的銀製餐具從當鋪贖回來了，她有自己的住所。這要感謝恩格斯，在一八五六年，這一家人才得以搬出倫敦蘇荷區（Soho），在哈弗斯托克丘（Haverstock Hill）葛拉夫頓街（Graften Terrace）九號租下一間房子；九年後，再次感謝恩格斯，他們租到一間更好的房子，梅特蘭公園路一號（I Maitland Park Road），從此僕人不再少於兩名。馬克思開始每天早上都讀《泰晤士報》（*The Times*），被選為當地的教區委員會。在晴朗的週日，他會舉家浩浩蕩蕩地散步到漢普斯特德荒野公園（Hampstead Heath），他自己帶頭，妻子、女兒與朋友們隨後。

但是馬克思的資產階級化（embourgeoisement）導致了另一種形式的剝削，這次是他的女兒們。他三個女兒都聰明伶俐。有人可能會覺得，這位革命家會為了彌補孩子們坎坷與窮困的童年，至少該跟隨自己激進主義的邏輯，鼓勵她們擁有自己的職涯。事實上他拒絕讓她們受足夠的教育，不准她們受任何訓練，完全禁止她們工作。以愛琳娜為例，她是三個孩子中最敬愛他的，她告訴女性主義作家施賴那（Olive Schreiner）說：「漫長、悲慘的年月，在我們之間投下陰影。」反之，女兒們一直都在家裡學鋼琴與水彩，就像商人的女兒一樣。她們長大之後，馬克思偶爾還會跟他的革命友人串遊酒吧。不過根據社會主義者李卜克內西（Wilhelm Liebnecht）的說法，他不准那些人在他的屋裡唱喧鬧、下流的歌曲，因為女兒們可能會聽到。[55]

後來他拒絕女兒們的求婚者，這些求婚者往往跟他一樣有革命背景，他無法阻止結婚，想辦法找麻煩，而且他的反對也讓對方留下了心靈創傷。他稱呼蘿拉的丈夫，來自古巴、有部分黑人血統的拉法格（Paul Lafargue）「非洲小黑人」或「大猩猩」。他也不喜歡小燕妮的丈夫龍格（Charles Longuet）。在他看來，這兩個女婿都是白痴：「拉法格是僅存的普魯東主義者，而龍格則是僅存的巴枯寧主義者——兩個都該死！」愛琳娜是么女，蒙受馬克思不准女兒們追求發展的磨難，而她的求婚者遭到了最大的敵意。她被教養要視男人——也就是她父親——為宇宙中心。或許並不意外的是，她愛上了一個比她父親更自我中心的艾威林（Adward Aveling），他是作家，並自稱是左翼政治工作者，卻是個玩弄女性的男人，依賴他人而生活，專門誘姦女演員。[56]愛琳娜想當女演員，成為受害者也是意料之中，歷史上短暫而準確的諷刺場景之一，便是艾威林、愛琳娜與蕭伯納（George Bernard Shaw），一起在倫敦參加了劇本《玩偶之家》（*A Doll's House*）的第一場私人朗讀會，這是易卜生巧妙地為了爭取婦女自由權而舉辦的，愛琳娜飾演諾拉（Nora）。馬克思死後不久，她馬上成為艾威林的情婦，從此成為受盡他折磨的奴隸，一如她母親受父親的折磨。[57]

然而，馬克思需要妻子的程度，或許比他願意承認的來得更深。一八八一年她死之後，馬克思便急遽走下坡，不再寫任何作品。他在歐洲多處礦泉治療地接受療程，到阿爾及爾（Algiers）、蒙地卡羅（Monte Carlo）及瑞士遊歷，追求陽光與潔淨空氣。一八八二年十二月，他很高興自己在俄羅斯的影響力日益茁壯：「沒有比我的成功更令人雀躍的事了。」到最後他的影響力引起毀滅，他自吹自擂：「我毀了一個政權，在英格蘭隔壁，是舊社會的真正堡壘，這讓我心滿意足。」三個月後他身著晨袍與世長辭時，還坐在爐火旁。他的一個女兒，小燕妮，在幾週之前也過世了。另外兩個女兒也很悲慘，愛琳娜被丈夫的行為傷透了心，一八九八年在自殺時服用過量鴉片而死，而一起自殺的艾威林卻逃過一劫。十三年後蘿拉與龍格也約好自殺，而他們成功了。

不過，這個悲劇家庭有一個令人好奇、默默無名的倖存者，是馬克思對個人的剝削行為裡，最異乎尋常的一個。他在研究大不列顛資本主義者一切惡行中，列舉了許多工人低薪的例子，但他沒有找到出任何一個不支薪的例子。但這樣的工人確實存在，而且就在他家裡——馬克思帶領家人進行他們莊重的週日散步時，負責殿後、攜帶野餐籃與其他重物的，是一位矮胖的婦女，叫作海倫（Helen Demuth），他們一家都叫她「小莉娜」，她一八二三年出生於農家，八歲就進了馮・威斯伐倫家做保母，她一直受雇但沒收到任何報酬。一八四五年，男爵夫人擔憂已嫁作人婦的燕妮，於是把當時二十二歲的小莉娜送過去，好分憂解勞。小莉娜從此便待在馬克思家，直到一八九〇年過世。愛琳娜說她是「對別人最溫柔的人，雖然她終身禁欲」。[58]她異常勞苦，不但要煮飯跟刷洗，還要管理一家的預算，因為這燕妮處理不來。馬克思從未付過她一分錢，一八四九至五〇年間，在他們一家存亡最黑暗的時刻，小莉娜成了馬克思的情婦，而且懷了一個孩子。當時小吉多剛夭折，燕妮也再度懷孕。這整家人的居住空間只有兩個房間，而小莉娜的情況，馬克思不僅瞞住了燕妮，還瞞住了絡繹不絕前來造訪的革命人士。最後燕妮還是發現了，或者是被通知了，這是她所有的不幸中最痛苦的一件事，可能甚至讓她對馬克思的愛到此為止。她說「我不該繼續想著這件事，儘管於公於私，這件事都大大地加重了我們的傷痛」。這是一八六五年她在自傳草稿上所寫的內容，這份三十七頁的草稿，只有二十九頁保留下來：其餘描述她跟馬克思爭吵的內容都遭到破壞，可能是愛琳娜做的。[59]

小莉娜的孩子於一八五一年六月二十三日出生，地址是蘇荷區迪恩街（Dean Street）二十八號。[60]是一個兒子，登記名字是亨利（Henry Frederick Demuth）。馬克思拒絕承認，從那時起直到他過世，都斷然否認自己是生父，他或許會希望自己能做一個盧梭，把孩子丟在孤兒院，或是讓孩子永遠送養。但小莉娜的個性比盧梭的情婦強勢多了，她堅持這是她的兒子。這個男孩被送給一個叫做路易斯（Lewis）的工人階級家庭領養，但獲准來拜訪馬克思家。但他被禁止出入前門，並被限制只能在廚房和母親會面。馬克思很害怕亨利的身世被發現，這將為他革命領袖與先知的身分帶來致命傷害，他留存下來的信件中，有一處隱約提及此事，其餘的信被許多人動過手腳，以封鎖消息。他最終強迫恩格斯認亨利當私生子，為家族裝幌子，像是愛琳娜就信了。恩格斯儘管一如既往，準備好為了共同工作而服從要求，卻沒有將這個祕密至死都守口如瓶。恩格斯在一八九五年八月五日死於喉癌，臨終前，他無法說話，卻不願意讓愛琳娜（暱稱杜西）繼續認為她的父親一生清白，他在一片板子上寫道：「亨利是馬克思的兒子，杜西想為其父造神。」恩格斯的祕書兼管家弗雷伯格（Louise Freyberger），在一八九八年九月二日寫給社民黨領袖倍倍爾（August Bebel）的信中，說恩格斯已經說出真相，並補充說：「亨利長得和馬克思簡直一模一樣，典型的猶太臉孔，深藍色頭髮。只有盲目的偏見才會在他身上看見任何像將軍（她都這樣稱呼恩格斯）的地方。」愛琳娜接納了亨利是她同父異母的兄弟，並漸漸喜愛他，她寫給他的九封信都留存至今。[61]但是她沒有為他帶來任何運氣，因為她的愛人艾威林借走了亨利的畢生積蓄，從沒還過錢。

小莉娜是馬克思認識的人裡面，唯一一個工人階級的成員，是他真正接觸過的無產階級者。亨利可能也算一個，因為他長大後成為工人階級小伙子，他在一八八八年三十六歲時，得到夢寐以求的執照，成為合格的機工。他差不多一輩子都在國王十字（King's Cross）與哈克尼（Hackney）這兩間公司，而且是一個工會的長期成員。但馬克思不認識他，只見過一次面，推測是亨利從廚房外的階梯要走進來，而他根本就不知道這位革命哲學家是他的父親。他在一九二九年一月過世，以馬克思的眼光來看，當時無產階級的獨裁政府已然成形，令人喪膽，而史達林——這位達成馬克思所嚮往的絕對權力的統治者，對俄羅斯農民災難性的暴行，才正要開始。

第四章

易卜生

在家也配戴勳章的偉大劇作家

Henrik Johan Ibsen
1828-1906

「他微微噘起的雙唇像刀身一樣薄……我站在一堵封閉的山牆前面，一道費解的謎團前面。」

——包爾森，被易卜生攻擊的作家

所有的寫作都很費力，創意寫作更是單調乏味的苦差事中，最費力的一種。創意上的革新，尤其是從根本上翦除禍根的革新，需要額外更多的專注與心神。而一生不斷開拓創意邊界，意味著此人必有某種程度上的自律。在知識產業裡，鮮少有人能掌握這種自律。不過，亨里克・易卜生（Henrik Ibsen）的作品就有著這樣前後一致的模式，很難想出還有哪個作家，在任何領域、任何年齡上更平順地致力於此了。他不光發明了現代戲劇，所寫出的一系列劇本，還形塑出所有現代劇作的重要環節。他發現西方的舞台劇空洞無力，將之改造成豐富又有力量的藝術形式，不只風行本國，還風靡了全世界。此外，他不只改革了他的藝術，也扭轉了整個世代對社會的想法，而且是一個世代接著一個世代。盧梭在十八世紀末的作為，恰是易卜生在十九世紀末的貢獻。盧梭追求的是男女回歸自然，在自然當中參與集體的革命，而易卜生則是鼓吹個人起來反抗歐洲舊制度的壓抑與歧視，這種壓抑與歧視確實主宰著每一個小城鎮裡頭的每一戶人家。他教導人們，尤其是女人們，個人的善惡觀念與對自由的看法，在道德上都優先於社會對他們的要求。透過這麼做，他參與了一場意見與行為的革命，這場革命始於他在世期間，然後一直持續到現在，時不時就會冒出來發作一陣。早在佛洛伊德以前，他便指出「縱容社會」[1]的基本原則。可能連盧梭、馬克思，在反對政府的作用上，對人民都沒有這麼大的影響力。他和他的作品，形塑出現代拱門的拱頂石。

要是考量到他背景的雙重卑微，易卜生的成就就更加值得注意了。「雙重」是因為他不但本身很窮，還來自又小又窮的國家，該國根本就沒有被承認的文化傳統。挪威在西元九〇〇至一一〇〇年期間的中世紀早期，曾是強大進取的國家，但後來開始衰落，尤其是一三八七年最後一位挪威國王奧拉夫四世（Olaf IV）逝世後。一五三六年，它成為丹麥的一省，並維持了近三百年，首都名稱從奧斯陸（Oslo）改成克里斯蒂安尼亞（Christiania），以紀念一位丹麥統治者，而且所有高等的文化都是丹麥文──詩、小說與戲劇都是。自一八一四年至一八一五年的維也納會議（Congress of Vienna），挪威通過了知名的埃茲伏爾憲法（Eidsvoll Constitution）[1]，擔保了該國在瑞典君主監督下的自治。但一九〇五年以後，這個國家才有了獨立君主。一直到十九世紀，挪威語比較接近土裡土氣的方言鄉音，而非一個

1 縱容社會（permissive society）是英國十九世紀六〇年代以來的社會態度，認為只要不傷害別人，怎麼做都百無禁忌。

用來書寫的全國語言，他們的第一所大學只能追溯到一八一三年，而一直到一八五〇年，卑爾根（Bergen）才蓋起第一所挪威戲院。[2]在易卜生青少年時期及成年之初，丹麥依然在文化上壓倒性地獨占鰲頭。如果以挪威文寫作，那就是自絕於斯堪地那維亞（Scandinavia），更是自絕於全世界了。丹麥文一直是文學的語言。

這個國家本身是悲慘又委靡的。首都就歐洲標準來看是個小省城，只有兩萬居民，是個泥濘、粗野的地方。易卜生於一八二八年三月二十日出生，其出生地希恩（Skien）位於河畔，距首都南方一百哩，是一個狼與痲瘋病都還很普遍的未開化地區。多年前，一名女僕由於粗心而焚毀此地，結果遭到處決。易卜生在自傳的片段中說起此事時，認為迷信、詭異又殘忍，那時候攔河壩發出怒號，來回拉動的鋸子發出尖銳刺耳的嗚咽：「後來我讀到斷頭台，總是會想起這些鋸齒片。」木枷就立在市民集會所旁邊，「是一根紅褐色柱子，與人等高。其頂端是一個大圓頭，本來漆成黑色……柱前懸著一條鐵索，鐵鎖延伸出打開的鐐銬，在我看來，就像兩條小小的臂膀，急著想伸出來抓住我的脖子……（市民集會所）底下是地牢，柵欄外可以看見市集。穿過這些隔閡，我看到許多淒涼陰鬱的臉龐。」[3]

易卜生在商人克努茲・易卜生（Knud Ibsen）的五名子女（四男一女）中排行老大，祖父是船長，母親來自一個航運業的人家，不過父親在易卜生六歲時破產了，從此家庭破碎，四處乞討。父親脾氣很糟，愛打官司——就像《野鴨》（*The Wild Duck*）裡的老艾克達爾（Old Ekdal）。他的母親是曾經美麗的失意女演員，轉而追求內在、藏起自我，逗弄洋娃娃。這一家人一直負債，只靠馬鈴薯果腹，易卜生自己又矮又醜，外加在私生子的謠言陰影下長大，大家都說他是當地一個色鬼的兒子。易卜生有時信有時不信，有時在酒醉後說真話，但沒有證據顯示這是真的。度過恥辱的童年後，他被送往陰鬱的港口都市格里姆斯塔（Grimstad）做藥劑師助手，在那裡，他依舊過得苦哈哈，他的雇主生意一直都在衰退，搖搖欲墜快倒閉的樣子。[4]

易卜生的地位從這個深淵當中緩慢升起的過程，是一部孤獨自學的史詩。從一八五〇年開始，他靠自己上了大學。從那之後有好多年，他的貧困達到極點。他寫詩、無韻詩、劇本、戲劇評論與政治評論。他最早的劇作，諷刺作品《諾爾瑪》（*Norma*）沒有上演。第一部登台上演的是悲劇《卡蒂琳》（*Cataline*），也是以詩體寫成，以失敗作收。《聖約翰的前夕》（*St. John's Eve*）也未有幸登台第二次。他的第三部劇作《戰士古墓》（*The Warrior's Barrow*）在卑爾根失敗了。第四部作品《厄斯特洛特的英格夫人》（*Lady Inger of Oestraat*）是散文體寫成，以不具名的方式發表，也失敗了。他受到青睞與矚目的第一部作品，是《蘇爾豪格的宴會》（*The*

Feast at Solhaug），在他看來這是一部膚淺普通的作品。如果循著他創作的愛好，他會寫出被歸類為傷風敗俗的詩劇《愛的喜劇》（*Love's Comedy*），根本無法上演。但他還是逐漸累積了極好的舞台經驗，音樂家奧雷．布林（Ole Bull）在卑爾根成立了第一家挪威語劇院，以每月五英鎊雇用他做劇作家，有六年時間他在劇院擔任雜工，負責舞台布景、售票，甚至導演（不過從未真正演出。缺乏指導演員的自信，是他的弱點）。當時的環境很原始：倫敦與巴黎約在一八一〇年就有供應打火機，但直到他離開的一八五六年，卑爾根都沒有打火機。之後他有五年待在新的克里斯蒂安尼亞劇院（Christiania theatre），透過驚人的努力逐步精通這門技藝，然後開始進行自己的實驗。不過，一八六二年這家新劇院倒閉，他也被開除了。此時他已婚，債台高築，債權人追得很緊，他意志消沉，大量飲酒。他被學生看見無意識地倒在街溝裡，學生們還在外面募集了一筆資金，寄給「酒醉詩人易卜生」。[5]他自己不斷寫申請書，寄給皇室與國會，請求准予到南方遊歷。這些申請書今日讀來內容無力，但至少他獲得一次批准，並在接下來的二十八年，從一八六四年至一八九二年，在羅馬、德瑞士登（Dresden）與慕尼黑過著離鄉背井的生活。

第一次成功的跡象在一八六四年到來，他的詩劇《覬覦王位的人》（*The Pretenders*）在重建後的克里斯蒂安尼亞劇院，成為固定上演的劇目，易卜生習慣在上演前先將劇本出版成書，而這是絕大多數十九世紀的詩人，從拜倫到雪萊都會做的事。劇本實際上還沒演出，這通常要到數年以後，有時要很多年。慢慢地，每一個作品的印量與銷量都提升了：從五千本、八千本，然後破萬本，甚至一萬五千本，舞台演出緊接在後。易卜生的名聲，來自三大波浪潮，第一波是一八六六年至一八六七年，他的大詩劇《布朗德》（*Brand*）與《培爾．金特》（*Peer Gynt*）出版——當時馬克思正在出版《資本論》。《布朗德》抨擊傳統的唯物主義，並為遵循個人良心卻違反社會規則的行為辯護，這可能就是他畢生作品的核心思想了。一八六六年出版時，引起極大的爭議，這是易卜生首度被視為對抗正統的領袖，不光在挪威如此，在整個斯堪地那維亞都是；他突破了狹隘的挪威飛地（enclave）。

第二波浪潮在一八七〇年代到來。由於《布朗德》，他對戲劇的革命思想變得堅定，但他也得出一個系統性的結論，認為這樣的劇本如果能登台演出，其影響力將遠超過成書出版。這讓他拋棄詩體，擁抱散文體，用它來呈現一種新型的戲劇寫實主義，如他所說的，「韻文用以想像，散文用以傳達思想」。[6]這樣的轉變，就像易卜生所有的先進理論，需要多年時間來實現，有時易卜生看起來停滯不前，陷入苦思而達不到效果。相較於小說家，劇作家實際上不會花太多時間在寫作，即便是冗長的劇本，字數也出乎意料地少。劇本在構思時，好比痙攣突然發作，不太倚重邏輯與主題，個人在劇場的小插曲會成為情節的來源，而不是從劇本發展而來。以易卜生的情況來說，預先寫好的階段特別費力，因為他進行的是全新的事物。就像所有偉大的藝術家，他無法忍受重複，每部作品都有根本上的不同，往往都是朝未知領域踏出一步。可是當他決定想讓舞台發生什麼事，他就寫得又快又好。這項新方法的第一批重要成果，是一八七七至一八八一年的《社會棟樑》（*Pillars*）、《玩偶之家》（*A Doll's House*）與《群鬼》（*Ghosts*），這些劇本符合漫長的維多利亞時代中期榮景之衰退，當時社會瀰漫一種新的焦慮氛圍，易卜生對金權、婦女壓抑，甚至禁忌的性病話題，都提出令人不安的質疑，他把這種政治與社會的議題搬上舞台中央，以簡單、日常的語言演出，使用所有人都可辨識的背景設定。他所引發的激憤、怒火、厭惡，和關注非常可觀，且擴散到斯堪地那維亞以外的地區。《社會棟樑》標誌著他的突破，觀眾群擴大到中歐，《玩偶之家》則擴散到了英語圈。它們是最早的現代劇作，並開啟了易卜生成為世界名人的歷程。

但是，易卜生發現自己很難安於社會使命劇作家的角色，即便後來成為國際級劇作家也一樣。他進化的第三階段，再次發生於多年緩慢構思之後所爆發的力量，他看見自己開始厭煩政治議題，因而轉向個人自由權，這個議題占據他的心靈，或許比其他人類生存的面向更甚。他在筆記本中寫道，「自由權在於保護個人，根據各別的特殊需求，來解放自己的權利」。他不斷主張，以往的政治自由毫無意義，除非個人的權利透過社會中人民的實際作為而獲得保證。所以他創作的第三階段，尤其是一八八四年至一八九六年的《野鴨》、《羅斯莫莊園》(*Rosmersholm*)、《海達·蓋卜勒》(*Hedda Gabler*)、《建築大師》(*The Master Builder*)，以及《銀行家的故事》(*John Gabriel Borkman*)，這些劇本或許令人費解，甚至在今天看來也很難懂，卻成了他作品最重要的部分：以戲劇探索人類心理，以戲劇探索自由、潛意識，以及人類如何對他人施行控制的可怕議題。這是易卜生的價值所在，他不單是在藝術裡一直做出全新、原創的作品，還包括敏銳地理解，找出有哪些概念還沒被系統性地闡述，甚至還沒被探測出來。就像丹麥評論家暨他的前友人喬治·布蘭德斯(Georg Brandes)所說，易卜生「與社會騷動有某種不可思議的一致性，從生涯裡形成想法……他的耳朵聽見低聲的咕噥，訴說著向下挖掘的想法」。[7]

此外，他的想法國際通用，全世界的戲迷們都能感同身受，認為自己的同胞正在遭受戲裡的苦難，或正在折磨戲裡的受害者。他抨擊傳統價值觀，制定個人解放的計畫，呼籲所有人類都該有機會自我實現，而這些議題在哪裡都受歡迎。從一八九〇年代早期，當他凱旋榮歸克里斯蒂安尼亞的故鄉，他的戲劇在世界各地越來越頻繁上演。他在人生的最後十年(他死於一九〇六年)，這名前藥劑師助理成為斯堪地那維亞最知名的人物，更確切地說，當時除了俄國的托爾斯泰，他被廣泛地視為世上現存最偉大的作家與預言家。他的名聲透過作家們如蘇格蘭作家與戲劇評論家阿奇爾（William Archer）與蕭伯納而遠播。記者們不遠千里來到維多利亞街（Viktoria Terrace）他那陰鬱的租屋處採訪他，他每天都出現在格蘭大飯店（Grand Hotel）的咖啡館裡，對著一面鏡子獨坐，這樣他就能看見整個空間，他讀報配啤酒與科涅克白蘭地，成為首都的一道景觀。當他每天準時進入咖啡館，滿座的人都會起立向他舉帽致意，沒人敢在這位偉人就座之前再度坐下。英格蘭作家勒加利納（Richard le Gallienne）像許多人一樣，專程到挪威想要親眼一睹這個畫面，一如其他人跑到亞斯納亞—博利亞納莊園（Yasnaya Polyana）想一睹托爾斯泰的風采。他描述他進入咖啡館時：「眼前出現一個冷峻、不快、閉緊嘴巴的人，有著古板的莊嚴，如槍桿子般挺直……他有如羊皮紙的肌膚與兇猛的獾目，感受不到一絲人性的和藹。他應該可以成為一個在蘇格蘭教會工作的蘇格蘭長老。」[8]

就像勒加利納指出的，這位偉大的、在世時被大眾的景仰抹上香膏的人道主義作家，看起來不太對勁。看看這位的偉大解放者，他研究、洞察人類，為人類悲嘆，且其作品教導人類如何掙脫傳統與保守偏見的束縛，但如果他對人類的感受如此強烈，為什麼他似乎排斥個別的人？為什麼他拒絕他們的殷勤示好，寧可只透過報紙上的專欄來解讀他們？為何總是孤身一人？他強烈的、強加己身的孤絕，是出於什麼原因？

越是近距離觀察這位偉人，越覺得他怪異。作為一個被傳統貼上標籤、極力主張過著放蕩不羈人生的自由人，他現在給人一種嚴肅、正經八百的印象，而正經八百或許是一個滑稽可笑的點。維多利亞女王的孫女路易絲公主（Marie Louise）觀察到，易卜生在帽子內部黏了一面小鏡子，可以用來整理頭髮。許多人注意到易卜生的第一件事，就是他非常虛榮，畢爾邦（Max Beerbohm）的知名諷刺畫將這一點闡釋得很好。易卜生不是從一開始就這樣，他妻子的繼母瑪格達琳（Magdalence Thoresen）寫到她第一次在卑爾根看到年輕的易卜生時，「他看起來就像一隻害羞的小土撥鼠……還沒學會鄙視他的追隨者，所以看起來缺乏自信。」[9]一八五六年，易卜生在《蘇爾豪格的宴會》成功後，首度成為一個穿著過度講究的人，他用詩人鑲摺邊的袖口、黃色手套與精巧的手杖。到了一八七〇年代中期，他對穿著更加留心，但穿的樣式更沉悶、更適合向世人展現他越來越封閉的外在。一八七六年，年輕作家包爾森（John Paulsen）在奧地利的阿爾卑斯山上這樣描述他：「黑色燕尾服配上舊式飾帶，炫目的白色亞麻上衣，精緻的領結，黑色的晶瑩絲帽，搭配金框眼鏡……他微微噘起的雙唇像刀身一樣薄……我站在一堵封閉的山牆前面，一道費解的謎團前面。」[10]他手上持有碩大金色頂端的胡桃木手杖。隔年，他在瑞典東部的烏普薩拉大學（Uppsala University）拿到第一個榮譽博士學位，從此他不光是表明想被稱為「博士」，還穿上黑色的長禮服大衣。他穿著如此正式，以至於阿爾卑斯山上的農家少女以為他是神職人員，在他散步時下跪親吻他的手。[11]

他對穿著的注意，仔細到非比尋常。在他的信中有詳盡指示，說他的衣服必須掛在藏衣室裡，襪子與襯褲得擺在五斗櫃裡。他一向親自把靴子擦得亮晶晶，甚至親手縫鈕釦，不過他會准許一位僕人幫他穿針引線。一八八七年，當他未來的傳記作家亨里克・耶格（Henrik Jaegar）前來拜會時，他每天早晨都要花一小時著裝。[12]但他對穿著雅緻的努力失敗了，對大多數人來說，他看起來就像一個掌帆長或艦長；他有著一張祖傳的、很戶外的紅臉，特別是喝了酒以後。記者韋斯坦（Gottfried Weisstein）認為他以令人敬畏的篤定發表老生常談的習慣，讓他就像一個「小德國教授」，這位教授「希望把資料寫入我們的記憶，說明天他要搭車去慕尼黑」。[13]

這是易卜生近乎荒唐的虛榮面向，即便是最不願批評他的仰慕者，都很難為他辯護。他以畢生的熱情追求勳章，事實上，他追求勳章的時間漫長到令人替他難為情。易卜生的繪畫有一定的技巧，而且經常素描這些誘人的小玩意，他的第一幅現存諷刺畫，畫的是動章騎士團（Order of the Star），他可能會畫出「易卜生有滿屋勳章」拿給他妻子看。[14]然而他真正想要的，是為自己授勳。他在一八六九年夏季拿到第一枚，地點是一群知識分子的集會——一個新的，有些人會主張是一種國際舞台的災難性創舉——是在斯德哥爾摩（Stockholm）舉辦的語言討論會。這是易卜生首度被捧為名人：他整晚都跟瑞典國王卡爾十五世（Karl XV）在王宮裡喝香檳，這位國王授與他皇家瓦薩騎士勳章。後來，喬治・布蘭德斯在第一次跟易卜生碰面時（此前他們通信已久），對於他在家裡會配戴勳章大感錯愕。

隔年，當他發現易卜生已經索求更多勳章時，應該會更錯愕。一八七〇年九月，易卜生寫信給丹麥律師處理這類事務，要求律師協助他取得丹麥國旗騎士勳章：「你可能不知道這玩意在挪威的效用……一枚丹麥勳章能強化我在此地的地位……這件事對我很重要。」兩個月後，他寫信給一位亞美尼亞籍的授勳掮客，其執業所在地是斯德哥爾摩，卻與埃及宮廷有往來，他要求埃及勳章，「將對我在挪威的文學地位大有裨益」。[15]最後他獲頒鄂圖曼土耳其帝國的梅吉德勳章，他開心地說這是「帥氣的東西」。一八七三年是勳章豐收年：他獲得一枚奧地利勳章，還有一枚挪威的聖奧拉夫騎士勳章，但他更加賣力，不因此有一絲鬆懈。他對一位朋友否認他「對這些勳章有任何個人欲望」，但是「當這些勳章來找我，我也不會拒絕」，這是謊言，他的信件可以作證。甚至有一八七〇年代的信件，說他為了追求勳章，願意在王室成員或貴族的馬車經過時脫帽致意，即便上面根本沒有坐人。[16]

這個特殊故事可能是被惡意捏造的。但有大量證據顯示易卜生熱中此道，因為他盡可能地在每一個場合，都堅持要展示他燦爛的勳章。一八七八年初，有報導說他配戴了全部的勳章，包括在俱樂部晚宴時，脖子上圍著一個像狗項圈般的勳章。瑞典畫家保利（Georg Pauli）偶然碰到易卜生正在羅馬街上炫耀他的勳章（不光是綬帶，還包括有幾顆星），有時他似乎差不多每天傍晚都會配戴。他為自己的習慣辯護，說在「年輕朋友」面前，勳章「提醒我需要有所節制」。[17] 儘管如此，邀他共進晚餐的人，總是在他抵達時因為看見他沒配戴勳章而鬆一口氣，雖然在杯觥交錯時，勳章總能吸引微笑，甚至令人開懷大笑。有時甚至大白天他也配戴勳章，乘船回挪威時，當船隻停泊在卑爾根的碼頭，出去到甲板前，他會穿上正式服裝與配戴勳章。當他看到他的四名老酒友：兩名木匠、一位教堂司事與一位掮客，恭候他的大駕並大喊「歡迎老亨里克！」時他嚇壞了。他躲回客艙直到那些人離開。[18] 他甚至到晚年都依然趨炎附勢，一八九八年時，他急於獲得丹麥國旗大十字勳章，以至於在正式獲頒之前，就先跟珠寶商買了一個。結果除了實際授與他的勳章外，丹麥國王還額外寄給他一件鑲有寶石的贗品，所以他總共有三枚勳章，其中兩枚必須還給王室珠寶商。[19]

然而這位國際名人，儘管和他的戰利品一起閃閃發光，給人最終的印象卻不是虛榮或愚昧，深植人心的反倒是憤恨的力量與甚少壓抑的憤怒。儘管身高不高，但他巨大的頭與纖細的頸項，似乎散發著力量，布蘭德斯說：「他看起來彷彿你需要一把擊棍，才能制伏他。」還有他恐怖的雙眼，維多利亞時代晚期似乎是眼神兇猛的年代，前英國首相格萊斯頓（Gladstone）也有這樣兇猛的眼神，能讓一個國會成員忘了自己要說什麼。托爾斯泰也運用他的「蛇怪之眼」攻擊批評者，讓他們說不出話來。易卜生的凝視提醒世人一場被絞死的審判，布蘭德斯說，他會逐漸灌注恐懼，「二十四年來的痛苦與憤怒，一直存放在他心裡」。但凡對他知之甚詳的人，都能不安地察覺到他表面下即將爆發的火山。

喝酒有助於觸發這種爆發。除了當過一陣子酒鬼，易卜生居然從來就不是酗酒者。他工作期間滴酒不沾，一大清早在書桌前坐下時，不但很清醒、沒有宿醉，還穿著剛燙好的禮服大衣。但他在社交中會喝酒，用以克服他極度的害羞與沉默，而讓他說話能力放輕鬆的酒精，也可能會引燃他的怒火。在羅馬的斯堪地那維亞俱樂部，他用餐後的發飆惡名昭彰，嚇壞了大家。他的發飆特別容易發生在沒完沒了的褒揚與慶祝晚宴，這是十九世紀全歐洲與北美洲的特色，但斯堪地那維亞特別熱衷此道，易卜生似乎出席了上百場，結局往往以災難收場。克努特松（Frederick Knudtzon）與他在義大利結識，說在一場朋友聚餐中，易卜生攻擊年輕畫家路宏居（August L'orange），當時路宏居罹患結核病（這是許多斯堪地那維亞人南下的原因之一），易卜生對他說，他是個糟糕的畫家：「你沒資格用兩腳走路，你該用四肢爬行。」克努特松補充：「他這樣攻擊一個無害且無法保護自己的人，攻擊一個不幸的肺病患者，結果路宏居再也受不了被這樣碎嘴毒罵，我們全都目瞪口呆。」當兩人終於從座位上起身，易卜生站不起來，必須被扛回家。[20]即使有人用杯子從桌下敲他的腿，還是制止不了他繼續說話，保利與羅斯（Christian Ross）這兩位畫家把易卜生扛回家時，他還戴著所有勳章。在羅馬的另一場慶祝晚宴，他「表示謝意的方式是不停地對我們的瑣事給意見」，「他說我是一隻討人厭的小狗」，羅斯則被嫌「個性令人反感」。[21]一八九一年，當布蘭德斯為了向他致敬，在克里斯蒂安尼亞的格蘭大飯店大開宴席，他卻營造出一種「令人窒息的氛圍」，在布蘭德斯發表讚美他的演講時誇張地搖頭，拒絕回應，只說了「所有人都有辦法在這種演講中侃侃而談」，並最終以「那傢伙對挪威文學一無所知」這句話，羞辱了宴會主人。在其他宴會上，如果他是最重要的賓客，他會背對同伴。有時他喝得太醉，會一直重複說：「什麼，什麼，什麼？」

更確切地說，易卜生在輪到他行動時，偶爾會成為維京式酒醉的受害者。也的確，有某本書描寫了斯堪地那維亞式盛宴在這段期間走了調。一八九八年，在哥本哈根一場特別隆重、為易卜生而舉辦的盛宴裡，主講人山道夫（Sophus Schandorph）教授喝得太醉，以至於他身邊的兩個人，一位是主教、一位是伯爵，必須攙扶著他，而且當有一位賓客咯咯笑時，他大吼：「我講話時你——閉上你的嘴。」在同一個場子上，易卜生則是被一位他仰慕但喝到爛醉的畫家緊緊抱住，因而怒吼：「把這個人帶走！」當清醒時，他對這類他自己經常內疚的行為，不會提供迴旋餘地，他確實可能對旁人非常吹毛求疵。有個身穿男裝的女孩，被違規帶進羅馬的斯堪地那維亞俱樂部，他堅持將這位會員因此除名。任何行為，無論是浮誇的或是違反道德的，都可能激起他的暴怒。他是發火的專家，其易怒本身就是一種藝術表現形式，他甚至將這種本質的表現視為珍寶。當他正在寫暴烈的劇本《布朗德》時，他後來記錄：「我桌上的空啤酒杯裡有一隻蠍子。有時這畜生干擾我，我就會丟一片成熟的水果給它，它會憤怒地拋擲水果，螫入它的毒素。然後一切就會安好如初。」[22]

他是否在這生物身上看見共鳴，覺得自己也需要宣洩內在的怒火？他的劇作裡，憤怒通常慢慢升高，偶爾爆發出來沖天，這是否是他大量的治療練習呢？沒人了解易卜生私下那一面，但許多認識他的人都知道他早年的人生與奮鬥歷程，使他卸不下身上無法止息的憤怒。在這方面，他就像盧梭：終其餘生，自尊心傷痕累累，因此也成為自我中心的怪物。相當不公平地，他認為父母要為他不快的青春負責，兄弟姐妹也該負連帶責任。他一離開希恩，就不曾努力與家庭保持聯絡，他故意不去拜訪父母，一八五八年他最後一次造訪希恩時，反而還向他有錢的叔叔克里斯帝安・鮑斯（Christian Paus）借錢。他和妹妹海薇（Hedvig）偶有聯絡，但可能是為了未償清的負債不得不這樣做。一八六七年，他寫了封嚇人的信給他的作家同行比昂松（Bjørnstjerne Bjørnson），比昂松的女兒後來嫁給易卜生的兒子。易卜生寫道：「憤怒增強我的力量。如果要開戰，那就來戰吧！……我連還在母親子宮裡的孩子都不會放過，也不會放過任何有幸成為我受害者的人，他們可能導致行動的任何看法或感受……你可知道我這一生都不理會我的父母，不理會我整個家族，是因為我無法忍受繼續一段無法完全諒解的關係嗎？」[23]當易卜生父親在一八七七年過世時，這對父子已經斷絕聯絡將近四十年，他在一封寫給叔叔的信中辯白，把「早年的環境就不可能了」當作不連絡的「主因」，但他真正的意思是他們向下沉淪了，而他發跡顯達了，他不想被他們連累。他為他們感到丟臉，害怕他們可能跟他討錢。他越是有錢、越是有能力幫助他們，就越是刻意避免與他們往來。他從來沒盡半點心力幫過他跛腳的弟弟尼古拉（Nicolai Alexander），這個弟弟最後到了美國，死於一八八八年，得年四十三歲；他墓碑上刻著，「得到陌生人的尊敬，與陌生人的致哀」。他也不理會他最小的弟弟歐勒（Ole

Paus）。歐勒先後做過水手、店主與燈塔看守員，一直都窮苦，卻是唯一幫助他們可憐父親的手足。易卜生曾寄給他一份正式的求職推薦書，但沒給過他一分錢，或在遺囑裡留給他任何東西：一九一七年，歐勒在一家老人院過世時，身邊一無所有。[24]

這個虛有其表的家，還有一個被小心掩蓋的痛苦流言，可能來自易卜生的劇作——更確切地說，就某種意義來說，易卜生全部的人生，就是一齣遮遮掩掩的易卜生式戲劇。一八四六年他十八歲時，住在藥局對面，跟那裡雇用的女傭愛麗絲（Elsie Sofie Jensdatter）戀愛，她比易卜生大十歲，懷了孕，在一八四六年十月九日生下兒子，取名為雅各（Hans Jacob Henriksen）。這女孩不像馬克思的小莉娜出身農家、未受教育，她出身一個有名望的自耕農家庭，其祖父洛夫胡思（Christian Lofthus）曾經領導一場對抗丹麥統治的知名農夫起義，死時被用鎖鍊栓在挪威的阿克斯胡斯城堡（Akershus Fortress）柱石上。這女孩就像小莉娜，行事總是謹慎周到，她回到父母身邊養育小孩，從未嘗試說出生父是誰。[25]不過，根據挪威法律與當地議會的規定，易卜生必須支付贍養費，直到雅各十四歲為止。[26]易卜生已經夠窮了，他對微薄的薪水還得這樣外流非常憤慨，所以從不原諒這孩子跟他的母親。就像盧梭、馬克思，易卜生從未承認雅各是自己兒子，從沒為他犧牲利益，或是給他最少量的幫助、資助等等。這個男孩長大成為鐵匠，與母親同住，直到他二十九歲。當時愛麗絲眼睛瞎了，她的父母又收回房子，她跑去住在簡陋的小屋。兒子在石頭上潦草地寫上「syltefjell」，意思是「捱餓山」。愛麗絲在一八九二年六月五日過世時也是一無所有，得年七十四歲。易卜生不太可能沒聽見她的死訊。

雅各一點也不粗魯無文，他博覽群書，尤其是歷史與旅遊書。他也是個技術純熟的小提琴雕刻師。但他經常酗酒、得過且過，偶爾他會到克里斯蒂安尼亞，這裡知道他身世祕密的人，都訝異他長相如此酷似他那鼎鼎大名的父親。當中有些人策畫陰謀，要讓雅各穿上跟易卜生相仿的服裝，讓他搶先一步坐在格蘭大飯店裡那一張偉人慣常占據的座位，如此一來，當易卜生為了喝早晨的啤酒而他們就能當面對證，讓易卜生親眼瞧瞧自己的罪過。弗朗西斯·布林（Francis Bull）是研究易卜生的泰斗，他說雅各只見過他父親一次，那是一八九二年，當時兒子身無分文，去父親的租屋處要錢。易卜生親自應門，這是四十六年來頭一遭，他顯然見到了他的兒子。他沒否認他們之間的關係，但交給雅各五克朗後說：「這是我給你母親的。對你應該夠了。」接著便將他拒之門外。[27]父子再也沒見過面，易卜生的遺囑也沒留給他任何東西，他在一九一六年十月二十日過世時，身邊一無所有。

無論是婚生的或非婚生的子女，「害怕家人跟他要錢」無疑是易卜生逼退他們的理由之一。他早年生活拮据，讓他在安全感方面留下永久的痛，而只有不停賺錢、存錢能夠緩和這種痛楚。這是他生存的最大驅動力，他的吝嗇，就像他其他的一切，程度有如史詩般壯闊。為了錢他早就準備說謊：他是個背地痛恨君主政體的無神論者，卻為了乞求一百英鎊的補助金，遞交給卡爾十五世請願書：「我不是在爭取一份不必工作的有薪職位，而是一份我執拗地相信、也知道是上帝賜給我的禮物……它就擱在陛下您尊貴的手裡，無論我是否應該對於最痛苦的、甚至傷害一個靈魂的窮困，保持緘默並鞠躬。窮困是迫使一個人棄絕畢生天職，迫使他在對自己心靈軍械庫了然於心的情況下繳械投降。」

此時（一八六六年）他已經靠《布朗德》賺了點錢，開始有點積蓄了，起初是在存錢桶裡存銀幣，然後進展到購買政府公債。在義大利，和他一起離鄉背井的同伴注意到，他花再小的金額都會記帳，從一八七〇年，一直到他第一次罷工的一九〇〇年，他一直都用兩本黑色筆記本，一本記錄收入，一本記錄投資，後者全是非常安全的政府證券。他人生最後二十年的收入不多，至少以盎格魯薩克遜人的標準來看不多，因為他的劇作在世界各地演出的速度緩慢，加上無論怎麼保護版權都有漏洞。但是在一八八〇年，他的收入首度突破一千英鎊，以當代挪威水準來說非常可觀。整體而言，他的收入緩慢增長，投資也是。事實上，沒有任何作家像他這樣，在人生最後二十五年，把收入中這麼大的部分（二分之一至三分之二）拿去投資。這麼做到底是為什麼？他的婚生子西格（Sigurd）被問到為什麼他們生活如此簡樸，回答：「睡得好但吃不好，勝過吃得好卻睡不好。」儘管財富持續增長，易卜生與家人卻繼續住在家具簡陋的房間裡，他說他羨慕比昂松，因為他有房有地，但他自己從未嘗試購買任何資產、甚至購買自己的家具。易卜生最後的租屋處位於維多利亞街與阿比恩街（Arbiens Street），毫無個人特色，就跟其他旅館一樣。

然而，易卜生所有的租屋處，都有一個不尋常的特色：它們似乎都被分成兩半，夫妻各自布署各自的堡壘，用來防禦、攻擊對方，[28]以一種難以理解的方式實踐年輕時的誓約。他曾經告訴他早年的友人杜爾（Christopher Due），「如果將來娶妻，他的妻子必須住在不同樓層。（只有）在用餐時間會見到面，而且不能稱呼彼此為『您』」。[29]一八五八年，在經過兩年冷淡的約會後，易卜生娶了卑爾根主任牧師的女兒蘇珊娜（Suzannah Thoresen），她愛好讀書，意志堅定，相貌平凡但有一頭美麗的秀髮。她那愛炫耀學問的繼母坐在齊克果（Søren Aabye Kierkegaard）旁邊，講到易卜生時語帶輕蔑，說她從沒認識一個人「出名出到強迫自己只能孑然一身」。這樁婚姻的功能性大於彼此的好感度，某種意義上來說，這對易卜生的成就至關重要，因為每一次他人生的低落消沉，他的劇作被拒絕上演或演出失敗，當他認真考慮要發展別種才華（繪畫）時，蘇珊娜完全不准他作畫，並強迫他每天都要寫作。就像西格後來說的：「這世界少了一個三流畫家，多了一個偉大作家，這要感謝我的母親。」[30]西格在一八五九年出生，總是將其母描繪成易卜生背後的力量：「他有天分，但她有個性；她成為他的個性。其實他知道，不過最後他都不願意承認。」

西格很自然地將這段婚姻描述為工作夥伴的關係，但當時的人所看見的，卻完全不是這回事。易卜生有一張看起來極其苦惱的照片，是在旅居義大利期間，貼在一位丹麥年輕人，史奈克洛斯（Martin Schneekloth）的日記裡面。他在上頭注記，易卜生當時發現自己娶了一個不愛的女人而「處於絕望的狀態」，而且「可能無法和諧一致」。史奈克洛斯發現易卜生「個性跋扈，自我中心又固執，暴躁的男子氣摻雜著難以理解的懦弱，強迫症的理想主義，但對於表達他日常生活有哪些理想，完全不感興趣……而她具有女性特質，笨拙但穩重，個性剛強，是智識與愚昧的混合體，情感上沒有缺陷，但缺乏謙遜與嬌柔的愛……他們彼此交戰，無情、冷酷，儘管如此她是愛他的，如果只能透過他們的兒子。他們可憐的兒子，降臨在他身上的命運，是所有孩童中最可悲的」，他繼續寫道：「易卜生自己有多沉迷於工作，差不多是把『人性第一，藝術第二』這個諺語反過來了。我認為他對妻子的愛消逝已久……他的罪過在於沒有要求自己導正這個情況，寧可張揚他喜怒無常、專橫的本性，發在他們可憐的、精神反常、驚恐害怕的兒子身上。」[31]

蘇珊娜面對易卜生強硬的自我中心，絕不可能抵擋得了。比昂松的妻子引述她的話說，西格出生後，他們就沒再有過孩子，意思就是再也沒有性生活了（不過她是懷有敵意的證人）。不時有謠言說他們分手了。易卜生肯定憎惡這樣的婚姻，他在一八八三年的筆記中寫道：「對每個人來說，這都像是在身上蓋上奴隸的標記。」然而他小心謹慎又喜愛安全感，始終維持兩人在一起的狀態。有封留存至今、難以理解的信是他寫給妻子的，信件日期是一八九五年五月七日，他在信中激動地否認他為了鋼琴家安徒生（Hildur Andersen）要離開她的謠言，並歸咎於她的繼母瑪格達琳，他討厭這個繼岳母。[32]易卜生經常嚴厲、不客氣地對待妻子，但她知道如何反擊。當易卜生越來越生氣，她只需當他的面哈哈大笑，因為她知道他天性膽怯又恐懼暴力。更確切地說，她操弄他的恐懼，她會徹底搜查新聞報導裡驚悚的日常慘禍，然後遞給他看。[33]總體而言，他們不可能是一對和諧的夫妻。

易卜生對朋友也一樣冷淡，經常發火。「朋友」這個措詞可能不對，他跟作家伙伴比昂松通信，但他對比昂松的交往跟對其他人沒有分別，而且長久而言，是在製造不快的讀信經驗。他視比昂松為對手，嫉妒對方更早成功，忌妒對方的天生外向、開朗、親切的處事方式，以及對方顯露出的享受人生的能力。事實上比昂松用盡其影響力，努力讓大眾認識易卜生，而易卜生毫無遮掩地忘恩負義，打擊一個這麼有同情心的人。他們的關係好比盧梭與狄德羅，易卜生就像盧梭一直獲得，比昂松就像狄德羅一直給予，只差沒在最後驚天動地大吵一架了。

易卜生發現互惠很難，眼見比昂松為他所做的一切，於是被勸服，在比昂松六十大壽時，終於發出一條極簡抽象藝術傑作般的賀電：「亨里克．易卜生恭祝你的生日。」但他還是期待比昂松鼎力相助，當評論家皮特森（Clemens Petersen）發表了對他的《培爾．金特》（*Peer Gynt*）的負面評論時，易卜生寫了封發飆的信給比昂松，因為比昂松毫無作為。為什麼不去擊垮皮特森？「在讓他做出此等對真理與正義的故意犯罪之前，我會把他打到不省人事。」隔天他又在信末補充：「這些話我想了整晚，讀起來蓄意又殘忍……不過我還是該寄出去。」然後他又激動起來，繼續說：「我斥責你只因為你沒有作為。藉由沒有作為，放任這種我並未參與、卻把我的聲譽置於拍賣商小木槌下的情況，這對你來說不是好事。」[34]

可是，易卜生一邊期待著比昂松為他而戰，一邊卻視對方為諷刺作品裡可抨擊的對象。他把比昂松化為《青年同盟》（*The League of Youth*）裡討人厭的角色史丹果斯（Stensgaard），一個攻擊進步社會運動的殘暴者。這部作品是一座忘恩負義的紀念碑，易卜生寫出了資助過他，以及幫他在國家請願書上簽名的所有人。他把所有傑出人士視為正當的攻擊目標，卻對任何對他的類似指控極其怨毒。當包爾森發表一部小說，內容是一個熱衷於動章的跋扈父親，易卜生抓了張他的名片，在背面寫下「惡棍」然後無封緘寄出，寄到包爾森自己的俱樂部——這跟十年後昆士伯侯爵（Marquess of Queensberry）對付王爾德（Oscar Wilde）的手段一樣。

事實上，易卜生與其他作家的交情，都在爭吵中終結，即便沒有爭吵，也都傾向無疾而終。他無法遵照約翰遜博士的建議：「維持友誼需要不斷修補。」他維持的方法是不斷對立，並點綴著不相往來。一直都是另一方在努力。他實際上幾乎是在表達一種反對友誼的哲學。當布蘭德斯與一個有夫之婦同居，因而在哥本哈根被排擠時，他寫信給易卜生，抱怨沒有朋友，易卜生回覆，「當有人的處境跟你一樣」，——然後含蓄地說，「正如我的處境」——「一個畢生與他人關係緊張的人，無法真正期待維持友誼……朋友是昂貴的奢侈品，而當一個人此生已經為了天職或使命投注了資本，就再也負擔不起友誼了。交友的昂貴之處不在於為對方做了什麼，而是要為他們著想，你沒有做什麼。許多雄心壯志因此癱瘓。我經歷過，這是我等待多年才能順利做自己的理由。」[35]這封冷酷、透露真相的信曝光了，就如我們所檢視過的其他知識分子一樣，在公開的學說與私人的弱點之間，有著熟悉的關連性。易卜生告訴人類：「做自己！」但在這封信裡，他實際上坦承了做自己牽涉到犧牲另一人。個人的自由實際上是自我中心與冷酷無情，在他的案例裡，如果沒有拒絕或漠視，以及在必要時踐踏他人，他就無法成為一個給人深刻印象的劇作家。易卜生達成其藝術的核心方法，是創造性的自我中心主義，就像他寫給瑪格達琳的信說的：「絕大多數的評論，歸根究底是在責備作家做自己……很重要的是，要保護一個人的本我，避免本我的純淨與自由受到受到入侵或打擾。」

創造性的自我中心是易卜生企圖把他性格中易受責難的特質，轉化成一種優勢。還是個小男孩時，他曾經很害怕孤單，他的學校老師說：「他有著一張老人的面孔。相較於心外界，他更關心自己。」一個跟他同年代的人作證「我們小男生都不喜歡他，因為他脾氣一直很差」，而且只聽見過一次他「像其他人那樣」大笑。後來當他成為青年，貧窮讓他變得更孤僻了：他會自己單獨外出散步很久，讓租屋處的其他賓客與雇工以為他是外出吃晚餐。（可憐的是，易卜生後來故意用類似的詭計強迫他兒子，因為他不想邀請其他小男生到那令人生畏的家。易卜生會騙他們說他的母親是高大壯碩的黑人，把他的弟弟拘禁在一個箱子裡，而事實上他沒有弟弟。）易卜生漫長、孤獨的散步成了習慣，他寫道：「我背著背包，好幾次徒步閒逛，幾乎逛遍了整個教宗國（Papal States）。」易卜生是天生的放逐者：他可能把周遭社會視為異域，甚至經常覺得那是懷有敵意的異域。他年輕時曾寫道：

「我發現自己和一個小型社會處於戰爭狀態，我在裡面……蹲苦牢。」[36]

所以，不意外的，易卜生選擇長期、真正的離鄉背井，而這段時間也成為他此生最具創造力的時期。就像馬克思，這強化了異域感，而且讓自己關在一個對立、狹隘的外籍團體裡，同時伴隨著爭吵與憎惡。易卜生開始承認他的孤僻有缺點，在一封一八五八年的信裡，他形容自己「用牆圍堵一種令人倒胃口的冷酷，這讓任何與我親近的關係都變得困難……相信我，從十月的角度來看，世界並不愉快」。然而，六年後，他變得願意調整他過去不主動與他人聯絡的慣性，在一八六四年寫信給比昂松：「我無法跟要求人應該讓自己無拘無束、完全坦誠的人頻繁接觸……我比較偏好叫我內在的真我閉嘴。」他的孤僻變得很有創造性，於是其本身就變成一個話題。他現存的早年詩作中，有一篇《聽憑》（*Resignation*）寫於一八四七年，他直到一八七〇至七一年才停止寫詩。這首詩是他韻文的本質思想，如同布蘭德斯說的：「這是孤寂的詩，描述孤寂的需求，孤寂的衝突，孤寂的抗議。」[37]易卜生的作品反映他的孤僻，這成為一種防禦、庇護與武器，用以對抗這個異域的世界。史奈克洛斯在談到他義大利的生活時也說，「他全副心思與熱情，都如同中邪般地拿去追求文學上的名聲」。漸漸地，他把自我中心的孤僻與自我隱瞞，視為一種必要手段，甚至是美德。他告訴布蘭德斯，整體人類的存在是一種失敗，所以「唯一合情合理的做法，是拯救自己」。晚年時他曾建議一個年輕女人：「絕對不可事事告訴別人……離群索居是人生中最有用的事。」[38]

然而，以為能夠一直維持這種方針，自然是不切實際的，因為這會惡化成對人類普遍的敵意。布蘭德斯不得不這樣推斷：「他對人類的蔑視肯定沒有界限。」他的仇恨探照燈條理分明地照射人類社會的每一個面向，偶爾會中斷，但總是近乎深情地，停駐在某些激發他強烈反感的想法或習俗上他痛恨保守主義者。也許他是頭一位這種作家——偵察什麼會變成龐大軍隊——說服一個守舊國家資助文學生命，卻養出了一些人致力於攻擊國家所珍視的一切。（當他回頭來要更多錢，補助金委員會的一位成員，黎德沃牧師〔Reverend H. Riddervold〕說易卜生該得到的不是批准核發補助金，而是一頓痛打。）他甚至更加討厭自由主義者。他們是「可憐的廢物，是人類的障礙」。他們絕大多數都「偽善、說謊、說屁話、是壞蛋」。就像同時代的托爾斯泰，易卜生也特別討厭議會制度，視之為腐敗與騙局的無窮來源。他喜歡俄羅斯的理由之一，是俄羅斯當時沒有議會。他討厭民主。他的意見記錄在挪威詩人楊森（Kristofer Janson）的日記裡，讀來冷酷無情。[39]「什麼是多數派？無知的大眾。知識分子永遠都屬於少數派。」他說：「大多數人沒有資格抱持什麼觀點。」他也告訴布蘭德斯：「任何情況下，我都不會與任何背後有多數派的黨派聯繫在一起。」

真要區別的話，他把自己視為無政府主義者，愚蠢地認為（就像後來的許多人）無政府主義、共產主義與社會主義，本質上都是一樣的。他告訴喜歡收集他的意見的布蘭德斯：「這個國家必須廢除，現在有一場我將欣然支持的革命：廢止國家的概念，建立最重要的自由意志。」

無疑的，易卜生認為他在公眾生活上掌握了某種始終如一的哲學。他把自己最愛說的一句話，給了《人民公敵》（*En folkefiende*）的主角史塔克曼醫師：「少數派永遠是對的。」他向布蘭德斯解釋，他的意思是「透過少數派，提前進入多數人尚未企及的領域」。某種程度上，他把自己視為史塔克曼醫師，他告訴布蘭德斯：

> 一位智識上的拓荒者，身邊絕不會聚集一堆多數派。當人們能控制自己的集會，十年內多數派或許能跟上史塔克曼醫師的程度，但在這十年期間，醫師並非靜止不動：他至少領先他人十年。多數派、芸芸眾生、烏合之眾將永遠追不上他，他永遠都不會召集他身後那些人。我自己也感受到類似的無情強制力，逼著我不斷向前走。現在的群眾所在的位置是我早期寫書時的位置，但我已不在那裡。我所在之處——遠在他們前方——我的希望大約是這樣。[40]

這種典型維多利亞女王時代的觀點，難以言明的困難在於，它假設人類是由受啟蒙的少數派領導，這群少數派永遠都會朝著某個可取的方向進步。但易卜生沒有想過，這種進步的少數派可能不會出現——真正出現的，可能是列寧後來稱之為「先鋒菁英」，希特勒稱之為「倡導者」的那人——而且搞不好會帶領人類走進深淵。易卜生可能會對二十世紀的暴行感到驚駭，畢竟他為這個世紀的意見之形成，做了這麼多努力。

易卜生聲稱他能預見未來，但這個未來之所以大錯特錯，源自他性格裡固有的弱點：當意見相左時，他無法同理他人。當個人或團體僅僅是體現思想，一如他的劇作裡的人物，他能以卓越的洞察力與同理心處理。而當這些人活生生地走進他的生活，他不是逃走就是憤怒以對。他最後一組劇作，強而有力地掌握了人類的心理，也符合他自己人生狀態，包括公開爭吵、情緒爆炸與斷絕往來，以及少數幾個還有交情卻注定惡化的關係。理想與現實的懸殊對照，最能映現在他的公眾態度上，一八八八年三月二十日，他發出越洋電報給克里斯蒂安尼亞工人聯合會（Christiania Workers Union）：「在我國的所有階級裡，工人階級最接近我的心。」[41]這是騙人的，除了他的錢包，沒有任何東西接近過他的心。在現實生活裡，他對工人從未付出一丁點關心，只對他們的意見嗤之以鼻。沒有證據顯示他曾為工人運動付出。另外，他發現迎合學生是有利的舉動，而相應地，學生喜歡以「火炬遊行」對他表示敬意。但是實際往來卻是在激烈的爭吵中結束，這可見於在他一八八五年十月二十三日寫給挪威學生聯合會（Norwegian Students Union）一封幼稚且不合理的長信，他在信中指責他們當中「反動分子占壓倒性多數」。[42]

他對婦女的反應也是一樣。理論上他是站在婦女那一方。長遠來看，他本可以主張自己為提升婦女地位所做的努力高於十九世紀其他作家。《玩偶之家》傳達的訊息很清楚：婚姻不是神聖不可侵犯的，丈夫的威權受到公然挑戰，自我發現比一切都更加重要——這些論點真正開啟了婦女運動。他描述婦女的才華無人可超越，正如《海達．蓋卜勒》上演時所顯現的，幾乎沒人在表達婦女情感上能與他並駕齊驅。要給予他公正評價的話，我們發現他在現實生活上，其實偶爾也會嘗試幫助婦女，就像他體現了一個思想。他曾在醉酒的晚宴上發表演講，支持婦女進入羅馬的斯堪地那維亞俱樂部：這場演講特別激昂，但或許沒有帶來多少好事——聽眾中有一位女伯爵嚇到差點昏厥。然而，他對實際投入理想的婦女毫無耐性，特別是當她們也是作家的時候。一八九一年，在布蘭德斯為他在格蘭大飯店舉辦的那場災難晚宴上，他發現自己的位置被安排在中年的女畫家兼知識分子基蘭（Kitty Kielland）旁邊時勃然大怒。當基蘭大膽地評論了《海達．蓋卜勒》中的艾芙斯特太太（Mrs Elvstead）一角時，他咆哮：「我的寫作是為了描繪人物，狂熱的女學者喜歡不喜歡，對我來說完全不重要。」[43]他對地獄的概念是：參加一場沒完沒了的晚宴，旁邊坐的是一位年紀比他大、主張婦女有參政權的女性或女作家——一八九〇年代在斯堪地那維亞的重要都市，具備這兩種身分的成員很多。一八九八年五月二十六日在克里斯蒂安尼亞，挪威聯盟（Norwegian League）為了表揚他為婦權的付出，為他舉辦的正式大晚宴，他卻極力逃避。當他無法逃開時，他發表了他典型的火爆演講。[44]他在斯德哥爾摩一場兩個婦女團體共同為他舉辦的晚宴，也同樣發飆，但這回防止了災難發生，因為女士們很有先見之明地讓年輕貌美的女孩子上台表演民族舞蹈，眾所周知，這是易卜生一直很喜歡的表演。[45]

其中一名舞者是羅莎（Rosa Fitinghoff），是一位童書女作家的女兒，在一長串與易卜生感情複雜、某種程度上關係極不穩定的女孩名單中，她名列最後一位。易卜生似乎一直都偏愛年紀極輕的少女，他與她們交往，痛苦於得不到她們。他第一次認真談戀愛是在卑爾根戲院工作時，對象是十五歲的姮莉可（Henrikke Holkst），但他當時沒錢，後來因為姮莉可父親反對而結束。他當時初試啼聲，覺得自己太老又相貌醜陋，要是追求比他年輕很多的少女，會有被斷然拒絕的風險。但他還是繼續締結這種危險關係。一八七〇年遇上才華洋溢的右翼少婦勞拉（Laura Petersen），四年後是年僅十歲的侯德（Holdur Sontum），是他女房東的孫女。這種偏好並未隨著年紀漸長而消減：恰恰相反。他著迷於歌德上了年紀後對美麗的瑪麗安（Marianne von Willemer）動心的故事，瑪麗安為歌德的藝術注入了嶄新的青春。女演員如果年輕貌美，就能說服易卜生做任何她們要他做的事，這是公認的事，如果她們介紹其他年輕女孩給他的話會更好。他造訪斯堪地那維亞上的重要城市時，會在飯店閒晃，偶爾會接受跟女孩談話，然後親她們一下，送她們一張他自己的照片。他喜歡眾多年輕女孩，但通常只對一個特定女孩感興趣。在一八九一年是侯德。羅莎是最後一個。

最值得注意的是艾蜜莉（Emilie Bardach）與海蓮娜（Helene Raff），他跟她們是在一八八九年於阿爾卑斯山區度假時邂逅。兩個女孩都寫日記，而且有一些書信留存至今。艾蜜莉是十八歲的奧地利女孩（當時易卜生四十三歲），在日記中記錄：「他的熱情讓我覺得自豪——他對我說話時，那口吻放了這麼多感情下去……他說，在他的全部人生中，從未因為認識誰而如此歡欣。他從未像欣賞我那樣欣賞別人。」他要求「對他完全坦白，這樣或許之後我們可以一起共事」。她認為自己愛上他了，「但我們都覺得對外最好裝作不認識」。[46]他們分開後，他寫給她的信持平而論，是不會導致傷害的。四十年後，她告訴作家佐克（E. A. Zucker），他們甚至沒接吻過，但她也說易卜生說過可能會離婚——屆時他們就能結成連理，一起去看這個世界。[47]海蓮娜則是來自慕尼黑的女孩，比較世故，她讓他親吻了，但顯然他們之間的關係是羅曼蒂克大過於情欲，當然也大過認真交往了。當她問他從她身上看見什麼，他回答：「妳年輕，像個孩子，青春洋溢，這是我寫作所需要的。」這當然解釋了他所謂「一起共事」是什麼意思。海蓮娜在四十年後寫道：「他和年輕女孩的感情，不是什麼尋常的不貞關係，只是出於他創造力的需要而產生的。」[48]這些女孩是角色的原型，給他靈感，再用於他的戲劇當中，不是那種他會動真情、喜歡或愛上的真實女性。

因此，易卜生與這些女孩們的其中一個發生婚外情，可能性並不高，更別說是結婚了。他對性非常拘謹，他的內科醫師愛德華．布林（Dr Edvard Bull）說他不願為了任何醫療檢查目的，暴露他的性器官。他的性器官出了什麼問題嗎？還是他覺得有問題？易卜生至少在理論上深切地了解女性的心理，有人會把他稱作調情者。他肯定引誘了艾蜜莉。她想像力太豐富，而且無疑是不明事理的，不知道易卜生是在利用她。一八九一年二月，在得到他想要的之後，易卜生便和她斷絕往來。評論家伊利亞斯（Julius Elias）提到，在同一個月，他與柏林與易卜生共進午餐時，易卜生告訴他：

他是在阿爾卑斯山脈的提洛爾（Tyrol）遇見的……一個性格鮮明的維也納少女，她的自信馬上就引起他的注意……她對於嫁給一個有教養的年輕人不感興趣……能撩撥她、迷住她、讓她開心的，是勾引其他女人的丈夫。她是個有魔力的小破壞者……一隻四處捕食的小小鳥兒，會很開心把他納入她的受害者。他非常、非常仔細地研究她。但她應該沒有對他引誘成功。「她沒利用我，是我利用了她——為我的戲劇」。[49]

總之，易卜生利用艾蜜莉只是為了取得《建築大師》中希爾達（Hilde Wangel）一角的靈感，他在創作時改造了她，使她變成受責難的角色。不光是伊利亞斯的說法，易卜生的書信也接著出版，讓可憐的艾蜜莉被指認為劇中的希爾達，[50]此後她漫長的下半生（她終身未嫁，活到九十二歲）都被貼上壞女人的標籤。這種把對真實人物的批判寫進虛構故事，還殘忍地不顧當事人的感受，讓他們隨意曝光，是易卜生典型的行事作風。這當中最惡劣的例子，是蘿拉（Laura Kieler），一個不幸的挪威少婦，跟易卜生見過幾次面。她非常聽從丈夫的影響與指揮，為了幫助丈夫而偷竊。當她罪行敗露時，丈夫認為她丟人現眼，有很長一段時間把她關在瘋人院裡。易卜生視她為受壓迫婦女的象徵——又一個靈感來源，而非真實的人——利用她來創造《玩偶之家》裡虛構的角色諾拉（Nora）。這齣極佳、全球知名的傑出劇作，很自然地吸引公眾狂熱地將鎂光燈打在蘿拉身上，因為她被視為角色的原型。她因此感到痛苦，要易卜生公開聲明諾拉不是她。做這件事根本不費易卜生吹灰之力，但他的回絕信，簡直是心胸狹隘、胡說八道的傑作：「我不是很了解蘿拉在想什麼，為什麼要把我牽扯進這些紛爭。她建議由我提出聲明，以示『她不是諾拉』，這麼做不但毫無意義，而且荒謬可笑，因為我從沒暗示過她是……我想你會同意，對待我們共同朋友最好的方式，是保持緘默。」

易卜生為了角色人物無情地剝削，對象不僅包括最親近他的人，也包括那些完全的陌生人。戲劇毀了艾蜜莉的人生，也傷害了他自己的妻子，因為蘇珊娜被看成是《建築大師》裡索爾尼斯（Solness）的妻子——該角色是一位共同建築師，也是這樁不幸婚姻的受害者。而這齣戲劇的另一個角色，凱雅（Kaja Fosli）也是他竊盜來的。有位女士數度受邀與易卜生一起用餐，她受寵若驚於是欣然赴約，並同樣因為飯局突然中止而被驚嚇——然後她在看了戲之後全都懂了，她看出自己有點像凱雅。她被利用了。

易卜生經常書寫愛情，畢竟，愛情是他詩歌的重要主題，但他只從負面表達孤獨的痛楚。他是否確實、或可能對單一特定對象感受到愛，而不是愛上一種思想或者作為思想化身的人，這令人懷疑。厭惡對他來說可能是更真誠的情緒，在厭惡背後，還有埋得更深的基本感覺——恐懼。在易卜生的內心最幽深之處，是無孔不入、說不出來、無法形容的懼怕。對他來說，這可能是最重要的議題。他的膽怯遺傳自他的母親，他母親只要一有機會就把自己鎖在房間裡。易卜生也一樣，當他還是孩子時，會自己栓好門窗。其他孩子也注意到他的恐懼，例如他害怕乘著雪橇滑雪。而在行為與道德層面的「怯懦」，是評論者對他的一生，不斷使用的字眼。

他的人生有一場特別黑暗的意外，發生在一八五一年，當時他二十三歲，正在為激進報紙《工人聯合會業報》（*Arbejderforeningernes Blade*）寫匿名文章。那年七月，警方突然搜索報社，逮捕了他的兩名友人，阿比格（Theodor Abildgaard）與工人領袖沙蘭（Marcus Thrane）。對易卜生來說，慶幸的是警方沒在報社找到文章與他有關係的任何證物，但他很害怕，好幾週都不露面。那兩人被判處入獄七年。易卜生太過怯懦，不敢站出來為替他們說話，也不敢抗議如此無理的判決。[51]他是一個只會出一張嘴，不會有實際所作為的人。當普魯士在一八六四年入侵丹麥，併吞了什勒斯威格—霍爾斯坦（Schleswig-Holstein），他勃然大怒，盛氣凌人地指責挪威當局優柔寡斷，沒有對丹麥伸出援手——他寫道：「我得擺脫所有的卑鄙骯髒，才能變得純淨。」[52]但對於幫助丹麥，他並沒有任何實際作為。有一位年輕的丹麥學生，布倫（Christopher Bruun）自願投軍抵抗，他問易卜生——他早已耳聞易卜生強力發聲——為何不也加入義勇兵，結果得到站不住腳的回答：「我們詩人有別的任務要執行。」[53]易卜生在私人方面懦弱，在政治議題上也一樣。他跟他的初戀姮莉可分手，也僅僅是因為她那可怕的父親發現他們坐在一起，然後，就真的逃走了，也嚇壞了。許多年後，當她已嫁作人婦，兩人之間有了以下對話。易卜生說：「我疑惑我們的感情為何沒有結果？」姮莉可：「你不記得嗎？——你逃跑了。」易卜生：「是啊，是啊，我從來不是一個勇於面對面的男人。」[54]

易卜生是一個年邁、擔驚受怕的孩童，但在人生的早年卻是一個老婦。他害怕的事物清單沒有盡頭，貝索（Vilhelm Bergsoe）描述他一八六七年時在義大利南部的伊斯基爾島（Ischia）嚇呆了，他害怕懸崖或岩石會崩落，也害怕那裡的高度，尖叫著說：「我要離開這裡，我要回家。」在街道上行走時，他總是擔心有牆磚會砸在他頭上。義大利的加里波第（Garibaldi）起義時，他心煩意亂，因為他害怕街頭濺血。他很擔心有地震，也很怕搭小船：「我才不跟那不勒斯人出門。要是有暴風雨來襲，他們不會收帆停航，反倒平躺在船上，向聖母瑪麗亞祈禱。」他還害怕霍亂爆發——確實，接觸傳染性疾病永遠是他最擔心的事。一八八〇年八月三十日，他寫信給兒子西格：「我很不喜歡你把行李寄放在朵埃（Anna Daae）的醫院。她照顧的兒童來自一個天花可能普遍到無法控制的階級。」[55]他懼怕暴風雨，無論在海上或陸地上都害怕泡澡（「可能引起致命的筋攣」），害怕馬（「牠們出了名的會踢人」），還有任何與獵槍有關的事物（「遠離攜帶這類武器的人」）。他害怕馬車出意外，也太過煩惱冰雹的危險性，因此取來測量周長。令孩子們厭煩的是，他堅持吹滅聖誕樹上所有蠟燭，以免發生火災。他的妻子不需要讀出報紙上的災難新聞就可以嚇他，因為他自己就會徹底翻找這類新聞——這是他戲劇情節的主要材料來源——並擔心受怕地研究各種慘狀的報導，包括天災與人禍。他寫給西格的信是非比尋常的警語目錄——「我讀了幾乎所有的挪威意外新聞，發現都是粗心操作裝有彈藥的槍枝造成的」——並懇求他謹慎行事，像是「再輕微的意外都要處處留心」；「最輕微的疏忽，都可能導致最嚴重的後果」；「要謹慎再謹慎，小心再小心」。[56]

他最怕狗。貝索提到，易卜生在義大利某個場合害怕一隻被馴服的狗，於是突然跑了起來。結果狗追上並咬了他，他叫嚷著：「這狗瘋了，應該斃了牠，不然我也要瘋了。」他當時「勃然大怒，過了好幾天還餘悸猶存」。克努特松記錄了另一場更驚人、確實有凶險的意外，也是發生在義大利。易卜生與幾個斯堪地那維亞人在一間餐廳吃午餐，而且喝了很多酒：「當時傳來雷聲。易卜生看來有一些憤怒在靈魂深處，重重壓迫著他，需要情緒出口。」當他們起身要走，易卜生連站都站不住，有兩個人扶著他走。他的注意力被一道鐵門吸引，「一隻大狗就在門後，對著我們狂吠」。然後：

易卜生手裡有根棍子，他開始戳那隻狗，牠龐大又殘暴，就像一頭小獅子。牠越靠越近，易卜生戳牠、攻擊牠，用盡一切方法激怒牠。他得逞了。牠衝向大門，易卜生再次戳打，讓牠激動到不行，無疑地，要是沒這道堅固的鐵門堵在人狗之間，我們一定會受傷……易卜生站在那裡欺負狗，時間應該有六到八分鐘之久。[57]

如同這場意外所暗示的，易卜生一生的憤怒，和他永無止盡的各種恐懼有密切關連。他憤怒是因為他的恐懼，酒精會麻痺恐懼，但也會釋放怒火。這個憤怒的男人心裡，藏著一個畏怯受怕的男人。易卜生很早就失去信仰，至少他自稱如此，但他繼續背負著恐懼的罪與罰直到死亡。他討厭跟宗教有關的玩笑：「有些東西開不得玩笑。」他主張基督教信仰「讓男人與女人都意志消沉，受到束縛」，但他還是極度迷信。他或許不信上帝，卻害怕魔鬼。他在一本《培爾．金特》的複印本上寫道：「活著，就是和心靈的怪物搏鬥。」

比昂松寫信給他：「你腦中有太多醜妖怪，我認為你該平息怒氣……它們是一支危險的軍隊，因為它們會攻擊主人。」易卜生對此再清楚不過，他談到他的「超級大惡魔」時說：「我鎖上門，把它帶到戶外。我寫的東西裡，一定有妖怪。」他的桌面上擺放他收集的橡膠製小惡魔，吐著紅色的舌頭。[58]有幾次，幾杯烈酒下肚後，他對社會崩潰的批評變得自相矛盾且氣憤難平，就連最擁護他的阿奇爾，都認為經過嚴密審視，他的政治與哲學觀點與其說是激進，不如說是完全混亂。阿奇爾在一八八七年寫道「我越來越相信，易卜生不是一個全方位的思想家，甚至不是一個有系統的思想家」，認為易卜生只是在原則上反對每一種被確立的想法。諾貝爾文學獎小說家希格麗德．恩賽特（Sigrid Undset）的父親英瓦德（Ingvald Undset）在羅馬聽過易卜生喝到半醉時的厲聲斥責，記錄道：「他是個徹底的無政府主義者，想要徹底摧毀一切……人類必須在此基礎上重建這個世界……社會與萬事萬物都必須被消滅……我們這個時代的偉大任務是既存的社會結構灰飛煙滅。」這到底什麼意思？沒有什麼意思，實際上，這只是不懂得愛、或不能表現出愛的一顆心，為了對付恐懼與厭惡，而產生的副作用罷了。北國的酒吧滿是這種相同作風、誇誇其談的男人。

易卜生一九〇〇年中風以後，不時就會輕度復發。他繼續交替著擔憂與憤怒，受他冷嘲熱諷的妻子管照。他那時最主要的焦慮是保險金，惹惱他的主要來源是身體衰弱，以及受幫助的強烈厭惡。一如既往，發飆總是占上風，護士師被告知，在扶易卜生進入街道後要盡快離開，要是沒盡快離開，「易卜生會拿棍子揮打她，然後她就會趕快逃回屋內」。有個理髮師每天都來幫他刮鬍子但他從沒說過一個字，除了有一次他突然發出不滿的噓聲說：「醜八怪！」易卜生死於一九〇六年五月二十三日。蘇珊娜後來宣稱，就在他過世前，他說：「我親愛、親愛的妻子，妳一直對我多麼好，多麼體貼！」這似乎完全不符和他的性格。無論如何，布林醫師的日記清楚顯示，那個下午他陷入昏迷狀態，無法言語。另一個看起來更合理的說法是，他最後的遺言是說：「恰恰相反！」

第五章

托爾斯泰

熱愛「上帝視角」的沒落貴族

Leo Tolstoy
1828-1910

「從沒遇過這麼難相處的人，逼人的表情，兩三句惡毒的評論，就足以搞瘋一個人。」

——屠格涅夫，托爾斯泰的好友

在我們檢視的知識分子當中，列夫・尼古拉耶維奇・托爾斯泰（Leo Nikolayevich Tolstoy）最有企圖心。他的膽大妄為令人敬畏，有時還挺嚇人的。他相信，藉由他本身智識的應變能力、藉由他所感受到的內在精神力量之美善，他就能實現社會的道德轉化。他的目標就如他所言，是「讓基督的神國，在地上的王國降臨」。[1]他視自己為「知識分子中的使徒繼承者」，這份知識分子名單包含摩西、以賽亞、孔子、早期的希臘人、佛陀、蘇格拉底，一路向下到巴斯卡（Pascal）、斯賓諾莎（Spinoza）、費爾巴哈（Feuerbach）等哲學家，還有那些沒有名氣，卻用思想與話語勸說人生意義的人。但托爾斯泰不願維持「沒有名氣」的狀態，他的日記透露了這一點，早在年紀輕輕的二十五歲，他就意識到一種特殊權力與居高臨下的道德主宰力量。「今天讀了一部描述天才的文學作品，激發了我的信念，那就是在工作能力與對工作的渴望這兩方面，我都是卓越的人」、「我還沒遇過在道德上跟我一樣良善的人，我人生中的每一個時刻都在反省並積極向善，準備好為此犧牲一切」，他感覺自己的靈魂「無上高貴」。他對於自己的品德無法使他人肯定而挫折：「為什麼沒有人愛我？我不是傻子，不是殘障，不是壞人，不是無知的人。無法理解。」[2]無論托爾斯泰如何努力同理他人、參與他人，他一直感受到他人某種程度上的冷漠，很奇怪，他感覺自己在他們當中，就像坐在法官席上，正在進行道德審判。當他成為一個小說家、甚至是最偉大的小說家，他毫不費力就奪取了這種上帝的權力。他告訴馬克西姆．高爾基（Maxim Gorky）：「我在寫作時，若是突然同情起某些角色，便給他們添加一些良善品性，或是去除別的角色的良善品行，這樣跟別人相比，他看起來就不會太過黑暗了。」[3]當他成為一個社會改革者，這種與上帝的一體感也變得更加強烈，因為他的計畫和神一樣廣大，一如他所界定的：「渴求普世的福祉……這我們稱之為上帝。」他確實感覺自己擁有神性，在他的日記裡提到：「求祢幫助，天父，來與我同在。祢已與我同在。你已成為『我』。」[4]但是托爾斯泰與上帝，很難同時存在於同一個靈魂，因為就像高爾基注意到的，托爾斯泰極端懷疑他的造物主。他說，這讓他想到「一個山洞裡的兩隻熊」。有時托爾斯泰似乎認為自己是上帝的兄弟，更確切地說，是祂的長兄。

托爾斯泰怎麼產生這種感覺的？也許他這種權威感的最大單一來源，是他的出身。他和易卜生同在一八二八年出生，但他是那個大國世襲統治階層的成員，該國在接下來三十年，依然保留著一種奴隸制度，稱為「農奴」。在此制度下，農奴家庭的男女幼童，在法律上的所有權會跟著土地所有權狀，與他們耕種的土地綁在一起。該制度在一八六一年廢止時，有些貴族家庭擁有的農奴多達二十萬人——以此標準來看，托爾斯泰家族還不算太富裕。托爾斯泰的父親與祖父都揮霍無度，他父親拯救自己的唯一方式，是娶了沃爾康斯基親王（Prince Volkonsky）其貌不揚的女兒。沃爾康斯基家族的地位非常尊貴，是王國的共同創立者，在一六一三年羅曼諾夫（Romanov）王朝建立時，社會地位與王室相當。托爾斯泰的外祖父曾任凱薩琳大帝（Catherine The Great）的總司令，他母親的嫁妝包括了圖拉（Tula）附近的亞斯納亞—波利亞納（Yasnaya Polyana）莊園，而托爾斯泰繼承了母親的莊園，包括莊園附帶的四千英畝土地與三百三十名農奴。

托爾斯泰在年少時光，甚少思考擁有土地的責任，而且為了支付他的賭債，把他部分地產給變賣了。但他對自己的頭銜與家世背景，以及因此能進入上流社會沙龍的權利感到很自豪，確切來說，是虛榮。他以裝腔作勢與紳士氣派來吸引文學友人，「我無法理解，」屠格涅夫（Turgenev）寫道，「這種對惡劣貴族頭銜的可笑迷戀」。涅克拉索夫（Nekrasov）的評論是：「他使我們大家都感到厭惡。」[5]他們看不慣托爾斯泰想爬上這兩個世界的頂點：上流社會與藝文界，「你為何要來到我們中間？」屠格涅夫憤怒地問：「這不是你該來的地方，去找你的王妃吧。」當托爾斯泰年紀漸長，他拋棄了社會地位中比較虛有其表的面向，但取而代之的是一種對土地逐漸產生的飢渴，而且越來越強烈，他運用文學收入買地，累積了一公頃又一公頃，自己建立一個冷酷無情的王朝。直到他決定全都放棄土地的那一刻之前，他不光擁有土地，還統治土地。他的靈魂是主張獨裁主義，從現實的世襲頭銜與靈魂中直接湧出，「這個世界分成兩半，」他的兒子伊利亞（Ilya）寫道：「一邊由我們組成，另一邊是其餘的每一個人。我們是特殊的人，其他人跟我們並不對等……（我的父親）要為反覆灌輸我們這種無憑無據的傲慢觀念，負相當大程度的責任，而且我發現要從這種觀念中解放自己，非常困難。」[6]直到最後，托爾斯泰依舊相信他天生就是各種方面的統治者。他晚年時曾寫信給高爾基，依然維持大爺口吻，期待他的願望會馬上被遵照執行。

伴隨這種統治他人的深層渴望的，是不願被他人統治的強烈信念。托爾斯泰有堅定的意志，而環境使這個意志變得更加堅定。他的雙親都在他年幼時離世，他三位兄長都脆弱、不幸、放縱。他是由塔蒂亞娜（Tatiana）姑姑扶養長大的，塔蒂亞娜是一個身無分文的遠房親戚，盡力教導他本分與無私，但她沒有管教他的權力。他稱自己的早年生活是「少年時代」，而且他的日記就像盧梭的日記那樣誤導讀者，看似坦率，實則隱瞞大過揭露。例如，他描述他被一個殘忍的私人教師聖多馬先生（Monsieur de Sant-Thomas）揍，「這是我這一生都覺得各種的暴力既可怕又厭惡的理由之一」。[7]事實上一直到晚年，各種暴力並未使托爾斯泰驚慌或沮喪，包括他自己的暴力本性，至於聖多馬先生，在托爾斯泰九歲時就管不住他了，此後他終其一生都能隨心所欲。在學校，只要他喜歡，他會讀他想讀的書，做他想做的功課（常常十分努力）。十二歲時，他開始寫詩，到十六歲時，他上了窩瓦河（Ovlga）畔知名的喀山大學（Kazan University）。有一段時間他打算當外交人員，因而攻讀東方語言，後來轉而攻讀法律。十九歲時他放棄大學學業，回到亞斯納亞—波利亞納（Yasnaya Polyana）自學，他讀流行小說——柯克（de Kock）、大仲馬和尤金・蘇（Eugène Sue）。他也讀笛卡爾，以及最重要的，盧梭。就許多重要面向而言，他是盧梭的私淑弟子，在他生命的終點，他說除了《新約聖經》裡的耶穌基督，盧梭對他的影響比任何人都大。他視盧梭為靈魂同類，另一個巨大的自我，兩人都意識到最高級的良善，急著告知全世界。他的學問和盧梭一樣，本質上是自學來的，也都有自學者的自負、不安全感，加上知識分子的敏銳易怒。和盧梭一樣，他在確定要成為作家之前，也曾多方嘗試——外交、法律、教育改革、農業、軍隊與音樂。

托爾斯泰在投軍入伍，做一名實習軍官時，幾乎是意外找到他的專長。一八五一年，二十二歲的他時前往高加索山，他的兄長尼古拉（Nikolai）正在那裡打仗。他去到那裡，只是想做些事來消磨時間，以及贏得勳章讓他在藝文沙龍裡獲得注意。他在軍中度過最美好的五年，最先是在山區邊境交戰，然後在克里米亞半島（Crimea）對抗英國人、法國人與土耳其人。他有俄羅斯帝國主義者的想法與態度，在受到軍隊認同後，他被分派到砲兵連——當地人沒有火砲——他寫信給哥哥謝爾基（Sergei）說：「在亞洲這場掠奪與動盪的毀滅中，我在槍砲的幫助下拚盡全力。」[8]更確切地說，他從未否認他的俄羅斯帝國主義或盲目的愛國主義精神，他堅信俄羅斯人是特別的種族，具備獨一無二的品德（具體表現在農奴身上），以及由上帝授予、在世界所要執行的角色。

這是軍官同僚們沒說出口的簡單信念，托爾斯泰卻反映出它們。但在其他方面，他感覺自己與眾不同。「一直都是這樣，」他在日記記錄：「我必須習慣這樣想，我不是凡人，無論是站在時代前面，還是我永不滿足的特立獨行、難以隨波逐流的本性。」[9]軍方的看法與他相異，有些人認為他是穩重的人，其他人覺得他「難以理解地做出自滿的樣子」。[10]大家都注意到他的兇猛好鬥、不饒人的凝視。他那有時嚇人的眼睛，能用目光壓倒任何人。沒人質疑他的勇氣，無論是內心還是行為，這是他的高昂意志發揮的作用。他還是男孩時就逼自己騎馬，他克服了膽怯。他也要求自己打獵，包括危險的獵熊競賽。他太自負，第一次獵熊時因為大意而被嚴重抓傷，差點死亡。在軍中，他在受到攻擊時展現勇氣，這最終讓他晉升為中尉。但他想獲得勳章的努力卻落空了，他有三度被建請授動，但某種程度上受到阻礙。在軍中，對勳章的熱切渴望很容易被注意到，然後引起反感。實際上托爾斯泰不是一個稱職的軍官，他欠缺的不光是謙遜、服從與學習的意願，還有同袍的團結。他喜歡孤獨，只為自己爭取，如果對仕程無所助益，他多半會未經批准就直接離開前線。他的陸軍上校提到：「托爾斯泰急著嗅到火藥味，但這只是間歇性的。」他傾向於避開「戰爭中免不了的苦差事。像個觀光客在不同的地點遊歷，但只要一聽見開火，馬上就出現在戰場上。當交戰結束，他再度隨心所欲自作主張地離開」。[11]

托爾斯泰從那時起，就一直喜歡戲劇性事件，只要能得到華麗的、戲劇性的效果，讓他受到每一個人注意，那他願意犧牲安逸、享樂，甚至生命。還是學生時，為了強調他的俄式剛毅，他為自己做了一件組合式的雨披（Poncho）睡袋，這是一種做作，而且成功引起話題。在軍隊裡，他願意表演，但並不願意服從。日復一日的苦差事，以及軍旅生涯種種沒有潛在的成名價值的部分，他都沒興趣。所以他的英雄氣概、美德、聖潔一直都是奉獻給公眾舞台的，不是奉獻給單調乏味、不會被傳頌的例行公事。

但就某個面向而言，他的軍旅生涯確實有真正的英雄事蹟。在此期間，他讓自己成為一個擁有驚人力量的作家。回頭來看，托爾斯泰是天生的作家。從他後來的描述，顯然從很小的時候，他便能觀察自然與人物的精確細節，這一點沒人可以超越他。但天生的作家未必都成為真正的作家，托爾斯泰能成為作家，是在他為了投軍而第一次看見高加索山脈時，激起了他另外兩項傑出的天賦，並且交會在一起。高加索山脈極為壯麗的的景觀，不光刺激了他的視覺胃口，他潛藏的、用文字表述的強烈欲望，還激發了他第三種重要特質——他感受到上帝的威嚴，因此渴望自己能以某種方式與這種感覺合而為一。他很快就寫完了《童年》（*Childhood*），然後是他軍旅生活的故事與速寫：《突擊》（*The Raid*）、《哥薩克》（*The Cossacks*）、《淪陷森林》（*The Woodfelling*）、《馬克爾的筆記》（*Notes of a Billiard Marker*）、三篇《塞瓦斯托波爾故事集》（*Sevastapol Sketches*）、《青年》（*Youth*）中的《少年》（*Boyhood*）、《一個地主的早晨》（*A Landlord's Morning*）與《聖誕節前夕》（*Christmas Eve*）。《童年》在一八五二年發表，出版後相當成功。《哥薩克》接下來寫了十年都沒定稿，《聖誕節前夕》從沒完成過，而且有些素材，例如車臣首領沙米爾（Shamyl）的戰役，托爾斯泰留給他最後的傑作《哈吉·穆拉特》（*Hadji Morad*），他創作時已經垂垂老矣。但值得注意的是，這部作品的主要部分，都是在當兵期間、甚至在前線的短暫休息時間創作出來的。當時的托爾斯泰，根據他自己的說法，同時還在賭博、飲酒，並追求一名哥薩克女人。非寫不可的驅動力肯定很強，這需要了不起的勤奮與意志才能做到。

不過寫作的驅力斷斷續續，正是托爾斯泰的災難之處。他有時寫作的心情愉悅，因為感受到他的創作能量而自豪。例如，一八五八年十月：「我將會胡謅一個沒頭沒尾的故事。」一八六〇年初：「我正在寫的東西，對我來說是像呼吸一樣自然地出現，而且我不得不驕傲地坦承，這讓我瞧不起你們其他人正在做的事。」[12]這並不是說他寫作一路都很順遂，他為自己設立高標準，寫起來辛苦又費勁。《戰爭與和平》（*War and Peace*）的大部分內容至少經歷了七次初稿，《安娜．卡列尼娜》（*Anna Karenina*）草稿與修訂的次數更多，而且變動都非常大——我們在這些相繼的修訂裡，看見安娜的完整變化，從壞脾氣的交際花，變成了我們所知道的悲劇女主角。[13]托爾斯泰不厭其煩地把作品修到最好，顯然他有意識到他作為一個藝術家的崇高使命。他怎麼可能沒有察覺？他的作品有幾次超越了世上所有作家，想必沒人能把大自然描寫得如此真實而淋漓盡致。《暴風雪》（*The Snowstorm*）寫於一八五六年，記錄了他從高加索山返回亞斯納亞時，在一場暴風雪裡的瀕死經歷。這是他筆法純熟的早期範例，讀來有一股令人難以抗拒的力量。透過細節的選擇與精準的描述，他不用影射或是暗喻的筆法，也沒有詩的意象或伏筆，卻能馬上達到效果。一如克朗克蕭（Edward Crankshaw）指出的，他就像一個鄙視陰影與明暗對照法的畫家，只運用完美的清晰與可見性。[14]另一個評論家拿他跟前拉斐爾派（Pre-Paphaelite）的畫家相比：「輪廓、紋理、色調，以及臉孔、聲音、氣味、經歷，全都以水晶般的透明度與率直的筆法來呈現。」[15]以下是兩個範例，兩段都幾經修訂而逐步進化。首先，是描寫個性外向的佛倫斯基（Vronsky）：

「好，太好了！」他對著自己說，雙腿交叉，而且手按著一腿，感受著他小腿肚有力的肌肉。這裡在他沉淪以前曾受過傷……他欣賞著強壯小腿輕微的疼痛，享受著運動中呼吸時胸膛起伏的感覺。那個晴朗、寒冷的八月天，讓安娜如此絕望，對他來說卻似乎是愉悅的……

他透過四輪馬車的窗戶向外看，所見的一切清新又愜意，而且像他一樣充滿活力：每屋頂在西沉的陽光中閃耀，籬笆尖銳的輪廓、建築物上的天使，甚至是馬鈴薯田：每樣事物都美，像藝術家筆下美好的、才剛塗上亮光漆而閃閃發亮的風景畫。

以下是列文（Levin）和他的狗「拉斯卡」（Laska）一起去獵沙錐鳥：

明月的清輝已然消逝，在空中就像一朵白雲。一顆星子都看不見。苔蘚本來閃耀著銀色，現在似是金色。汙濁的池子像黃褐色。草由青色轉為黃綠……一隻鷹醒了過來，棲在乾草堆上，左右來回地轉著頭，並在溼地不滿地梭巡。烏鴉在原野上飛來飛去，而一個沒穿襪子露出腿來的小男孩驅趕著馬匹去一個老人那裡，那老人蓋著他的外套剛醒過來，正在梳理頭髮。槍冒出來的煙白如牛奶，籠罩在草地的綠色上方。[16]

托爾斯泰寫作的力量，顯然直接從他對大自然的敬意中湧現，而且他能同時保有寫作的能力與激情，讓他即使寫得斷斷續續，還是得以完成。他一八九六年七月十九日的日記中記錄著，他在已經犁過的田裡，看見牛蒡微微地發芽，依然充滿生氣，「雖然被塵土染黑了，但依然是活生生的，且中央是紅色……這讓我想要寫作。它堅持活到最後，在一片田野的中央卓然獨立，不知它是怎麼做到的」。[17]當托爾斯泰以他那冷酷、恐怖、凌厲的雙眼領略自然，並以他那精確、高標準的文筆形諸文字，在其性格所能容許的情況下，這是他最接近幸福，或至少是最接近心靈平靜的時刻了。

不幸的是，光是寫作無法滿足他。他渴望得到權力，支配小說人物對他來說是不夠的，因為他不覺得自己也是其中一員，而是不同的種族，幾乎是不同的物種。不過偶爾，尤其是在安娜的性格中，他運用過人天賦，讓自己進入他筆下角色的心思。事實上，這個太過成功的案例提醒了我們，要概括談論一個卓越的人有多危險。但通常他審視的角度是從外部、從遠方，最多的是從上面。他的農奴，他的士兵和他的農夫，都極其出色地被詮釋成動物一般。他描寫馬——托爾斯泰對馬的知識與理解非常深入——跟描寫心靈一樣好。他為我們觀察，有如讓我們經歷一場偉大的戰爭，而他自己幾乎像是在另一個星球觀察一切。他不會被我們觸動，但我們確實有感，那是我們讀了他所選擇視角的結果，所以他控制了我們的感情：我們受制於一個偉大的小說家，但他自己不動感情，他維持超然、疏離，像神一樣。跟年紀稍長的同代人狄更斯，以及幾乎同輩的福樓拜相比——這兩位小說家的創作水準一樣高超——托爾斯泰在小說中所投注的情感微乎其微。對於小說，他有（或自認為有）更重要的事要做。

我們想到的托爾斯泰，是一個職業小說家，當然這是某種意義上的事實。他在兩部重要作品裡，運用了只能被稱為天才的元素：為了偉大的主題思想，把大量細節組織成有意義的格局，並完成悲劇性的結局。身為真正的藝術家，他不自我重複：《戰爭與和平》考察了全面的社會與時代，《安娜．卡列尼娜》聚焦於一群特殊的人。這些著作使他成為民族英雄，帶來世界級名氣、財富，以及可能沒有任何小說家享受過的道德智慧的聲望。但他大部分人生都沒在寫小說。托爾斯泰的創作有三個時期：一八五〇年代的早期作品；一八六〇年代他花了六年創作《戰爭與和平》；《安娜．卡列尼娜》則是一八七〇年代的作品。此後，他漫長的人生做了一大堆其他事情，有一大堆其他身分，而那些事情與身分，在他眼中具有更高的道德優先權。

舊秩序下的貴族們都很難擺脫這個概念：寫作是地位低於他們的人做的事。拜倫從未把作詩當成他最重要的工作，他最重要的工作是幫助歐洲人民實現獨立，他覺得自己受到呼召出來帶領人民，而這跟他的階級相稱。托爾斯泰也是如此，他感受到的呼召確實比帶領人民更多：那是傳教，有時則扮演彌賽亞。那麼，他把時間拿來做了什麼，寫作嗎？他告訴詩人費特（Fet），「寫小說愚蠢又丟臉」，注意第二個形容詞。這是一個不時出現的基調，認為藝術是對天賦的一種粗暴的濫用，當他突然想要破除傳統時，便會將天賦用於寫出更強硬的語言。因此隨著他年紀漸長，他不時會宣布要放棄藝術，轉而發揮道德領導力。

如今看來，這是自欺欺人的慘案。值得注意的是，托爾斯泰是世上最會替自我著想的人之一——包括盧梭在內——且其大部分小說在某種程度上也是以他自己為中心，但他卻明顯缺乏自知之明。他身為作家最夠格這麼做，而且他寫作時，對周遭的人與社會來說最無害。但他並不希望成為作家，這無論如何是褻瀆聖靈的，他想要的是領導，即使他毫無這方面的能力，只有意願。要作個先知、建立一個宗教、改變這個世界，他在道德與智識上都不具資格。所以偉大的小說一直沒寫出來，他卻帶領著，或者不如說是拖著他自己跟他的家人，走進混亂的荒野。

托爾斯泰之所以受到更偉大的道德任務激勵，還有一個更深的理由。和拜倫一樣，他知道自己會成為一個罪人。但和拜倫不同的是，他的罪惡感排山倒海而來。托爾斯泰的罪惡感是選擇性的、不精確的——他某些最糟的缺點，甚至罪過，是他過於自負而產生的糟糕後果，但他不將這些視為罪惡——但這種罪惡感非常強烈，而且肯定的是，他常常為自己年輕時的許多作為感到罪惡。他似乎一八四九年初就在莫斯科與聖彼得堡學會了豪賭，那年五月一日他寫給哥哥謝爾基的信上說：「我平白來到聖彼得堡，在這裡一事無成，只有把錢花光，欠了一屁股債。」他告訴謝爾基他馬上就變賣了一部分房地產：「我正在等錢來，我必須馬上拿出三千五百盧布。」他補充：「這種白痴行為一生一次就夠了。我本來得付出我的自由（沒人痛毆我，這是我最大的不幸），而從理論上來說，現在我已經付出了。」[18]事實上他繼續賭博，斷斷續續的，不時下很大的賭注然後慘賠，他在接下來的十年裡，賣掉大部分的房地產，欠親友、商店很多債，其中很多人沒有把錢拿回來。他在軍中也賭博，他還打算創辦一份軍報，叫做《軍事公報》（*The Military Gazette*），並賣掉亞斯納亞—波利亞納的中央大樓來籌措資金。可是當現金五千盧布到手後，他卻拿去賭博，而且馬上輸得精光。在他離開軍隊並前往歐洲遊歷時，他又賭，結局也是一樣。根據詩人波隆斯基（Polonsky）在一八五七年七月於德國斯圖加特（Stuttgart）對他的觀察記錄：「不幸地，輪盤賭讓他深深著迷……他一心一意都在賭博。他輸了三千法郎，輸到身無分文。」托爾斯泰自己在日記中寫道，「玩輪盤賭到六點。全輸光了」；「向一個法國人借了兩百盧布，賠光了」；「跟屠格涅夫借錢，輸掉了」。[19]多年後他的妻子提起這件事，說他賭這成這樣自己也很內疚，並宣布不再賭博，但他無法償還這次的賭債似乎不會內疚，而且有些錢還是向窮人家借的。還債可沒有什麼戲劇性。

托爾斯泰對自己的性欲與性滿足有更強烈的罪惡感，雖然在此，他對自我的嚴厲批判也是經過奇怪的篩選，甚至對自己太過寬厚。托爾斯泰認為自己性欲很強，他的日記寫道，「一定要有女人。感官享受給我的平靜不只片刻」（一八五三年五月四日）；「駭人的強烈性欲，累積到身體生病的程度」（一八五六年六月六日）」。[20]而他在晚年時，向他的傳記作者莫德（Aylmer Maude）說自己的性欲如此強烈，使他在八十一歲之前無法忽略性交。他年輕時在女人面前極度害羞，因此經常光顧妓院，但他厭惡那裡，而且讓他發生了可想而知的後果。他的早期日記中，在一八四七年三月，有一條提到他正在治療「從他常去的地方染上的淋病」。在一封一八五二年他寄給哥哥尼古拉的信中，記錄了他再次染病：

「性病已經治好，但是水銀的副作用讓我有苦難言。」但是他繼續光顧各種妓女，有吉普賽人、哥薩克人、當地女孩，如果有的話，俄羅斯農家女也可以。托爾斯泰日記的語調總是自我厭惡，並夾雜著對那些引誘他的女人的痛恨。「那個打扮時髦的玩意兒……我打開後門。她進屋。現在我受不了盯著她看。反感、邪惡，讓我壞了規矩」（一八五一年四月十八日）；「女色讓我偏離正道」（一八五三年六月二十五日）；他隔天決定要改邪歸正，但是「這些蕩婦阻止了我」（一八五三年六月二十六日）。一八五六年四月的一則日記中，他說在去了妓院之後，「感覺糟透了，這絕對是最後一次」。一八五六年的另一則寫道，「討厭。女人。愚蠢的音樂，女人，性衝動，香菸的煙，女人，女人，女人」。屠格涅夫的房子當時被他當成旅館使用，讓我們得以一瞥一八五六年的托爾斯泰：「整晚拚酒，與吉普賽女人玩牌，然後睡得跟死人一樣，直到午後兩點才清醒。」[21]

當托爾斯泰住在農村，尤其是在他自己的莊園，他會開始物色比較漂亮的農奴女孩。這有時比他自身單純的強烈欲望更刺激，他後來寫到亞斯納亞—波利亞納時說：「我記得我在那裡度過的夜晚，以及杜妮雅莎（Dunyasha）的貌美與年輕……她那結實、充滿女人味的胴體。」[22]托爾斯泰在一八五六年遊歷歐洲的動機之一，便是為了逃離一名他視為誘惑的漂亮農奴女孩。他的父親，就他所知，也曾有過這樣的風流韻事，那個女孩生下一子，後來成為莊園的男性農奴，在馬棚裡工作（他成了馬車夫）。托爾斯泰從歐洲回來後，無法不碰女人，尤其看上一個名叫亞珂希妮雅（Aksinya）的已婚少婦。他一八五八年五月的日記寫道：「今天，在一大片老林地裡。我是一個傻子，一頭畜生。她古銅色的肉體與她的雙眸。我這輩子從未如此愛上一個人。沒有其他念頭。」[23]這女孩「乾淨而且不難看，有著明亮的黑眸，深沉的嗓音，一股清新而強烈的味道，豐滿的乳房高聳在她的工作裙之上」。或許是在一八五九年七月，亞珂希妮雅生下一子，名字叫提莫菲（Timofei Bazykin），托爾斯泰讓她成為家裡的傭人，並一度允許這個小男孩自由在她身邊玩耍。但是就像馬克思與易卜生，以及他自己的父親一樣，他從不承認孩子是他的，或給他絲毫的關愛。更值得注意的是，在他公開鼓吹農奴教育有絕對的必要性，而且也確實為他莊園上的孩子辦學時，卻沒有花半點力氣確認自己的私生子讀跟寫學得如何。可能他害怕隨之而來的繼承權要求吧，他似乎一直無情地不理會私生子的權利。他對事實憤怒，或許是因為這暴露了他的行為，相形之下，屠格涅夫不但承認了自己的私生女，還辛苦地以合宜的方式養育她長大。有一次，托爾斯泰羞辱這個可憐的女孩，拐彎抹角地提及她的身世，導致他跟屠格涅夫大吵一架，差點要以決鬥私了。[24]因此，托爾斯泰之子提莫菲被安排在馬房工作，後來因為不守規矩被降級去做樵夫。一九〇〇年之後就沒有提莫菲的資料了，那時他四十三歲，不過我們知道他受到托爾斯泰另一個兒子亞力克賽（Alexei）幫助，亞力克賽讓他做馬車夫。

托爾斯泰知道，運用手段誘姦農婦或出入妓院是錯的，他為這些罪行自責，但他傾向於怪罪女人多一些。對他來說，她們全是誘惑男人的妖婦。確實，除了在肉體上需要女人而且利用她們，他對女人可能也沒什麼好說的了——或者正因為如此——他不信任、討厭，甚至痛恨她們。某種程度上，他發現了她們令人厭惡的情欲表現方式。他在晚年談到，「看見一個女人裸露乳房總是讓我反感，即便在我年輕時也一樣」。[25]托爾斯泰天生就吹毛求疵，甚至在道德上非常嚴厲，如果他自己的性欲使他心煩意亂，別人的性欲表現會勾起他最強烈的非難。一八五七年在巴黎，當時是他玩女人的最高峰，他提到：「我住在配備家具的寓所，那裡住著三十六戶家庭，其中十九戶在亂搞。這讓我非常厭惡。」[26]性欲的原罪是邪惡的，而女人是這種原罪的禍首。在一八四七年六月十六日，當時他十九歲，曾寫道：

現在我該確立以下規矩。將與女人相處視為無可避免的社會之惡，必須盡量遠離她們。除了女人，誰會真的引起我們的性欲、放縱、輕薄與所有其他的不道德行為？除了女人，誰該為我們本性中的勇氣、堅定、明智與公正等品德的淪喪受責難？

托爾斯泰真正令人沮喪的是，是他面對女人，到死都維持這種孩子氣的、在某些方面非常東方的觀點。這和他描繪安娜・卡列尼娜的苦心竭力相反，他在現實生活中，似乎不曾認真嘗試要看透並理解女人的心靈。更確切地說，他不會承認女性可以是嚴肅、成熟、有道德之人。一八九八年，他在七十歲時寫道：「（女人）多半愚笨，但惡魔在她們為他做事時借給她們腦子。於是她能夠奇蹟般的思考，具有遠見與堅貞的意志，好幹些齷齪下流的勾當。」或是又這樣說：「不可能要求一個女人評估自己對基於道德感而對愛專一的感受。她辦不到，因為她不具有真實的道德感，那種高於一切的情感。」[27]他強烈反對解放主義者約翰・彌爾在《女性的屈從地位》（*The Subjection of Women*）中所傳達的觀點，他甚至主張未婚女性該被限制進入職場。而實際上，他把賣淫視為女性少數的「榮譽稱號」。他為妓女辯護的段落值得引述：

我們是否該允許雜亂的男女交媾，就像許多「自由主義者」希望的那樣？不可能！這會破壞家庭生活。為了滿足這個難題，法律的發展已經以娼妓的形式演進成一座

「黃金橋」了。只要想想沒有七萬名娼妓的倫敦，正派與品德要怎麼發生？沒有賣淫，家庭生活要如何存續下去？有多少婦人與少女會維持貞節？沒有了。我認為賣淫對於維持家庭生活，有存在的必要。[28]

托爾斯泰的問題是，在他相信家庭的同時，並不真的相信婚姻——至少不相信兩個成年人都擁有同等權利與責任的基督教婚姻。或許世上沒有人，比他更不適合這種制度了。他的家鄉有個女孩，是一個二十歲的孤兒，名叫凡萊麗雅・亞森涅夫（Valerya Arsenev），很幸運地逃過過托爾斯泰的追求。他在快三十歲時對她表達愛慕之意，有段時間認為自己是她的未婚夫，但他愛的只有她孩子氣的那一面。當她表現得更有女人味、更成熟時，他開始感到厭惡。他的日記與書信說明了這個故事，「可惜她沒有骨氣，沒有激情——像布丁一個」，「但她的微笑是令人心疼的柔順」。她「沒受過什麼教育，無知，的確很笨……我開始用言語殘酷地刺激她，以至於她的微笑變得不自在，在笑中流下眼淚」。托爾斯泰焦慮了八個月，又冷酷無情地訓斥她之後，最後激怒她寫出一封不愉快的信，再拿這封信當成分手藉口：「我們是如此疏離。愛與婚姻只會帶給我們不幸。」他寫信給他的姨母：「我表現得很差勁。我得請求上帝寬恕我……但事情已經不可能修復。」[29]

在他三十四歲時，他的眼光終於落在一位醫師的十八歲女兒身上，她是索妮亞（Sonya Behrs）。當時他沒什麼吸引人的地方：一個出了名賭徒，因為羞辱當地官員得罪了當局。幾年前他曾形容自己「是個平凡的大老粗，面貌醜陋……小灰眼，愚蠢……有著農民的臉，農民的大手大腳」。此外，他討厭牙醫，不願意去看牙，所以一八六二年他的牙齒已經幾乎掉光。但索尼亞是個相貌平平、心智未成熟的女孩，只有一百五十二公分高，還得跟她兩個姐妹競爭；她很高興得到了托爾斯泰。他以書信正式求婚，然後似乎猶豫到最後一刻。婚禮其實是災難的開始。那天一大早他闖進她的公寓，堅決地說：「我是來說還有一點時間……一切還能喊停。」她情緒發作突然大哭。托爾斯泰婚禮遲到一小時，已經打包好了他的襯衫，她再次大哭。後來他們吃過晚餐，她更衣，然後他們爬上名為「睡鼠」、有六匹馬的旅用馬車。她再次大哭，托爾斯泰是一個孤兒，他無法理解她的行為，於是大吼：「如果離開家對妳來說是這麼悲傷的事，妳不可能有多愛我。」在轎式馬車裡他就開始粗魯地撫摸她，而她把他推開。他們在莫斯科附近的博由里佛（Birulevo）訂了一房間。當她幫他到茶時，她的手在發抖。他試圖再次挑逗她，但再次被推開了。托爾斯泰持續記錄著：「她哭哭啼啼的。在馬車裡。她都懂，而且這很簡單。但她怕。」他認為她「有病」。稍後他終於占有了她，而她（在他的想法裡）也有反應，他補充道：「無與倫比的快樂。我無法相信這快樂能持續一輩子。」[30]

當然沒這麼久。就算是最順服的妻子也會發現，嫁給一個世間少有的自大狂有多辛苦。索妮亞有充足的智慧、精力抵擋托爾斯泰那毀滅一切的意志，或至少有時候能做到。因此他們製造了史上最糟糕的婚姻之一（並有最完整的紀錄）。托爾斯泰以可怕的錯誤判斷做為開頭。這個知識分子的特色之一，是認為保守祕密，尤其是與性事有關的祕密是有害的，每一件事都該「開誠布公」。那些潘朵拉的盒子，蓋子都必須打開來，丈夫與妻子必須告知彼此「每一件事」，於是，許多不必要的痛苦因而展開。托爾斯泰開始他的「開誠」政策，堅持妻子必須閱讀他的日記，此時他已經寫了十五年。她驚恐地發現——這些日記毫無遮掩——內容有他性生活的細節，包括光顧妓院，與妓女、吉普賽人、當地婦女、他自己的農奴，甚至還有跟他母親朋友交歡的細節。她的第一個反應是：「把這些可怕的書拿走——你為什麼要給我這個？」後來她告訴他：「是，我是原諒你了。但那太可怕了。」這些評論出自索尼亞的日記，她從十一歲起，就維持寫日記的習慣。這是托爾斯泰「開誠」政策的一環：雙方都必須寫日記，也都該看對方的日記——一種必然會導致互相猜忌與不幸的方案。

托爾斯泰婚姻的魚水之歡的那一面，自從索妮亞震撼地發現她的丈夫（在她看來）是一頭「性怪物」之後，一直沒有恢復過來。此外，她不是以托爾斯泰預期的方式讀他的日記，而是留心他（在他以為）小心隱瞞的過失。例如，她注意到他沒有償還賭債。她也觀察到，他沒告知交媾過的女人們自己得過性病，而且可能還沒治好。日記裡的自私與自大，在敏銳的讀者看來溢於言表——又有哪個讀者比妻子更加敏銳？——這些自私與自大，在她眼裡比作者自己看到的更顯而易見。此外，托爾斯泰日記裡的性生活描寫得如此生動逼真，使得她很糾結，參雜著順服他索求的恐懼，而最終為他們帶來痛苦的後果，與不停的懷孕。她在二十二年裡懷孕十二次，並接連著失去孩子，在懷著尼古拉時失去佩蒂雅（Petya），尼古拉也在出生的同一年夭折。瓦瓦拉（Vavara）是早產兒，一出生就死了。托爾斯泰本人沒有協助分娩過程，他對所有細節抱持著密切卻又搞不清楚狀況的興致。他堅持親自參與其子謝爾基的出生（後來在《安娜．卡列尼娜》中的一幕派上用場），然後因為索妮亞無法哺乳而暴怒。懷孕與流產持續進行，而他的妻子對其性需求的厭惡越來越明顯，他寫信給友人：「對一個健康的男人來說，沒有比娶了一個病懨懨的妻子更糟的事。」

婚姻早期他就已經不愛她了。她的悲劇是對丈夫仍有殘留的愛，當時她在日記中吐露：

除了這羞辱的愛情與壞脾氣外，我什麼都沒有，而這兩件事是我一切不幸的根源，因為我的脾氣總是妨害我的愛情。我要的只是他的愛與同情，但他不給我，我所有的自尊都被踐踏在泥地上。我什麼都不是，只是一條悲慘、支離破碎的蟲子，沒有人想要，沒有人愛，一無是處的傢伙，只會晨嘔跟挺著大肚子。[31]

依照能找到的證據來看，很難相信這樁婚姻還是維持了下來。他們在一九〇〇年有一段相對平靜的期間，當時兩人已經結婚三十八年，索妮亞寫信給托爾斯泰：「我想要感謝你之前給我的幸福，可惜這幸福沒有深刻、飽滿、平靜地持續我們的一生。」但這是讓步的姿態。索妮亞從一開始，為了努力維持婚姻，把自己當成他諸多事務的管理者（某些角度來看是強迫性的），提供他必要的服務，並成為他難以控制的奴隸。她接下可怕的任務，謄寫他筆跡難以辨認的小說。[32]這任務單調沉悶，但她很享受，因為她很早就理解，托爾斯泰在做真正擅長的事情時不會那麼難以忍受，也不會對人造成傷害。她寫給妹妹塔提雅娜（Tatiana）的信中說，他寫小說時，是他們最幸福的時刻。一方面寫小說能賺錢，而他的其餘活動只會花錢，但「也不是說錢多重要。最主要是我愛他的文學作品，我欣賞它們，它們感動了我」。她從痛苦的經驗中學到，只要托爾斯泰停止寫小說，他就會用異乎尋常的蠢事填滿人生的空白，一定會傷害她努力維繫的家庭。

托爾斯泰的看法完全不同。養家、持家需要錢，他的小說能賺錢，所以他把寫小說與賺錢的需要聯想在一起，兩者他都討厭。在他心裡，小說與婚姻是綁在一塊的，而索妮亞一直逼他寫小說的行為證實了這種聯繫。如今他意識到，小說與婚姻阻礙了他真正的工作：先知。一如他在《懺悔錄》所寫：

> 幸福家庭生活的新條件，使我從追尋人生總體意義的路上分了心。那時我的存在只以我的家庭、妻子、孩子為中心，所以掛念的是提升生活收入。我本來努力追求的是讓自我至善至美，追求普遍的完美，追求進步……而今一切的努力，都替換成只為了確保我的家庭條件盡可能越來越好。[33]

因此，托爾斯泰不但把婚姻視為巨大不幸的根源，更視為道德進步的障礙。他總結自身獨特的災難，並將之擴大，進一步痛罵婚姻制度與夫妻間的愛。在一八九七年，在一場像李爾王那樣的大爆發中，他告訴女兒譚雅（Tanya）：

我能理解為什麼一個墮落的男人可能會在婚姻裡找到救贖。但為什麼一個單純的女人會想捲入這種事，就超出我的理解範圍了。如果我是女性，我不會跟世上任何人結婚。至於戀愛，無論是男是女——因為我知道愛情意味著什麼，它是一種卑劣、尤其是對身心有害的感情，一點也不美麗、崇高或詩意——我不會對它敞開心房。我會盡量採取預防，避免染上這種疾病，就像我會保護自己避開嚴重的傳染病，好比白喉、斑疹傷寒或猩紅熱。[34]

這段文字顯示，和許多其他事情一樣，托爾斯泰並未嚴肅思考過婚姻。就拿《安娜·卡列尼娜》中的名言來說：「幸福的家庭無不相似，不幸的家庭各有不幸。」只要一個人開始仔細省思自身觀察到的經驗，就會越來越清楚地發現，這句話的上下兩句都有問題，如果兩者真有區別的話，甚至反過來會更接近真相。不幸的家庭都有明顯的、一再發生的模式——例如，丈夫是酒鬼或賭徒，妻子不守婦道、與人通姦等等。不幸家庭的恥辱相似到令人厭倦，而且一再發生。另一方面，幸福的家庭每一種都有。托爾斯泰不曾認真、而且也不曾誠實思考這個課題，因為他無法覺悟，嚴肅並誠實地思考女性：他在恐懼、憤怒與厭惡中顛倒了這個主題。托爾斯泰婚姻的道德失敗，以及他無法公正對待另一半人類的這種智識上的失敗，兩者是密切相關的。

然而，托爾斯泰的婚姻某種方面來說從一開始就注定了，但是比起他繼承莊園又加上的問題，情況或許會好很多。繼賭博與淫亂之後，這個莊園成了托爾斯泰罪惡感的第三個來源，而且顯然是最重大的一個，宰制並最終摧毀了他所穩定的生活。莊園是他驕傲與威嚴的源頭，也是他道德不安的來源，因為這片土地與逃不掉的農奴們密不可分：在俄羅斯，你不能只擁有其中一種。托爾斯泰從很年輕時，就從母親那裡繼承了這個莊園，而且幾乎從那時起，就開始思考這個重大的問題——部分出於保護聲譽，部分出於自我寬容——「我該對我的農奴們做什麼？」假如他是一個明智的人，就會承認自己不適合管理莊園，他的天賦與天職是寫作。他應該賣掉莊園讓自己擺脫道德問題，在他的著作裡發揮領導力。但托爾斯泰不是明智的人，他不願意拋去問題，但也不徹底解決。將近五十年的時間裡，他在這個問題上搖擺不定、遲疑，最後搞砸。

托爾斯泰在他繼承莊園的一八四〇年代初期，著手他的第一次農民「改革」。他後來宣稱：「在一八四〇年代，在我們的圈子裡，解放農奴的概念前所未聞。」[35]這是假的。當時整個世代，到處都在討論，就連地點偏僻的哲學社團都在討論這個話題，若非如此，托爾斯泰可能自己不會想到。他的「改革」伴隨著其他改善措施，包括一台他親自設計的蒸氣打穀機。但這些努力都石沉大海。面對自身的困難與「豬一般的」（他的說法）農奴，他很快就放棄了。唯一的收穫是《一個地主的早晨》（*A Landlord's Morning*）裡涅赫流多福（Nekhlyudov）這個角色，他藉此為幻滅的青年托爾斯泰發聲：「我只看見無知的例行公事、罪行、猜疑、絕望。我這是在浪費我人生最棒的年華。」十八個月後，托爾斯泰離開了莊園去做其他事——性、賭博、從軍、寫作，但他繼續煩惱農奴的問題，或者說是農奴的概念——他從不把他們視為一個個的人。他對他們的態度一直都很矛盾，他一八五二年的日記寫道：「我一整晚都在跟舒賓（Shubin）討論我們俄羅斯的奴隸制度。奴隸制度是一種罪惡沒錯，但是是一種非常令人愉快的罪惡。」

在一八五六年，他開始嘗試第二次「改革」。他宣布只要支付三十年田租，他就會解放農奴。很典型地，他做這件事，沒跟任何有實際解放農奴經驗的熟人討論。碰巧，農奴們相信當時流傳的謠言，說剛登基的國王亞歷山大二世（Alexander II）有意無條件地解放農奴。他們覺得事有蹊蹺。他們並沒有發現托爾斯泰的自以為聰明，而是害怕他（不存在）的生意頭腦，斷然拒絕他的提議。托爾斯泰火冒三丈，指責他們是無知、沒有未來的野蠻人。在這個課題上，他已經展現出某種混亂不安的情緒，他寫了封異常激動的信給前內政部長布魯多夫（Dmitri Bludov）伯爵：「如果沒在六個月內解放農奴，我們就要遭受一場大屠殺了。」[36]而認為他的計畫愚蠢又粗糙的家族成員，例如他的姑姑塔蒂亞娜——他則懷有駭人的敵意：「我對姑姑開始產生無聲的憎惡，儘管她是一片好意。」

現在他轉向了教育，認為這是讓農奴問題一勞永逸的解決方案。從盧梭開始，知識分子一種有奇怪的錯覺，認為透過設立新制度，教育就可以一下子解決人類長期的難題。他開始親自教導農奴孩童，他寫信給他的嬸嬸雅莉姍卓·托爾斯泰（Alexandra Tolstoy）伯爵夫人說：「當我進到學校，看見這一群衣衫襤褸、髒兮兮、瘦巴巴的孩子，他們明亮的眼睛與經常出現天使表情的臉龐，一股擔憂與恐懼便油然而生，彷彿看見溺水的人……我渴望為這些人辦學，只是為了拯救那些即將溺斃的普希金、奧斯特羅格拉德斯與斐拉瑞多夫斯[2]。」[37]有一小段時間，他很享受教育他們，他後來告訴他的官方傳記作者彼留可夫（P. I. Biryukov），說這是他人生最美好的時光：「我人生最歡快的時光不該歸於對女人的愛，而是對人們的愛，對孩童的愛。那是一段美好時光。」[38]沒有記錄顯示他的努力是否成功。沒有校規，沒要求回家作業，「他們只有人來，」他寫道：「帶來他們善於接納的本性，以及今天會跟昨天一樣愉快的信心。」他很快建立起學校網絡，曾一度多達七十所學校。但他親自教導的努力沒有持續，他逐漸厭倦並啟程到德國旅行，假託是考察當地的教育改革。但是名氣響亮的政治家弗洛貝爾（Julius Fröbel）讓他失望了：他沒傾聽托爾斯泰，反而自己滔滔說個不停，而且不管怎樣，「他只不過是個猶太人」。

一八六一年的情勢改變了，亞歷山大二世突然以皇家法令解放了農奴。這惹惱了托爾斯泰，他譴責這項法令，因為這是國家的行為，而今他已開始否定國家。隔年他結婚了，莊園的意義已大不相同：是他建立家業的家鄉，而且和小說一起成為收入來源。這是他一生中最多產的時期，數年內寫出了《戰爭與和平》與《安娜・卡列尼娜》，當來自小說的收入提升，托爾斯泰便買地，在莊園內投資，例如他的育馬場曾一度有四百匹馬。家中有五位女家庭教師與私人教師，外加十一名室內僕役。但是「改革」的欲望並未離他而去，不光是改革農奴，還有他本身、他的家人，甚至全世界。它休眠在他心靈的表層底下，隨時都會爆發。

政治與社會改革，和建立新的宗教活動，在托爾斯心中是密切相關的。他早在一八五五年就想要建立一種信仰，「以基督教為基礎，但是教義神祕主義經過淨化，並加

2 普希金（Pushkins）為俄國小說家；奧斯特羅格拉德斯（Ostrograds）為俄國數學家；斐拉瑞多夫斯（Filaretovs）為莫斯科主教。

上一種幸福，不是應許未來能上天堂，而是在現世就能享有天堂之幸福」。這是一個司空見慣的概念，好幾個世紀以來，無數頭腦簡單的宗教改革家每天都在杜撰。托爾斯泰不太算是神學家，他寫過兩本冗長的小冊子，《教義的宗教理論之考察》（*Examination of Dogmatic Theology*）與《四福音書之結合與翻譯》（*Union and Translation of the Four Gospels*），並未以系統思考者之姿提出立論。除了模糊不清的泛神論觀點，他很多宗教文章都言不及義。例如：「認識上帝與活著是同一件事，上帝就是生命。活著追求上帝，那麼你就不會失去上帝。」

但是，托爾斯泰腦海中一直盤旋的宗教動力，因為與政治上的衝動同時發生，而具有潛在的危險。它們形成高度易燃物質，很容易會無預警地突然噴出火焰。當時他完成、出版了《安娜．卡列尼娜》，大舉強化了自己的聲譽，他開始對於寫作、感到不安與不滿，並準備好要做大事：成為一個世界級的名人，一個先知，一個有無數讀者與仰慕者尋求其智慧與指導的男人。

第一次爆發是在一八八一年十二月，當時托爾斯泰與家人在莫斯科。他前往莫斯科的貧民區基特羅輔市場（khitrov market），捐錢給那裡的社會棄兒，並傾聽他們的遭遇。群眾包圍著他，他躲進附近的廉價旅店，在旅店裡看到讓他更悲痛的事情。返家後，他脫掉他的毛皮外套，坐下來享用五道菜的晚餐，由穿著正式、打上領帶且戴著白手套的男僕服侍用餐。他開始大吼：「沒人能這樣活著！沒人能這樣活著！這不可能！」他嚇壞了索妮亞，因為他揮舞著手臂，說要捐出所有的財產。他馬上以最新的人口普查結果為統計基礎，開始為貧民建置新的慈善制度，接著奔回家鄉，去找他最近的導師——被稱為「農奴先知」的蘇塔耶夫（V.K.Syutayev）諮詢，商量更進一步的改革。索妮亞被丟在莫斯科，一個人照料四個月大、生病的亞力克榭（Alexei）。

托爾斯泰丟下妻小不管，激怒了他的伯爵夫人。她寫下一封信，這封信寫出他們的感情遭遇新的痛苦，不但總結了她與托爾斯泰相處的困難，也總結了一個再平凡不過的人面對一個偉大的人道主義知識分子時，會有的憤怒：「我最小的孩子還在生病，而我非常脆弱又可憐。你和蘇塔耶夫或許沒有特別愛**你們自己的**孩子，但我們愚笨的凡人，不希望扭曲自己的感受，也不想公開宣稱對**全世界**愛或不愛，來作為對一**個人**缺乏關愛的正當理由。」[39]

索妮亞提出的質疑，是對托爾斯泰的行為觀察多年的結果，特別是愛他自己的家人，相對於愛「全人類」這個概念。他是否曾經真正愛過一個具體的人？例如他那命苦的哥哥狄米特里（Dimitri），無疑是值得同情的對象：他沉入社會最底層，娶了一名娼妓，後來染上結核病，一八五六年年紀輕輕就過世了。托爾斯泰到他臨終前，才勉強決定花一個小時去探望他，卻堅持不參加喪禮——因為他想去一場晚會——雖然後來這兩件事，臨終與拒絕參加喪禮，都讓他在小說中好好派上用場。[40]他的哥哥尼古拉也死於結核病，是另一個值得憐憫的對象，但托爾斯泰拒絕去探望他，最後是尼古拉自己找上門，才死在托爾斯泰的懷抱中。他第三個哥哥謝爾基賭光所有身家財產後，他也沒怎麼幫忙。他們當然都是軟弱的傢伙。但「強者應該幫助弱者」卻是托爾斯泰的信條。

他的友誼記錄揭露了真相。只有一個人認為他無私又溫柔，是他在喀山大學的同學迪亞科夫（Mitya Dyakov），年紀比他大，但這種友誼也很快就消失了。通常是托爾斯泰接受，他的朋友付出。索妮亞騰寫他早期的日記時，寫道：「他的自我崇拜在對每一個人的態度上都表現出來了。很驚訝被他性格影響時，人們要如何自處。」[41]更令人驚訝的是，那些認識他的人，不光是隨從、受撫養的家屬與阿諛奉承者，還包括具有獨立思考和批判精神的人，都願意容忍他的自大狂，反而對他表示敬畏，在他凌厲的眼光之下膽怯，屈服於他意志的巨大力量，當然也會在他天才的神壇前膜拜。契訶夫（Anton Chekhov）是個細心又敏銳的人，對托爾斯泰的諸多缺點知之甚詳，但他寫道：「我懼怕托爾斯泰的死。要是他死了，我的生命將一片荒蕪……我從未深愛一個人像愛他那樣……只要文學裡有托爾斯泰，當一個作家就是輕鬆且愉快的事。甚至意識到自己沒有作為或不想有作為，也不會太可怕，因為托爾斯泰為大家做的已經足夠。」

屠格涅夫更有理由察覺托爾斯泰的自私與惡毒，因為他領教過。他一直都慷慨、體貼地幫助這位年輕作家，而得到的回報是冷淡、忘恩負義，以及托爾斯泰習慣性的粗暴辱罵——他明知朋友們抱持哪些理念，卻往往罵得很精彩。屠格涅夫是個偉人，心腸很軟，無法挾怨報復。但他坦言被托爾斯泰的言行激怒，他說：「從沒遇過這麼難相處的人，他逼人的表情，兩三句惡毒的評論，就足以逼瘋一個人。」[42] 當他把自己費勁心力寫成的小說《父與子》（*Fathers and Sons*）拿給托爾斯泰閱讀時，托爾斯泰馬上就睡著了，等屠格涅夫回過頭時，發現他在打鼾。另一次，他們因為屠格涅夫的私生女大吵一架，並揚言要決鬥。後來屠格涅夫大方地向托爾斯泰道歉，而托爾斯泰（根據索妮亞記錄）輕蔑地笑著說：「你怕我。我鄙視你，從此不想再與你有任何關係。」詩人費特試圖當和事佬，卻被告知：「屠格涅夫是個活該被痛扁的混帳東西。我拜託你把我這些話如實地帶給他，就像你把他對我的稱讚如實帶給我一樣。」[43] 托爾斯泰在日記裡寫了很多有關屠格涅夫令人不快的事，但多半不是真的。他們的通信也反映出他們之間友誼的不平衡，屠格涅夫知道自己將死之際，在一八八三年寫了封信給托爾斯泰：「我的朋友，俄羅斯的偉大作家，請聽我的懇求。如果你收到這封字跡潦草的信，請讓我知道，並容我再次更深、更深地擁抱你、你的太太、你的全家人。我無法繼續寫下去。我累了。」儘管屠格涅夫又苟延殘喘了兩個月，但托爾斯泰未曾回應過這個可憐的請求。當他收到屠格涅夫的死訊，其反應也不令人太過意外：「我一直想起屠格涅夫。我深愛他，我憐憫他，我讀他的作品，我和他生活在一起。」這是一個演員的態度，他正扮演著公眾期待的角色。就像索妮亞注意到的，托爾斯泰做不到人與人之間的愛或真正的感情所需要的私密與親密。相反地，他擁抱全人類，因為這麼做能在大眾的舞台上喧喧嚷嚷、吸引目光，造成轟動。

但如果他是演員，那也是一位不斷改變角色的演員，或者更確切地說，是為人類服務這個偉大題材中不斷變化角色的演員。他說教的衝動似乎比其他的欲望更強烈，當一個課題吸引他，他便想寫成書，或是投入幾個革命性的改革，但多半沒費心鑽研這些課題，或是諮詢真正的專家。在農業上花了幾個月後，他便開始設計並製造農業機具。他學會彈鋼琴後，馬上開始寫《音樂的基礎及學習法則》(*Foundations of Music and Rules for its Study*)。剛剛開辦一所學校，他就顛覆了傳統的教育理論。他相信他這輩子能理解任何學科，找出當中有何錯誤，從第一條原理開始改寫。他至少嘗試過三次教育改革，就像他的土地改革一樣，在他最後一次自己編教材時，索妮亞厭惡且冷嘲熱諷，但又被迫以清楚的字跡謄寫，她抱怨：「我瞧不起這份講義，這個代數，這個文法，而且我無法假裝對它們感興趣。」[44]

托爾斯泰對「行動」的熱情有如對教育的熱情，和大部分知識分子一樣，到了人生某一刻，他覺得需要把自己視為「勞動者」的一分子。這種情況在一八六〇與七〇年代斷斷續續地發生，然後在一八八四年一月，他開始認真以對。他放棄了爵位頭銜（但沒有放棄威權作風），並堅持大家要叫他「平凡的列夫．尼古拉耶維奇」[3]。這種氛圍與那些知識分子熱衷於故作姿態的穿著差不多：穿得跟農奴一樣。這種階級異裝癖，跟托爾斯泰對戲劇與服裝的熱衷很搭，跟他的身型也很搭，因為他有著農奴的體型與長相，他的靴子、工作服、鬍鬚與便帽，成就了新托爾斯泰這位「世界級先知」的制服。很明顯的是，當時大部分傑出的世俗知識分子，對於公共關係似乎都有出於本能的天賦。新聞記者不遠千里來看他。當時攝影已經普及，但是托爾斯泰晚年時，新聞影片才剛開始萌芽而已。他的農奴穿著非常適合他以「第一位媒體先知」現身的扮相。

托爾斯泰也被攝影機與錄影機捕捉到他做苦工的樣子，從一八八〇年代開始，他便宣告體力勞動是「絕對必要」。索妮亞（在一八八五年十一月一日）提到：「他在七點天還

3 尼古拉耶維奇是他的中間名，他或許想藉此隱去「托爾斯泰」這個響亮的姓氏。

沒亮時就起床。他為全家打水，然後用雪橇拖行大水缸。他把長木條劈成木柴堆好。他不吃白麵包，也不外出。」[45]托爾斯泰自己的日記記錄他跟孩子們一起打掃房間：「我很不情願做這件必須做的事：清空便壺。」幾天後，他克服厭惡真的清了便壺。他在鞋匠的簡陋小屋裡得到指點，並寫道：「他就像是光，在他骯髒陰暗的角落裡，發出道德的光芒。」這門需要技術的手藝，托爾斯泰上了短暫的一課後，便開始為家人做鞋子，還為自己做靴子。他也為費特做了一雙，但沒有記錄顯示這位詩人是否滿意。托爾斯泰的兒子們拒穿父親做的鞋。托爾斯泰苦心鑽研，他興高采烈地說：「這讓我覺得自己是工人，因為靈魂正在盛開。」但是縫製鞋子的興趣很快就消逝了，他轉向農業勞動：他載運肥料，搬運木材，犁田翻土，並幫忙搭建簡陋小屋。他想做木工，而且被拍到他在寬皮帶上繫著鑿子，背心上掛著鋸子。然後這一切就此結束了，跟起頭一樣快。

除了寫作這個真正的手藝之外，托爾斯泰不是能持之以恆的人。他缺乏耐心、堅持，以及面對困難時的恆心。就連他很懂的養馬，也在他對育馬場迅速失去興致後，就開始管理不善。索妮亞為此跟他大吵一架，在一八八四年六月十八日，她聲稱馬匹的處境悲慘：他在巴基斯坦古城撒馬利亞（Samaria）買了良種馬，然後放任牠們因為疏忽與過勞而死去。她說，他做的每一件事都一樣，包括慈善事業：沒有適當的、思考縝密的計畫，沒有受過訓練、被指派具體工作的人力，整個宗旨可以說改就改。托爾斯泰衝出房間，大叫說要移民美國。

托爾斯泰在自己的莊園胡搞，危害到的只有他自己的私人圈子，但他公開的行動，以及對公眾鼓吹的觀念會造成更大的危險。當然，並非他全部的行為都在誤導。從一八六五年開始，為了吸引大家注意俄羅斯部分地區週期性饑荒，托爾斯泰做了一些努力，而且有一部分成功了，特別是在一八九〇年的大饑荒期間，他的救援物資計畫頗有貢獻，而政府則企圖掩蓋饑荒的嚴重程度。偶爾他會營救某個在俄羅斯受到迫害的少數族群，他大聲疾呼，說政府想要圍捕、消滅杜霍波爾教派（Doukhobors）與素食和平主義者是不道德的，最終讓這些人獲准移民到加拿大。但另一方面，他對另一個受迫害的團體：猶太人，卻殘酷以對，他的觀點加劇了他們已經極為惡劣的處境。

然而，更嚴重的是托爾斯泰獨裁主義的觀點：只有他能解決人世間的苦難，並且拒絕參與他沒有親自規畫或掌控的任何救濟活動。他的自私甚至包含他的慈善事業，他的人生有好幾次態度大轉變，包括在大部分的政治問題、土地改革、殖民地的開拓、戰爭、君主制、國家、所有權等議題上，他說法自相矛盾的清單不計其數。但有一件事始終如一，他拒絕親自參與任何讓俄羅斯產生革命的組織規畫——即從根源來解決問題——而且他以日益激烈的憤怒，譴責自由主義的「進步」是錯覺，實際上是純粹的邪惡。他痛恨民主，鄙視議會，說俄羅斯國家議會杜馬（Duma）的議員們是「小孩在玩大人的遊戲」。[46]他主張沒有議會的俄羅斯，比有議會的英國更加自由，而且生命中最重要的事不是回應議會改革。托爾斯泰特別討厭俄羅斯的自由傳統，在《戰爭與和平》中他公開嘲笑首位自稱是革命家的斯彼蘭斯基（Speransky）伯爵，他讓安德烈（Andrew）親王這樣評論斯彼蘭斯基的新國會提案：「對我來說有什麼要緊的……這一切能讓我更快樂或更好嗎？」這是俄羅斯歷史中陰暗的事實，長達半個世紀，這個國家最偉大的作家，板著臉堅決反對為帝制做任何制度面的改革，並極力阻礙、指責試著讓這個國家變得更加文明的那些人。

但是托爾斯泰有別的選擇嗎？要是他像狄更斯、康拉德（Conrad）等其他偉大的小說家一樣，認為結構性改善的價值有限，需要改變的是人心，那還比較說得通。但是托爾斯泰在強調個人道德需要提升的同時，卻不願意到此為止：他不斷暗示眼下迫切需要某些巨大的道德變遷，必須改變這個世界並建立一個神聖的王國。他自己為托邦式所做的努力，是在預示這場千禧年主義式的太平盛世[4]。但在這種憧憬的背後，並沒有嚴肅的思考。這多少有某種大變革的純粹戲劇特質在裡頭，就像我們已經看過的，馬克思革命理論中的詩化異象。

此外，托爾斯泰也跟馬克思一樣，對歷史的理解有缺陷。他認識的歷史不多，對於歷史大事件如何發生沒有概念。就像屠格涅夫悲嘆的，《戰爭與和平》裡那些令人尷尬的、有關歷史的冗長訓話，暴露了自學者的特點。它們是「滑稽的」，純粹是「狡辯」。福樓拜在寫給屠格涅夫的信中也曾驚愕地提到：「他的哲學！」[47]不過，我們讀這部偉大的小說，不是因為其中的歷史見解。托爾斯泰是個決定論者（Determinist），反對個人主義。認為事件是由權勢者深思熟慮的決策形塑而成，這樣的概念對他來說是天大的錯覺。那些貌似掌權者的人，根本不知道發生什麼事，更別說是策劃事件的發生了。只有未察覺的活動是重要的，歷史是芸芸眾生上百萬個決策的產物，而這些人無法控制他們正在做的事情。某種程度而言，儘管途徑不同，但此一概念與馬克思是相同的。不知道是什麼原因導致托爾斯泰有這種想法，也許這就是他對俄羅斯農奴存的浪漫想法，認為他們是最終的裁決者與力量。無論如何，他認為冥冥之中的規則，實際上主宰我們的人生。這些規則不為人所知，甚至可能不可知。因此，與其面對不合意的事實，不如假裝歷史是偉人與英

4 千禧年主義（millennialism）源於某些基督教派，認為世界有一個長度為一千年的時間循環，相信在善惡混戰與審判之後會有一個黃金時代：全球和平來臨，地球將變為天堂。

雄行使自由意志而形成的。實際上托爾斯泰一如馬克思，都是諾斯底派[5]，拒絕接受事情如何發生的表面解釋，尋求表面之下神祕機制的知識。這種知識是由整個團體直觀、共同感知到的——這個團體，對馬克思來說是無產階級，對托爾斯泰來說是農奴。當然，他們需要解釋者（馬克思）或先知（托爾斯泰），但本質上是集體力量的「正當性」在推動歷史巨輪的運轉。在《戰爭與和平》中，為了證明歷史如何運轉，托爾斯泰扭曲歷史記載，一如馬克思在《資本論》中斷章取義、竄改政府當局的藍皮書。[48]托爾斯泰重新設計並利用了拿破崙戰爭，就像馬克思歪曲了工業革命以符合他強求制度一致性的歷史決定論。

所以，當托爾斯泰面對俄羅斯的社會問題，會傾向於集產主義者的解決方案，也就不令人意外了。早在一八六五年八月十三日，他在思考饑荒時，便在筆記本寫下：「俄羅斯全國的一大任務，是賦予世界新的概念，一個沒有私有土地的社會結構。只要人類的家庭繼續存在，比起英國的憲法，『財產權是竊盜！』將依然會是更大的真理……俄羅斯的革命只能以此為基礎。」[49]四十三年後，他偶然發現這個筆記內容，於是驚嘆自己的先見之明。當時托爾斯泰已經和馬克思主義者及最初的列寧主義者站在同一陣線，例如被流放到西伯利亞而蒙蒂亞諾夫（S.I.Muntyanov），他與托爾斯泰互通信件，並拒絕了托爾斯泰要求他放棄暴力的懇求：「托爾斯泰，你要改造我很難，社會主義是我的信仰，我的上帝。當然，你已公開信奉幾乎相同的東西，但你以『愛』為手段，我們使用的手段，按照你的說法，是『暴力』。」因此，爭執的點在於手段而非策略——這表示還沒吵完。事實上托爾斯泰談到「上帝」並稱自己為基督徒，其作用並未如大家所以為的深遠。東正教在一九〇一年二月將他逐出教會，理由不意外，是他不但拒絕承認耶穌基督的神性，還斷言稱祂為「上帝」或對著祂禱告是「大大的褻瀆」。實際上，他只從《新約聖經》與《舊約聖經》中挑選出合意的基督與教會學說，然後否決其餘內容。從任何意義來看他都不是基督徒，更難確定他是否信仰上帝，因為他在不同時期給「上帝」下過不同的定義。「上帝」似乎是托爾斯泰希望出現的全面改革，是一個世俗的而非宗教的概念。至於傳統定義的天父，根據他心懷嫉妒的觀察與評價，充其量跟他差不多，只是洞穴中的另一隻熊。[50]

晚年的托爾斯泰反對愛國主義、帝國主義，以及任何形式的戰爭與暴力，單單這樣就避免了與馬克思主義者站在同一陣線。他還猜，掌權的馬克思主義者在實務上不會像他們的承諾，而是會放棄國家。他在一八九八年寫道，如果馬克思主義者的末世論真的發

5 諾斯底派（Gnoastic）又稱為靈知派，基本上是質疑世界、歷史和群體的。

生了，「唯一將發生的是轉換專制統治。如今是資本主義主宰一切。接著將由工人的指揮者統治」。[51]但這並未讓他太過擔憂，因為他一直認為將財富轉移給平民，會是在某種威權體制下發生——沙皇會做得跟任何人一樣好。無論如何，他不會把馬克思主義者視為敵人。真正的敵人是西式民主，議會政體的自由主義，隨著那些人的理念正在開枝散葉，他們將腐化這整個世界。在他晚年的作品《給中國的一封信》（*A Letter to the Chinese*）與《俄國革命的意義》（*The Significance of the Russian Revolution*）（都寫於一九〇六年）中，堅定地認定他自己與俄羅斯是屬於東方。「最重要的是，」他寫道：「西方人可以、也該成為東方人典範的東西，不是該有何作為，而是在任何情況下都不該有的作為才對。追求西方諸國的道路將直接通往毀滅。」對世界危害最大的是大不列顛與美國的「民主制度」，這與國家的宗教狂熱以及實施制度化的暴行密不可分，俄羅斯必須反對西方，放棄工業，廢除國家並擁抱不抵抗政策（non-resistance）。

根據俄羅後來發生的事件，這些想法給我們古怪的感覺，而且跟當時的實際情況也全然脫節。一九〇六年的俄羅斯，工業化比其他國家迅速，其後成為史達林將該國極權化的墊腳石。然而當時，托爾斯泰的人生已經走到了對真實世界不再接觸、甚至不再感興趣的階段。他已經在自己的亞斯納亞－波利亞納世界裡，居住、占據並實行某種程度的統治。他認同國家權力遭到腐化，這也是他轉而反對國家的原因，但他沒有發現一些顯而易見的事實——例如，這對索妮亞來說很明顯——受腐化的權力有很多種形式。一個偉人、預言家、先知，對其追隨者也行使了某種權力，而追隨者的諂媚奉承、卑躬屈膝，特別是討好恭維之舉，敗壞了這個人。

早在一八八〇年代中期，亞斯納亞—波利亞納就成了一個聖殿，各式各樣的人前來尋求指引、幫助、安定，以及神蹟般的智慧，或是前來訴說他們陌生的觀點——包括素食主義者、斯威登堡教徒（Swedenborgians）、親餵母乳的支持者，以及美國土地改革者亨利・喬治（Henry George）、修道士、宗教領袖、喇嘛與僧侶、和平主義者與逃兵，怪人、瘋子與慢性病患。此外，托爾斯泰還有一支由隨從與門徒組成的固定班底（不過成員一直變動）。無論如何，他們全都視托爾斯泰為精神領袖，部分視之為導師、主教、彌賽亞。就像一七八〇年代朝聖者對盧梭的墳墓所做的事那樣，訪客在亞斯納亞—波利亞納大庭園的涼亭裡留下銘刻或塗鴉：「死刑降臨！」、「全世界的工人聯合起來，向一位天才致敬！」、「願李奧・尼古拉耶維奇延年益壽，長命百歲！」、「圖拉的現實主義者向托爾斯泰伯爵致意！」等等。托爾斯泰在享譽盛名的晚年確立了一種模式，（我們將會看見）這種模式在享譽國際的重要知識分子中一再重現：他成立一種類政府組織，處理世界各方的「問題」、提供解決方案，並與國王、總統們通信，提出抗議、發表聲明，最重要的是署名簽字，為了宗教的或世俗的、善良的或邪惡的理由，把自己的名字借出去。

從一八九〇年代開始，托爾斯泰作為這個雜亂政體的統治者，甚至給這個國度招來了首相：有錢的前警官契爾特訶夫（Vladimir Grigoryevich Chertkov），而這個角色逐漸巧妙地取得這所聖殿的主導地位。他曾與那位大師合影，有著薄唇、眼袋下垂、短鬚，一種勤懇奉獻的使徒神態。契爾特訶夫很快就開始對托爾斯泰的行為產生逐漸擴大的影響力，提醒這位老人自己做過的誓言與預言，讓他記住自己的理念，總是把他推向更極端的方向。這個人很自然地成為諂媚唱詩班的主唱，其聲音托爾斯泰聽得相當滿意。

訪客們，或是他們固定班底的成員，也記下托爾斯泰的附帶意見。這些話並不動人，令人聯想到《拿破崙流亡談話》（*Napoleon's Sayings in Exile*）或是《希特勒漫談》（*Hitler's Table-Talk*）這種奇怪的總結綜論、老生常談，古老、乏味的偏見、陳腔濫調。例如「活得越久，我越深信愛是最重要的」；「別理會過去六十年的文學著作。全是一團亂。要讀就讀在這之前的作品」；「在我們每一個人內心的神，讓我們彼此變得更靠近。當所有的路線都往中心匯集，我們就能在神裡合而為一」；「引進這些飛機與飛彈，讓你想到的第一件事，就是對人民加徵新稅。這說明了社會在一定的某種道德狀態下，物質方面的改善可能有害無益」。在論天花的預防接種，托爾斯泰說「逃避死亡沒有意義。你終究會死的」；「如果農奴擁有土地，我們不該擁有那些愚蠢的花圃」。另外，還有像是「如果女人不那麼多話，這世界會更美好……她們有一種天真的自負，一種自我舉薦的欲望」；「在中國的上海，人民沒有警察也能相處融洽」；「無論如何，孩童都不需要教育……我堅信人會越學越笨」；「法國人是最有同情心的民族」；「沒有信仰的話，將會有人一直縱情於酒色、昂貴飾品與伏特加」；「人就該為了致力於共同目標而生存。鳥類是這樣生存，草葉也是」；「情況越糟就會越好」。[52]

被困在這個先知聖殿的中心的，是托爾斯泰的家人。由於他們的父親選擇公開他的生活，他們也受到盛名所累，是公眾注目的焦點。他們被迫參與演出他創作的戲碼，各自承受創傷。前面我已引述過其子伊利亞說的，當一個「特殊」人物的危險，他另一個兒子安德烈（Andrei）則是精神崩潰，拋棄妻子與家人，加入反猶太主義的黑色百人團[6]。女兒們則感覺到父親對性越來越憎惡，和馬克思一樣，他不贊成她們有人追求，也討厭她們看上的男人。一八九七年時，譚雅已經三十三歲，嫁給一個有六名子女的鰥夫——他看

6　黑色百人團（Black Hundred）是二十世紀初俄羅斯的極端民族主義團體。

起來是正派的人，卻是個自由主義者。托爾斯泰因此火冒三丈，於是向譚雅發表可怕的長篇大論，論述婚姻之惡。瑪莎（Masha）也談戀愛了，想要結婚，得到同樣的處置。最小的女兒雅莉姍卓因為跟她的母親勢同水火，最可能成為他的信徒。

托爾斯泰的道德巨變，承受最大衝擊的是索妮亞。長達二十五年，他為自己的性需求強迫她，致使她不斷懷孕。然後他突然堅決主張雙方都該終止性行為，「像兄弟姐妹般」一起生活。她反對，在她看來這有辱她妻子的地位，尤其因為他一定會談論並寫下這件事，讓她沒有隱私可言。她可不想要全世界注意她的房中事。他要求與她分房睡，但她堅持睡在雙人床上，象徵他們婚姻持續。同一時間，他沒來由地吃醋，創作出一個不祥的故事，在《克魯茲奏鳴曲》（*The Kreutzer Sonata*）中，有個嫉妒成狂的丈夫，因為怨恨妻子對小提琴的感情而謀殺了她。她謄寫這則故事（一如她抄寫了他所有手稿）時，意識到人們可能會認為這故事在寫她，越抄越厭惡與恐懼。審查機關後來干預了出版，但故事以抄本的形式流傳開來，謠言也滿天飛。她不得不要求出版這本小說，認為自己的態度將說服大家她不是女主角。與這場半公開的爭執形成有趣對照的，是幕後的可怕爭吵，起因是托爾斯泰無法堅持他的禁欲誓言，仍然不時定期侵犯他的妻子。一八八八年底，托爾斯泰的日記寫道：「魔鬼降臨到我身上……隔天，三十日早晨，我非常差勁地做了愛。

在犯罪之後，多麼令人憎惡。」幾天後的日記：「我繼續被更強大的力量占有，我墮落了。」到一八九八年時，他告訴莫德：「昨夜的我是一個丈夫，但這不是放棄努力的理由。上帝或許會同意我不再這麼做。」[53]

托爾斯泰跟一個外人這樣詳細地討論他的實際性生活，某種程度上也讓索妮亞感覺到她最私密的祕密也在全世界的注目下曝了光，多年來持續升溫的緊張讓托爾斯泰的「開誠」政策顯得越來越愚蠢。起初她並不喜歡閱讀他的日記——沒有正常、理智的人會喜歡——但後來逐漸習慣了。事實上，由於他的字跡太潦草，她養成了以清楚字跡謄寫他的日記的習慣，包括過去的跟最新的日記。然而知識分子有一個習慣，不管寫下什麼，他們都會考慮到將來會出版，而把日記當成證據或宣傳工具，對潛在批評（尤其是針對他們所愛之人）的攻防武器。托爾斯泰是這種傾向的頭號範例，隨著他跟索妮亞的關係惡化，他在日記裡對她的指責越來越多，而他也不再擔心她看見日記的內容。早在一八九〇年，她便提到：「他開始擔心我一直謄寫他的日記——他想銷毀舊日記，想要只以德高望重的身分出現在孩子與公眾面前。他的虛榮心何其巨大！」[54]他很快就開始藏起日記，因此，「開誠」政策失敗了，導致雙方開始各懷鬼胎。他利用日記（此時，他認為是非公開的）鉅細彌遺地記錄他跟索妮亞為《克魯茲奏鳴曲》爭執的內容。「托爾斯泰已經跟我徹底鬧翻……我偷看他的日記，試著找出我能做些什麼，能讓我們再次和解。但他的日記只是加深我的絕望而已。他後來發現我一直在偷看，於是又藏起來了。」還有：「過去他交代我要幫他謄寫手稿。而今他把這項工作交給他的女兒們（他說的不是『我們的女兒們』），並提防著不讓我找到。他計畫把我排除在他的私生活之外，這讓我氣到發狂，痛苦難耐。」他揚棄「開誠」政策的最後花招，是開始寫「祕密」日記，並藏在一隻馬靴裡。她在他日常日記裡一無所獲，開始懷疑有祕密日記的存在，四處尋找而且找到了，於是得意洋洋地把它帶走，自己私下細讀。後來她在上面黏上一張字條，寫著：「我痛心地謄寫我丈夫的可悲日記。他對我、對婚姻所寫的內容有多麼不公平、多麼殘酷——上帝與女兒們原諒我吧——多麼不真實、歪曲與編造。」

這場惡夢般的日記之戰，背景是這樣的：托爾斯泰越來越篤定，其妻正在以堅持「正常」的（他現在覺得這是悖德的）生活方式，阻止他性靈上的成就。但索妮亞並不是他所說寫的勢利的人，也不是粗俗的唯物論者，她不排斥他所鼓吹的大部分精神上的真理。就像她寫給他的：「與群眾在一起，我看到燈籠的光。我承認它能照明，但我無法走得更快，我被群眾擋住，被我周圍的環境與習慣擋住。」但是托爾斯泰，隨著年紀漸長，對於生活的享受變得更不耐煩與排斥，他認為這與索妮亞有關，例如：「我們坐在戶外，吃十道菜。有冰淇淋，僕人以銀器上菜——而旁邊有乞丐窮人經過。」他寫給她：「妳的生活方式，是我一直極力避免的，就像極力避免恐怖的極端厭惡，這幾乎快讓我自殺。我無法回到過去的生活，我在當中發現毀滅的原因……我們之間到死都很難走下去。」

這場爭吵達到可憐的悲劇性高潮，在一九一〇年六月揭幕，在契爾特訶夫流亡返國時突然發生。索妮亞很討厭這個人，因為契爾特訶夫很明顯地把她視為勁敵，認為她對托爾斯泰的影響在他之上。我們有詳細且客觀的記錄，因為托爾斯泰的新任祕書布爾加科夫（Valentin Bulgakov）有寫日記的習慣，這也顯示出托爾斯泰的小圈子對日記有多麼沉迷。布爾加科夫先是接獲契爾特訶夫的指令，要他把每天的日記寄一份副本給契爾特訶夫的祕書。當契爾特訶夫流亡返國，布爾加科夫提到：「他一在亞斯納亞—波利亞納現身，托爾斯泰的家中就發生引人注目的事件。我發現自己受制於這種『審查』，所以儘管他要求，我還是找各種託詞，不把我的日記寄給他。」布爾加科夫說自己剛到亞斯納亞—波利亞納時，對伯爵夫人索妮亞懷有偏見，被「警告」她「毫無同情心，更別說是友善了」，但實際上他發現她「親切又好客」、「我喜歡她閃閃發亮的棕色眸子，率真的臉龐，我喜歡她的真誠、和藹與智慧」。[55]他的日記顯示他漸漸視她為受罪的人而不是罪人。至於他的偶像托爾斯泰，形象則是開始搖搖欲墜。

契爾特訶夫的返國後，就開始留意托爾斯泰的日記。他在托爾斯泰不知道的狀態下，私下給日記照了相。七月一日，索妮亞堅持刪去「令人不快的段落」，以免被刊載出來，那時他們發生了爭吵。後來她跟布爾加科夫共乘馬車時，乞求他說服契爾特訶夫歸還日記：「她一路都在哭泣，非常可憐……我無法不深切同情地看著這個哭泣、不幸的女人。」當布爾加科夫向契爾特訶夫提起日記，契爾特訶夫變得「極度激動」，控訴布爾加科夫對伯爵夫人說出了日記藏在哪裡，「讓我非常詫異的是，他還做了個惹人厭的鬼臉，對我吐舌」。契爾特訶夫顯然跟托爾斯泰抱怨了這件事，托爾斯泰在七月十四日寫信給索妮亞，堅稱「近年來，妳的性子變得越來越易怒、專橫、缺乏自制力」，如今雙方「對人生的意義與目標的理解完全相反」。為了解決爭執，日記被封上封條，並鎖在銀行裡面。[56]

一週後，即七月二十二日，托爾斯泰評論道：「愛是被肉身隔絕的靈魂之結合。」但是同一天，他卻為了簽署新的遺囑，偷偷前往鄰村格魯蒙特（Grumont），將所有著作權留給最小的女兒，指定遺囑執行人是契爾特訶夫。契爾特訶夫一手安排了這一切，親自起草遺囑，而布爾加科夫被排除在這件事之外，因為他可能會告訴索妮亞。契爾特訶夫抱怨道，他不確定托爾斯泰知不知道自己簽了什麼，「如今索妮亞被判決了她最恐懼的一件事：她一直小心守護這個家的重大利益，卻失去托爾斯泰死後的著作權」。他補充，索妮亞似乎本能地感覺到「剛剛發生了可怕且無法挽回的事」。八月三日有一場惡夢般的爭執，索妮亞指控契爾特訶夫與她的丈夫是同性戀，托爾斯泰「冷淡而憤怒」。[57]九月十四日他們又大吵一架，契爾特訶夫當著她的面對托爾斯泰說「我如果有個太太像你的太太那樣，我會舉槍自盡」，也對她說「要是我想要，我大可讓妳家名譽掃地，但我沒有」。一週後，托爾斯泰發現索妮亞找到他馬靴裡的祕密日記而且讀過了。隔日，他違背了過去的協議，在書房裡重新掛起契爾特訶夫的攝影作品；當他乘車外出，索妮亞把它扯下來並丟進馬桶沖掉，然後用玩具槍射擊，跑到大庭園裡。這些爭吵，還經常牽連最小的女兒雅莉姍卓；她養成一個習慣，隨時擺好架要還擊母親，索妮亞說：「這是有教養的年輕淑女還是馬車夫？」無疑，這些是托爾斯泰家族的黑暗祕密。[58]

十月二十七至二十八日的夜晚，托爾斯泰發現索妮亞半夜搜索他的文件，顯然是在找祕密遺囑。他叫醒雅莉姍卓，並宣布：「我要馬上離開——永遠離開。」他當晚趕上了一列火車。隔天早上，布爾加科夫被告知這件事，告訴他的是得意的契爾特訶夫，「一臉興高采烈，喜形於色」。索妮亞也接獲通知，於是跳進池塘，並多次嘗試自殺（儘管真實性令人懷疑）。十一月一日，托爾斯泰因肺炎與支氣管炎，必須下火車，被安置在梁贊—烏拉爾線（the Ryazan-Ural line）的阿斯塔波沃車站（Astapovo Station）。兩天後，索妮亞及其家人搭上專門列車跟他會合。七日，傳來這位先知的死訊。他人生最後幾個月如此令人心碎，對欣賞他小說的人尤其如此，是因為其中顯現的，不是為了任何理論而產生所賦予的爭執，或者為了偉大議題的高尚辯論，而是種種因為嫉妒、惡意、報復、鬼祟、背叛、壞脾氣、毫無由來的歇斯底里與心胸狹隘的卑鄙之舉。這是最恥辱的家庭爭執，被外人的干預與私欲所惡化，最終以災難收場。托爾斯泰的仰慕者後來試著用《聖經》中的悲劇，合理化他在阿斯塔波沃車站的死亡，但真相是：他暴風雨般的漫長一生，結局不是轟轟烈烈，而是牢騷與哀鳴。

托爾斯泰的例子再次說明，當知識分子以他人為代價追求抽象理想，會發生什麼樣的後果。歷史學家喜歡將之視為從微小個人身上發端的序幕，開啟了一個無盡的巨大國家災難，這個災難很快就會吞沒整個俄國。托爾斯泰試著實現他認為非做不可、全面的道德改革，結果毀了他的家庭，也毀了他自己。然而，他盼望並預測——並透過作品大力支持——俄羅斯本身的千年變革，不會是他瞧不起的那種漸進、困難的改革，而會是一場火山爆發般的災變。這個災變在一九一七年到來，他並未預見這些事件的結局，他若親眼見到，應該會嚇到不寒而慄。這場變革使他所寫的社會重生理論變成謬論，他心愛的神聖俄羅斯毀滅了，而且似乎是永遠的毀滅。

令人痛恨而又諷刺是，後來新耶路撒冷[7]的主要受害者，是他所愛的農民，兩千萬的農人被大屠殺，成為這些理念祭壇上的犧牲。

7 新耶路撒冷公社（New Jerusalem Commune）是在托爾斯泰思想下創立的勞動公社，在一九八九年被清算。

第六章

海明威

嗜酒如命的大師／騙子

Ernest Miller Hemingway
1899-1961

「如果一個人健康，那麼他當一個支配者來影響別人也很好，可是如果他的靈魂乾枯腐朽，你要怎麼鼓起勇氣告訴他，他現在惡臭難當？」

——格雷葛利，海明威之子

儘管整個十九世紀，美國在各種數據與國力上都有所成長，並在世紀結束時，儼然成為世界最大、最富強的工業強權，但許久以來，其社會並未開始產出我所描述的那種知識分子。這有幾個理由：獨立後的美國從未擁有過舊的政治與社會體制，舊制度的基礎是一個擁有特權的統治集團，而不是「自然公正」（natural justice）的古老司法原則。沒有不理性、不公正的既有階層，讓新的知識分子去策畫出基於理性與道德的太平模式來取代。恰恰相反：美國本身製造了一場對抗舊秩序不公義的革命，其憲法是由具有最高的才智、哲學愛好與道德地位的一群人，基於理性與倫理原則，並根據早期經驗制定、撰寫、頒布與修正而來的。因此，統治階層與知識階層之間沒有裂痕：他們是一體的。於是，就像法國思想家托克維爾（de Tocqueville）提到的，美國沒有制度化的神職階層，也就沒有反教權主義，而這是歐洲知識分子產生騷動的源頭。宗教在美國很普遍，但是掌控在無聖職者的手中。這個國家本身關切的是行為，而非教條。這是出於自發性與多面向的，也因此所展現的是自由而非限制自由。最後，美國滿地都是機會，那裡土地便宜且資源充裕，沒有人必須貧窮，沒有明目張膽的不公不義，但在歐洲，正是這種現象激發了受良好教育的聰明人擁抱激進思想。美國沒有呼求上天報仇的罪孽——到目前為止還沒有。大部分人太忙著賺錢與消費，開發與兼併，沒空對他們社會的基本假設提出質疑。

早期的美國知識分子，例如華盛頓．歐文（Washington Irving），他們大部分時間都生活在歐洲，帶著歐洲的腔調與習慣，作風與內涵，是文化殖民主義活生生的遺產。本土的、獨立的美國知識分子潮流的出現，是為了對歐文及其同類卑躬恭維的反抗。此一風潮第一位與最具代表性的倡議者——十九世紀美國知識分子的原型——是愛默生（Ralph Waldo Emerson），他宣告他要驅走從美國上下榨取的「歐洲寄生蟲」，「用對美國的熱情趕走對歐洲的熱情」。[1]他也曾造訪歐洲，卻帶著批判和否決的心情。他堅持美國主義的社會立場，獲得越來越廣泛的認同，隨著他年紀增長，社會與他的主張也益發緊密，他和歐洲知識分子的觀點也完全相反。愛默生於一八〇三年在波士頓誕生，父親是論派（Unitarian）的牧師。他原本也成為了牧師，但後來離開牧師職務，理由是無法克盡職責，好好主持聖餐禮。他遊歷歐洲，發現了康德，歸國後在麻薩諸塞州的康科特（Concord）落腳，發展出美國第一個本土哲學運動：超驗主義[1]，並於一八三六年出版了第一本著作《自然》（*Natur*）簡述

1 超驗主義（Transcendentalism）主張人能超越感覺和理性，直接認識真理。

此一概念。它是一部新柏拉圖哲學的著作，帶點反理性、神祕主義，並也觸及浪漫主義的，以及最重要的是它的曖昧朦朧。愛默生有許多筆記與日誌，其中曾提到：

我為此而生，來到這世界，在宇宙之間傳遞我自身的本質，抱有無法棄絕、也責無旁貸的天然本性，做一些有益之事，然後再度進入神聖的寂然與永恆，在寂然與永恆之外，我以人的姿態顯現。上帝是豐饒的，除我以外，祂的胸懷裡庇護著更多的人，維護他們獻上的生命、需求與一切的美。或者，當我祈求，請容我這麼說，這雙手、這軀體，這愛默生的過去，是褻瀆神又令人厭倦的，但我，我不會把自己與那個人或任何一個人混在一起。在他的生命之上，在所有生物之上，我永遠會讓善德之海進入個人的水道。這樣的湧入無法逆流而返，而原罪或人的死亡，也不會敗壞不變的能量，它流布於人的全身，就像太陽化為光線，海洋化為涓滴。[2]

此文的表述不怎麼清楚，或者就這篇文章的範圍來看，算是個老生常談。然而在一個崇尚黑格爾與早期史學家卡萊爾（Carlyle）的年代，許多美國人為他們年輕的國家，誕生了一位正港的本土知識分子而感到驕傲。後來發現，他的感染力不是因為大家理解他，而是大家認為這樣的人應該受到鼓勵。[3]在他發表《自然》一年後，他在哈佛演講，講題是「美國的人文學者」，知名法學家霍姆斯（Oliver Wendell Holmes）稱之為「我們的知識分子獨立宣言」。[4]他的主題思想占據了剛萌芽的美國媒體。曾刊登馬克思歐洲通訊文章的報媒，葛利里（Horace Greeley）的《紐約論壇報》（*New York Tribune*），是當時在美國最具影響力的報紙，這家報紙對愛默生超驗主義的宣傳引起社會轟動，說他就像尼加拉瓜大瀑布一樣，是一種國家公共財。

愛默生值得研究，因為他的寫作經歷說明了美國知識分子在拋開本土輿論時有多困難。他在許多方面依然是新英格蘭出身的產物，特別是他在情欲方面上，表現出的天真古板與軟弱。他在一八三三年八月，突然前往蘇格蘭克雷根普脫克（Craigenputtock）拜訪卡萊爾時，在卡萊爾的妻子珍（Jane Carlyle）形容他有點飄逸，或者說像是「出於雲間」，而卡萊爾在他離去後，提到他「就像天使，有著美麗清澈的靈魂」。[5]在一八四八年，愛默生在約翰·福斯特（John Foster）家參加晚宴，並在日記裡描述這次拜訪他如何盡力為美國的道德標準辯護，當時狄更斯、卡萊爾等人也在座：

我說，當我來到利物浦，我想調查這座城市的賣淫是否始終都那麼嚴重，因為顯然它為這個國家帶來了致命的敗壞，我看不出有任何男孩能健康長大。但我被告知，多年來情況沒變好也沒變差。狄更斯與卡萊爾回應，在我們這個時代，男性的貞潔已經不存在了，在英格蘭守身的男性也十分罕見，他們甚至能一一列舉所有例外情況。卡萊爾顯然相信美國也是這樣……我向他保證，我們不是這樣：我們大部分的人是出身良好、受過良好教育的年輕人，在洞房前都是處子，和他們的新娘一樣。[6]

後來美國作家亨利．詹姆斯（Henry James）在寫到愛默生時說：「他那對罪惡的渾然不覺……是我們所認識的他最美好的標誌之一」，但他又殘酷地補充：「我們得到一種印象，像是良知在空虛裡喘氣，氣喘吁吁地講述轟動的事件，像是陸地上的魚，鰓不停地擺動。」[7]顯然，愛默生性欲不強，他年輕的第一任妻子叫他「爺爺」，他的第二任妻子被迫忍受與丈夫敬愛的母親同住、直到她過世為止。她偶爾會吐露痛苦的心聲，被愛默生率真地記在日記裡：「把我從壯闊的靈魂裡拯救出去吧，我只是較小的普通靈魂。」或是說：「沒有，從來都沒有愛，能抑制那輸不起的上帝，隨心所欲但自私地獲勝。」[8]愛默生的詩《一切獻給愛》（*Give All to Love*）被視為大膽的作品，但沒有證據顯示他曾經這樣付出。他曾與一位女性有一段婚外情誼，但嚴格來說是柏拉圖式的，或者說是新柏拉圖式的，不過那位女士並不想要這樣。愛默生曾經謹慎地談到：「我是人，也喜歡感官上的愉悅，但我也曾體驗過這種愉悅是陷阱誘餌。」[9]他的日誌顯然比他意圖告訴我們的更多，在一八四〇年至一八四一年之間，他記錄了一場夢，夢中他參加一場以婚姻為題的辯論會。有個擴音器突然轉向觀眾，「機頭的噴嘴源源不絕……是水，強而有力地噴發，把所有人驅趕出去」，最後完全對準愛默生，「我目瞪口呆時，渾身濕透。醒來後，發現是乾的才放下心來」。[10]

愛默生兩段婚姻都是出於深思熟慮，他因此獲得資金，給予他一定程度的文學獨立性。他拿這些錢穩健地進行投資，隨著創業系統的快速發展，也為他的資本帶來一定程度的成長。他最終以無可比擬的智者與先知身分享譽全國。不是透過他的著作，而是透過巡迴演講，而這正是創業系統的環節之一。最初的系列主題是波士頓的「人類生活」（一八三八年），然後是紐約的「時代」（一八四二年），接著是他對卓越思想的研究「代表人物」（一八四五年）。愛默生成為一個文化修養高、但受歡迎的演說家，其演講被當地、區域乃至全國的媒體廣泛報導，正好與霍爾布魯克（Josiah Holbrook）在一八二九年發起的「拉西姆運動」（Lyceum）不謀而合，以教育這個發展中的民族。[11]拉西姆運動的演講廳一八三〇年在辛辛那提（Cincinnati）開張，克利夫蘭（Cleveland）是一八三二年，哥倫布（Columbus）是一八三五年，然後遍布擴展的中西部與密西西比河谷。到一八三〇年代尾聲時，幾乎每座重要城鎮都有一間演講廳了，隨此現象一起出現的，是青年商業圖書館（Young Men's Mercantile Libraries）與對社會議題的演講辯論——組成對象是青年未婚男子，包含銀行職員、銷售人員、簿記員等等，他們在新市鎮裡的人口占比出奇地高。[12]其理念是離開街道、走出酒吧，並促進他們的商業專業與道德修養。

愛默生的見解與此概念一致，他不贊成文化與知識的菁英化。他認為美國自身的文化應該要真正做到國民化、普及化與民主化，自立自助是不可或缺的。他說，第一個在農舍裡閱讀荷馬（Homer）的人，對美國大有貢獻。他說如果他發現西部有男人在火車上讀一本好書，會想要擁抱他。他個人的政治與經濟理念，與推動美國人在這塊大陸上實現其帝國主義擴張政策的公共理念相同：

> 唯一可靠的規則，是在供需之間建立自我調節的尺度，不要立法。若是插手干預，那你就是在用限制個人行為的法律扼殺活力。不要慷慨給予，要制訂公平的法律，保護生命與財產，就不需要樂善好施。對天賦與美德打開機會之門，他們自會充分發揮

自己的能力，財產不會落入無能者手中。在一個自由、公正的民主國家裡，財產從懶惰與低能者，奔向勤奮、勇敢與堅持不懈的人之手。[13]

差不多在同一時期，馬克思正在發展與鼓吹自己的學說，很難想得出有比愛默生的理論更南轅北轍的任何理念了。而愛默生在此領域的實際經驗，一再反駁馬克思認知的資本主義必然走向。業主與經理人不但不反對這種對啟蒙的追求，而且積極發揚。當愛默生在一八五一年來到匹茲堡時，公司全都早早結束營業，好讓年輕的職員可以去聽演講，演講的主題看起來不像是設計來強化企業精神的，比如「直覺與靈感」、「思維與自然的同一」、「智力的自然史」等等。不過愛默生傾向於主張知識和品格，會提升商業上的成功。有很多人期待被這位出眾的哲人難倒，卻發現他鼓吹的觀念，在他們看來只是常識。《辛辛那提公報》（*The Cincinnati Gazette*）報導他「不會裝模作樣……就像一個手拿《聖經》的好祖父」。他的許多題外話，比如「人人都是消費者，也該都是生產者」、「人的構成是昂貴的，人應該要富有」、「人生是一場權力的追逐」——這些精準地打動聽眾，並在報紙內文中被摘錄出來，逐漸變成美國大眾的流行格言。愛默生經常與娛樂大亨巴納姆（P.T.Barnum）進行同系列的講座，這完全不違和，因為巴納姆的主題是「賺錢的藝術」與「成功人生」。

聽愛默生的講座成為追求文化與提升品味的象徵：他成了羅丹名作「沉思者」的化身。一八七一年十一月，他在芝加哥做了最後一場演說，《芝加哥論壇報》（*Chicago Tribune*）報導：「掌聲……顯示了觀眾的水準。」一個國家熱衷於追求道德與心靈上的提升，正如追求財富一樣，並認為這兩者都是開創新文明之要素——對這樣的美國來說，愛默生在一八七〇年代是國家的英雄與心靈導師，一如雨果之於法國，或托爾斯泰之於俄國。他樹立了美國榜樣。

美國當時的經濟發展，文化與智識生活看起來顯然和諧一致，我們應該把厄涅斯特．海明威（Ernest Hemingway）放在這樣的背景之下。第一眼要看出他是知識分子並不容易，但更仔細審視，會發現他不但呈現所有知識分子的主要特質，而且是以特殊的美國式混合掌握這些特質到非凡的程度。此外，他還是個深具原創力的作家，追隨他的美國人，以及整個英語世界的人，都因他而改變了表達自我的方式。他開創了新的、個人的、世俗的，以及非常當代的道德風格，這種風格純粹是美國原創，但本身能輕易轉化為多種文化。他把一些不同的美國態度熔接起來，並把自己變成這些態度的原型化身，這樣他就能賦予美國一個時代的形象，就像法國一七五〇年代的代表伏爾泰，或是英國一八二〇年代的代表拜倫。

一八九九年，海明威出生於芝加哥附近的奧克帕克（Oak Park），一處環境宜人的郊區。這裡在二十五年前，曾熱烈為愛默生喝采。他的雙親以及他自己本身，都是這種文化（愛默生及其講座）的傑出產物，而他們所撐起來的經濟活力，也促進了這種文化的生存。他的雙親健康、勤勉、有能力、受良好教育、多才多藝，而且社會適應良好。他們感謝歐洲的文化遺緒，但也驕傲地意識到，美國成功讓這些遺緒進步了。他們敬畏上帝，過著充實的生活，包括室內或戶外活動。海明威的父親克萊倫斯（Clarence Hemingway）是一名傑出的內科醫師，同時也打獵、擊球、釣魚、露營與拓荒，並教導兒子一切荒野行獵的技能；母親葛蕾絲（Grance Hemingway）是一個才情極高、具有強大意志力與許多成就的女人，閱讀廣博，散文出色，韻文巧妙，會設計與製造傢具，很會唱歌，會彈奏多種樂器，出版過原創歌曲。[14]兩位都極盡所能地將所有文化傳承給孩子，其中海明威是最受寵愛的長子。在許多方面，他們都是模範家長，海明威在他們的教養下成為一個博覽群書、具高度文化素養、技術嫻熟的冒險家與全方位運動員。

他的雙親信仰虔誠，是公理會的教友，父親還是個嚴格遵守安息日的人。他們不但週日上教堂、飯前感恩祈禱，根據海明威的妹妹桑妮（Sunny）所述，「我們全家會一起晨禱，一起讀經並唱一兩首讚美詩」。[15]雙親都要求他們恪守主流新教的道德規範，只要違反就會嚴厲懲罰。葛蕾絲會用一把梳子打小孩屁股，克萊倫斯則是用一條磨刀用的皮帶。要是被發現說謊或罵人，小孩就會被罰用有苦味的肥皂洗嘴巴。處罰完還得跪下來乞求上帝原諒。克萊倫斯一直都清楚表明，他認同基督教的男性操守與紳士品格，他寫信給海明威說：「我要你表現出男子氣概中所有的良善、高貴、勇敢與謙恭，並且敬畏上帝，尊重女性。」[16]葛蕾絲則要他做一個傳統的新教勇士，不菸不酒，婚前守貞，在婚姻裡忠貞，並永遠尊崇並服從他的雙親，尤其是母親。

海明威完全棄絕了他雙親的信仰，同時也拒絕成為他們期許的兒子。他似乎在十幾歲時便相當堅決地決定，要去追求他的天賦與他對一切事物的愛好，並對於男人該有何操守、值得怎樣的美好生活，建立自己的看法。這是一種浪漫主義的、文學化的想法，某種程度來說，也是道德上的概念，但當中沒有絲毫的宗教內涵。更確切地說，海明威看起來一直都缺乏宗教特質，他在十七歲時便私下拋棄信仰，當時他認識了比爾與凱蒂・史密斯（Bill and Katy Smith），凱蒂後來成為小說家帕索斯（John Dos Passos）之妻。這兩人的父親是無神論研究者，寫過一本新穎獨特的書「證明」耶穌不曾存在。海明威最早停止宗教行為的時間點，可能是在他前去《堪薩斯城星報》（*Kansas City Star*）做他的第一份工作，並搬進沒人監督的租屋處時。那時是一九一八年，他年近二十，向母親保證：「別擔心，別哭泣，別為我會不會是個好基督徒發愁。我跟以前一樣，夜夜禱告，堅定不移。」[17]但這是為了耳根清淨所撒的謊。他不但不信上帝，也將有組織的宗教視為人類幸福的威脅。他第一任妻子海德莉（Hadley）說，她只見過他屈膝兩次，一次是婚禮，一次是他們兒子的洗禮。為了討好第二任妻子寶琳（Pauline），他成為天主教徒，但他對新信仰的想法，差不多就是《欲望莊園》（*Brideshead Revisited*）裡的馬特拉姆（Rex Mottram）了。如果寶琳奉行教規（例如反對節育）的方式讓他不便，那他會勃然大怒。他發表了對上帝褻瀆模仿的小說《一個乾淨明亮的地方》（*A Clean, Well-Lighted Place*）與諷刺十字架苦像的《午後之死》（*Death in the Afternoon*），在其劇作《第五縱隊》（*The Fifth Column*）裡則瀆神地對著痰盂謝飯禱告。他所理解的天主教會讓他憎惡。西班牙剛爆發內戰時，有個地方被燒毀了上百間教堂，聖餐台與宗教器物被褻瀆，數千名神職人員、修道士與修女慘遭殺害。海明威知道那個地方，並說過他喜歡那裡，但他連最輕微的抗議都沒有提出。他離開第二任妻子後，甚至連徒具形式的天主教徒身分都拋棄了。[18]他成年後實際上是個不信教的人，他崇拜的是自己發想出來的理念。

海明威對宗教的拒絕，是青春期知識分子的特質，但更代表他對父母道德文化的拒絕。他後來試著區分他的父母親，免除了父親的罪孽——當克萊倫斯自殺，他試圖指控母親責任重大，而原因顯然是這位醫師患了一種疾病，並預期疾病來到末期會非常痛苦。克萊倫斯在親子關係中是比較軟弱的一方，但在葛蕾絲與兒子的爭執中，他完全支持妻子。所以與其說海明威與母親不和，不如說是跟父母雙方的爭執。葛蕾絲才是海明威極力反抗的對象，在我看來，或許他在她身上看見了他自負的意志與文學的力量。她是個令人敬畏的女人，而當他成為令人敬畏的男人時，就沒有能同時容下兩人的空間了。

爭執的起頭是在一九二〇年，當時海明威在義大利前線的野戰醫院單位，度過第一次世界大戰的後半段，以戰爭英雄之姿返鄉，不但找不到工作，還因游手好閒與（在其父母的標準看來）墮落的行為惹惱他的父母。那一年七月，葛蕾絲給他寫了封「大抗議書」，她寫道，每個母親的生命就像銀行，「每一個降生到這世上的孩子，都帶著一個龐大且富足的銀行帳戶，看似用之不盡」。可是海明威這孩子領了又領——「在童年都沒有存錢進去」。然後，到了青春期，「銀行已被榨乾了」，但仍有「幾分錢的存款，一些願意提供的服務，一些體貼與感謝」。隨著成年期到來，銀行還會繼續發出愛與同情：

現在帳戶需要存東西進去，一些適恰的感激與讚美，對母親的想法與事務表達關切，為這個家提供微不足道的慰藉。贊同母親的任何古怪偏見，絕不侮辱她的思想。

帶著花、水果、糖果或穿戴起來漂亮的東西回家給母親，再加上一個吻與緊緊的擁抱……偷偷付掉帳單，讓它們遠離母親的腦海……存款要能讓帳戶維持好的水位。我認識許多媽媽，她們的兒子比我兒子遜色多了，卻收到兒子送她們這些東西，以及更豐富的禮物與回報。我的兒子，厄涅斯特，除非你自己醒悟，停止懶惰的遊手好閒與尋歡作樂……別再賣你那英俊的臉了……還有不要忽視你對上帝、你的救世主耶穌的責任……否則在你面前除了破產沒別的了：你已經透支了。[19]

這份文件讓葛蕾絲焦慮了三天，她仔細修潤，一如海明威對他得獎的文章所做的那樣，然後她親手交給海明威。這顯示了為什麼海明威會有這麼強烈的道德憤慨，且不完全是自以為是。這是他小說中非常重要的因子。

海明威的反應可能如大家所料，伴隨著常期累積的憤怒，從那時起就視母親為敵人。帕索斯形容海明威是他認識「唯一一個真正痛恨母親的男人」。另一位熟人蘭罕將軍（General Lanham）作證：「從我剛認識海明威時，他就叫他媽是『賤貨』。他肯定跟我講過上千次他有多討厭她、討厭她的多少方面。」[20]這種恨一再地以不同面貌反映在小說裡，並延伸到他對姐姐的厭惡，叫她「我的賤貨姐姐馬莎琳（Marcelline）」，「完全是個愛操控人的賤貨」。這又擴大成他對全家人的敵意，而且往往在不相關的脈絡裡流露出來，一如在他的自傳《流動的饗宴》（*A Moveable Feest*）裡討論拙劣的畫家（他母親也會作畫）：「他們不會像家人一樣，做出糟糕的事情，讓你受親密關係的傷。對於差勁的畫家，你只需要不理會他們。但即便你學著不理會家人或聽他們說話，甚或不回他們的信，家人在許多方面還是危險的。」他對母親的恨太過強烈，相當程度危害到他的人生，特別是他對此殘存的愧疚感一直糾纏，讓這個恨更加永恆。一九四九年時葛蕾絲年近八十，海明威依然恨她，從古巴的家寫信給他的出版商：「我不會見她，她也知道她永遠到不了這裡。」[21]他對母親的厭惡超越了馬克思對其功利主義母親的厭惡，甚至情緒上近似馬克思對資本主義制度的態度。對海明威來說，對母親的恨達到了一個哲學的地位。

家庭的決裂驅使海明威前往《多倫多星報》（*Toronto Star*），再以外國特派記者與小說家的身分前往歐洲。他斷絕關係的不光是雙親的宗教，還有他母親樂觀的、基督教文化的觀點。葛蕾絲用強勢但過分拘泥的方式（海明威最厭惡的）寫散文。這驅使海明威在文學上追求完美主義，這成為他特色的力量之一，那是一股壓倒性的迫切感，不想寫得跟他母親一樣。他的母親過度堆砌文學典故，使用沒有新意的浮誇之詞。她有封信裡的一句話讓他特別討厭，可以代表她的散文風格：「你的名字取自我所認識最優秀、最高貴的兩位紳士。」

從一九二一年起，海明威便以巴黎為起點，展開他外國特派通訊記者的生活。他報導中東與國際會議上的戰爭，但其焦點主要放在左岸的僑居藝文人士。他寫詩，也曾嘗試寫散文。他狂吞猛讀——他從母親那裡承襲下來的習慣之一，便是隨身帶著書，塞在口袋裡，只要有空閒，就隨時隨地可以閱讀。他什麼都讀，而且一生都在買書，所以海明威不管住在哪裡，沿著牆壁全是藏書架。他在古巴的家打造了有七千四百種藏書的工作圖書室，包含所有他感興趣的主題之專家研究，以及他一讀再讀的、大量的文學必讀書目。他到巴黎時，幾乎已讀遍所有英文經典，但決定擴大他的閱讀範圍。他不因為錯失大學教育而生氣，但他為此遺憾，並亟欲彌補，所以他專心坐下來閱讀斯湯達爾（Stendhal）、福婁拜、巴爾札克（Balzac）、莫泊桑（Maupassant）與左拉（Zola），以及重要的俄羅斯小說家，托爾斯泰、屠格涅夫與杜斯妥也夫斯基（Dostoyevsky），另外還有美國人的作品，亨利・詹姆斯、馬克・吐溫（Mark Twain）與史帝芬・克萊恩（Stephen Crane）。他也讀現代作品：康拉德、T・S・艾略特（T.S.Eliot）、葛楚・史坦（Gertrude Stein）、艾茲拉・龐德（Ezra Pound）、D・H・勞倫斯（D.H. Lawrence）、麥斯威爾・安德森（Maxwell Anderson）與詹姆斯・喬伊斯（James Joyce）。海明威閱讀廣泛，但也越來越受到寫作的迫切感支配，他從十五歲起就崇拜吉卜林（Kipling），終其一生都不斷研究，現在則更留心康拉德，還有喬伊斯的優秀作品《都柏林人》（*Dubliners*）。和所有真正的好作家一樣，他不但狼吞虎嚥，還分析並學習那些二流的作品，例如馬里亞特（Marryat）、休．沃波爾（Hugh Walpole）與喬治．摩爾（George Moore）。

海明威在一九二二年搬到巴黎知識分子圈的市中心，並結識了福特．馬多克斯．福特（Ford Madox Ford）。福特很有看出文學天才的慧眼，曾經出版了D．H．勞倫斯、諾曼．道格拉斯（Norman Douglas）、溫德漢．路易士（Wyndham Lewis）與亞瑟．蘭賽姆（Arthur Ransome）等人的作品。一九二三年，他出版了第一期的《跨大西洋評論》（*Transatlantic Review*）雜誌，在艾茲拉．龐德的引介下，雇用海明威當兼職助手。海明威欣賞福特的文學創業家面向，但對他還是有諸多抱怨：福特漠視大部分的年輕作家，對新的風格與文學形式興致不高，品味跟主流雜誌太過接近，他最重要的是，認定所有好的文學作品都來自英法兩國，在很大程度上對美國作品在質與量上雙雙快速成長視而不見。海明威認為自己是美國前衛派的經記人，抱怨道：「福特以妥協來處理這件該死的事情。」[22]海明威的辦公室位在塞納河上小小的聖路易島（Ile St Loui），在三山出版社（the Three Mountain Press）樓上，一在辦公室安頓下來，他就發動攻勢，冒險將《跨大西洋評論》衝向美國，因此，除了六十篇大不列顛與四十篇法國作品，還刊登了九十篇美國人的文章，當中有葛楚．史坦、朱娜．巴恩斯（Djuna Barnes）、林肯・史蒂芬斯（Lincoln Steffens）、娜塔莉・巴納（Natalie Barnard）、威廉・威廉斯（William Carlos Williams）與納森・艾許（Nathan Asch）。當福特離開巴黎前往美國，海明威毫不留情地將七、八月的雜誌變成美國年輕明日之星的成果展，因此當福特回來後，他覺得自己有必要道歉，因為「有不尋常的大量美國新秀作品刊出，儘管我們號稱一直在發表美國作品，但從未如此有效率地介紹給讀者」。[23]

海明威自己對文學的名聲與權力極其熱衷，長期而言，相較於左岸知識圈對政黨與陰謀的關切，他還是比較專注於發展自己的天賦。龐德介紹他給福特時說：「他寫得一手好詩，而且他是當今世上最好的散文名家。」[24]這話說在一九二二年，敏銳度很高，因為當時海明威尚未發展出他的成熟筆法。但他正在做這件事，他早期筆記上難以計數的修正痕跡可以證明。或許沒有小說作家曾經這麼長時間努力塑造個人的寫作方式，以完全符合他希望作品達到的理想狀態。近年有一種對海明威的研究，討論作家該如何獲得自己的專業技能。在崇高的目標與堅持不懈的努力上，可以與海明威媲美的是易卜生，後者也憑著艱鉅的努力成為劇作家，對同行產生了革命性的影響。

海明威認為自己所繼承的是一個虛妄的世界（可用他雙親的宗教與道德文化為代表），而必須以真實的世界取而代之。他的真實是指什麼？不是他父母的基督教所因襲與揭示的真理——他認為這些毫無關係，因此拒絕了——也不是從過去推知並反映他人意見的其他信念或意識型態，卻是他目睹、感受、聽見、察覺與體驗到的真實。海明威的起點是對康拉德文學觀的欣賞，以及他自己對文學目標之總結——「對自己感受到的真實，要有一絲不苟的精確度」。但你要如何傳達真實？大部分人在寫作時，包括職業作家，都會不自覺地從別人的角度看事件，因為他們繼承了過時的表述方式、辭藻堆砌、老套比喻、陳腔濫調與文學映襯法。對記者來說尤其如此，他們需要快速報導，文字經常反覆嘮叨又平庸。但海明威有一個優勢，他受過《堪薩斯城星報》的絕佳訓練，該報社的幾任編輯們陸續印製一本匯編了一百一十條規則的書，目的在於強迫記者們以平易、簡單、直接、不陳腐的英文來寫稿。海明威後來稱這一百一十條規則為「我所學過跟寫作有關最棒的規則」。[25]一九二二年報導熱納亞會議（Genoa Conference）時，林肯．史蒂芬斯教他用越洋電報發新聞的殘酷規則（字數越少越好），他學得很快，而且越學越開心。他給史蒂芬斯看他第一個成果時大聲呼喊：「史蒂芬斯，看看這則電報：沒有多餘的脂肪，沒有形容詞，沒有副詞——只有血肉跟骨幹……這是全新的語言。」[26]

在新聞工作的基礎上，海明威建立了自己的方法，包括理論上與實務上。他不只一次寫下他如何寫作——包括《流動的饗宴》、《非洲青山》（*The Green Hills of Africa*）、《午後之死》

與《署名》（*By-line*）等等。[27]他為自己設立的「寫作基本原則」很值得研究一番，[28]他曾繼康拉德之後，將小說定義為「找出是什麼給你感動，是什麼情節讓你激動。接著寫下來，寫清楚，好讓讀者也能看到」。[29]全都要以簡練、節省、好懂、有力的動詞、短句寫成，沒有多餘或為了效果而出現的文字。「散文是建築物，不是裝潢，」他寫道：「而且巴洛克風格已經過時了。」[30]海明威特別留心表達的嚴謹，並為了用字遣詞搜查字典。重點的是，在他形塑散文風格的期間，他也是一個詩人，而且受到龐德的巨大影響。海明威曾說，龐德給他的指點比任何人都多。龐德是「信仰貼切字眼的人——要用唯一且正確的字眼——是他教導我不要信任形容詞」。他還仔細研究了喬伊斯，另一個對語言精確度相當靈敏的作家，並將之設為尊敬與仿效的對象。更確切地說，如果要說海明威有文學始祖，可以說他是吉卜林與喬伊斯結合產下的後代。

事實上，海明威的文風獨創一格。在一九二五至五〇年這二十五年間，他影響的不光是人們的寫作，還有理解的方式，而且效果如此普遍、難以抵抗、不容置疑，以至於我們現在不可能從散文與小說（特別是小說）中剔除掉海明威。然而在一九二〇年代早期，他發現很難獲得認同，更別說是出版了。他的第一部作品《三個故事和十首詩》（*Three Stories and Ten Poems*）是很典型的前衛創舉，在巴黎當地發行，但主流的大雜誌不考慮他的小說，就連到了一九二五年，本身被視為大膽進取的《戴爾》（*The Dial*）雜誌，也拒絕刊登他的故事，包括那篇上乘的《不敗》（*The Undefeated*）。海明威的作為，是所有真正原創的偉大作家的會做的事——他建立了自己的市場，以自己的品味影響讀者。在一九二三年至二五年間，海明威開始嶄露頭角。他出色地結合了對事件不假虛飾的精確描述，並透過暗示巧妙地讓讀者對事件勾起情緒回應，隨著一九二五年的《我們的時代》（*In Our Time*）的出版，他得到了突破。福特認為可以承認他是美國的一流作家了：「最一絲不苟，最精湛，最技藝非凡。」對艾德蒙．威爾森（Edmund Wilson）來說，這部作品顯示出散文的「首要特徵」，即是「顯著的原創」以及令人欽佩的「藝術尊嚴」。在嶄露頭角後，緊接著的是兩部生動的悲劇小說，一九二六年的《太陽依舊升起》（*The Sun Also Rise*）與一九二九年的《戰地春夢》（*A Farewell to Arms*），後者可能是他寫過最好的一部作品。這些作品賣出數十萬冊，各式各樣的作家一讀再讀、整理文摘、抄錄、羨妒與挖掘材料。早在一九二七年，桃樂西．帕克（Dorothy Parker）在《紐約客》（*New Yorker*）中評論海明威的作品《沒有女人的男人》（*Men Without Women*）時便指出，其影響「是危險的」他寫道：「他做最簡單的事情，看起來多麼輕鬆容易。但是看看那些試圖效顰的男孩子們吧！」[31]

海明威的手法可以被戲仿但無法成功複製，因為這種風格無法與他作品的主題分開，尤其是道德立場。海明威的目標是避免任何類型的明確說教，而且他譴責其他人的作品說教，甚至是最偉大的小說家都一樣。「我愛《戰爭與和平》，」他寫道：「它對戰爭與人的描述精彩、有穿透力，而且真實，但我從來就不相信這位偉大伯爵的思想……他可以發明更多，也能比有史以來的人類想出更多的真知灼見。但他的長篇大論和以救世主自居的思想，不會比許多其他的熱衷於傳道的歷史教授更優秀，而且我從他身上學到，不要信任我自己的「**想法**」，盡量努力寫得精確、率直、客觀與謙遜。」[32]在他最好的作品中，他始終避免對讀者說教，而是盡量利用角色的行為舉止來提醒讀者。不過，他的作品裡還是瀰漫著一種新的世俗倫理標準，其根源直接來自他描寫事件與情節的方式。

正是海明威式倫理標準那種微妙的普遍性，讓他成為典型的知識分子，而他的道德本質反映出他的美國特色。海明威認為美國人是精力充沛、勤奮、堅強、甚至有暴力色彩的人民，他們是實踐者、成功者、創作者、征服者與撫慰者，獵人與建造者。他自己本身就是個精力充沛、勤奮、堅強，甚至暴力的人。在跟龐德與福特聊到文學時，他常常會中斷討論並與假想的對手打拳擊。他是個高大魁武的男人，熟練多種體育活動。身為一個美國人與作家，過著充滿行動的生活並提筆寫下，對他來說是很自然的事。行動是他的題材。

當然，這不是什麼新題材。行動也是吉卜林的題材，吉卜林筆下的英雄或主角，曾是士兵、盜賊、工程師、船長或大大小小的統治者——任何人或任何事物，確實會不時地有暴力行為的傾向與衝動，就連動物與機械也都一樣。但吉卜林不是知識分子，他是天才，擁有「超群的技藝」，而他不相信他能憑一己之智識重新設計這個世界。吉卜林並未拒絕前人智慧的巨大遺產，反之，他強烈維護其法律與風俗，認為這不是弱者可以撼動。他對於公然反抗法律與風俗的人，意味深長地描繪反抗的報應。海明威比較接近拜倫——他渴望行動，並以充滿熱忱的技巧來描繪。拜倫不相信朋友雪萊的烏托邦與革命計畫，對他而言，這些似乎是抽象的理念而非可行的概念——雪萊在《尤利安和馬達洛》中說出了自己的觀點。拜倫為自己形成了一套倫理系統，本質上是為了回應他永久離開妻子與英格蘭的時候，所否決的傳統規範。拜倫從這個角度來看，也唯有從這個角度來看，算是個知識分子。儘管他的倫理系統具有足夠的連貫性，卻不曾正式訴諸文字，不過，他在書信中對自己的信念相當堅定，並瀰漫在他卓越的敘事詩《恰爾德．哈羅爾德遊記》（*Childe Harold*）與《唐璜》（*Don Juan*）裡的每一頁。這是一種充滿名譽與責任的體系，沒有編成法典，卻以行動來闡明。任何一位讀過這些詩的人，都不會不清楚拜倫如何看待善惡，特別是他如何衡量英雄氣概。

海明威作風類似拜倫，他曾具體說明其理想是展現出「壓力下的優雅」，但他沒有更進一步說明（由於他母親葛蕾絲的名字有「優雅」之義，這個說法很有意思）。或許他的道德標準無法有精確定義，若是試著建立，可能會變得殘缺不全。但它是可以說明的，也是海明威所有工作的驅動力量。他的小說是行動的小說，而這讓他的小說成了思想的小說，因為對海明威來說，這世上沒有道德中立的行動。對他來說，就連描寫一頓飯都是一則道德聲明，因為吃什麼、喝什麼有對錯之分，吃喝的方式也有對錯之分，幾乎任何行為都能做得正確或錯誤，或者準確來說，做得崇高或無知。作者本身對道德規範沒有明示，卻在所呈現的一切裡隱含未言明的道德框架，讓情節自己說話。這個框架是私人的、沒有宗教的——至少肯定不是基督教的。他的雙親，特別是母親，發現他的小說不道德，而且往往傷風敗俗，因為她能認出這些作品的道德調性，對她來說那是不正確而且褻瀆上帝的。海明威所表明或暗示的，是通姦、偷竊與殺人也有正邪之分。海明威的小說，其本質是觀察拳擊手、漁夫、鬥牛士、士兵、作家、運動員這些人，他們有明確並熟悉的行動將要完成，並根據各自的價值觀，努力過著美好且誠實的生活，但多數都失敗了。悲劇會發生，是因為他們的價值觀在事後被證明是虛假或錯誤的，或是因為他們暴露在外部的惡意，或棘手的客觀事實所造成的弱點。不過就算失敗了，還是能透過看見真實、理解真實的能力，以及直視真實的勇氣來挽回。海明威的角色能堅持還是失敗，取決於他們是否真誠。真誠是他作品中不可或缺的要素，貫穿他的倫理系統，是其思想連貫性的原則。

在建立了他的風格與道德標準後，海明威勢必會發現自己實踐了這兩者。他成了自身想像的受害者、囚徒、奴隸，在現實生活中不得不扮演這樣的角色。同樣，他並不是唯一一個。拜倫在發表第一篇長詩《恰爾德．哈羅爾德遊記》後，發現自己正踏上它所指示的路——他可能透過寫作《唐璜》多少改變一點方向，卻讓自己沒有真正的選擇餘地，只能吟誦老歌一般活著。過著這樣的生活，一方面對拜倫而言既是品味，也是一種難以抵制的衝動：他享受這個與女性私通的、不畏艱難的、解放者的角色，另一方面也是被迫的。與海明威同時代的馬爾羅（André Malraux）也是如此，此人是另一個行動派的知識分子與小說家，革命與探險家，是勇於冒險的藝術尋寶人，也是反抗英雄，其職涯終點是內閣成員，擔任戴高樂（de Gaulle）總統的左右手。不太確定海明威是不是這樣的人，他對「真實」人生、行動人生的追求，某種意義而言，是一種智識上的行動，而這對他的小說來說至關重要。就像一九四〇年描寫西班牙戰爭的小說《戰地鐘聲》（*For Whom the Bell Tolls*）裡，戰爭英雄喬登（Robert Jordan）說的，他「想要知道的是真實樣貌，而不是被認為的樣貌。」

海明威，這位迷上暴力行為的知識分子，就是一個真實的人。二十歲的他在《多倫多星報》時，有個敏銳的同事總結：「他有令人戰慄的敏銳與對暴力的全神貫注，這種令人緊張不安的組合，在地球上從未有過。」他享受父親一切的戶外消遣——滑雪、深海捕魚、狩獵大型獵物，尤其享受戰爭。他有時的確有勇氣，《紐約時報》記者馬修斯（Herbert Matthews）曾記錄，一九三八年的西班牙伊布羅河（Ebro river）戰役，海明威是如何展現令人驚奇的力量，在湍急的河流中將他救起，馬修斯寫道：「緊急時刻，他是一個好人。」[33]帶他去東非進行狩獵之旅的白色獵人[2]也往往是有力的見證者，他們的看法也差不多。此外，海明威的勇敢不是無謀或血氣之勇，是有動過腦筋的。他對於危險的感覺很敏銳，就像許多趣聞所顯示的那樣。他知道該害怕的事，並克服了他的恐懼——沒有作家能把懦弱描寫得比他更生動了。他讓讀者感受到他在生活中實踐他小說的意志力。

這就是為什麼海明威的硬漢形象跟他名聲竄起的速度一樣快，他就像許多盧梭之後的知識分子，自我宣傳的天賦是與生俱來。他顛覆了浪漫主義作家那種陳舊、天鵝絨般柔軟悠閒的形象（這種形象已經在過往克盡職責），創造出粗獷、看得見的海明威，支持

2 白色獵人（white hunter）是歐洲或北美專門狩獵大型獵物的專業獵人。

一種新的、強壯的男人的吸引力：狩獵裝、子彈帶、槍、鴨舌帽帶有一絲火藥味、菸草、威士忌。他迷戀的事物之一是增加他的年紀，在一九二〇年代，他很快就晉升為「老爹」，時尚的女孩則變成他的「女兒」。到了一九四〇年代早期，「海明威老爹」已經成為電影雜誌裡的常客，和好萊塢一級男星一樣有名，史上沒有作家接受過這麼多採訪與拍照。隨著時間過去，他白鬚的臉龐比托爾斯泰更廣為人知。

但他在嘗試將他的道德觀念具體化，維護自己所創造的傳奇之過程中，他也是歷經枯燥無味的生活，他不容許自己走下坡，至死方休。就像以銀行帳戶的形式理解母愛，海明威也不斷地存入自己的奮鬥經驗，然後為他的小說提領出來。他的義大利戰爭（一九一七年至一九一八年）是他最初的資本，在一九二〇年代期間他花光大部分的經驗積蓄，要靠狂亂的體育精神與鬥牛才能打平。在一九三〇年代，他靠狩獵大型獵物存下大筆經驗財富，還有西班牙內戰帶來鉅額的意外之財。但是他怠於利用第二次世界大戰的機會，遲來的參與沒有為他增加多少寫作資本。此後他的主要存款是狩獵與釣魚。他試著重新參加射擊大型獵物與鬥牛巡迴賽，但產生的鬧劇多於收穫。艾德蒙．威爾森注意到海明威的這種反差，在寫作與活動上都是：「一位年輕的大師與老成的騙子。」真相是，海明威一直享受的某些暴力消遣，其實沒有他宣稱的那樣多。他對荒野的熱情明顯降低，只要他敢，他似乎更願意高懸他的來福槍，在圖書室安頓下來。他把虛假、牽強、自誇的記錄，送到他的出版商查爾斯・史克萊伯納（Charles Scribner），比如在一九四九年，他寫信給對方：「為了慶祝我的五十歲生日……我床戰了三回合，在俱樂部裡連續打下十隻鴿子（非常快的那種），和朋友們喝了一箱派普海西克頂級香檳（Piper Heidsieck），然後整個下午都在海裡找大魚。」[34]

真的？假的？還是言過於實？沒人知道。海明威與自身相關的敘述，以及他所寫的、少量跟別人有關的敘述，能在未經確認的情況下，被當成事實接受。儘管「真實」在他小說的道德觀裡具有核心地位，但他還是有典型知識分子的信念。在他的案例裡，「真實」必須願意為他的自我效勞。他認為說謊是他作家訓練的一部分，有時甚至以此自豪。他有意識地撒謊，也會不經思考地說謊。有時他肯定知道自己在說謊，就如同他在迷人的《士兵之家》（Soldier's Home）中，以當中的角色克雷布斯（Krebs）清楚表明的，他寫道：「最好的作家是說謊家，這並不奇怪。他們主要販售的，就是謊言或虛構……他們經常下意識地說謊，然後痛悔自責地記住他們的謊言。」[35]然而，證據顯示，早在海明威以書面辯護其謊言乃職業所需之前，他就已經說了很久的謊。他五歲就說謊，宣稱自己在沒有別人幫忙下拉住一匹衝撞的馬。他告訴雙親已經跟電影女演員梅・瑪許（Mae Marsh）訂婚，不過他除了在電影《一個國家的誕生》（Birth of a Natio）上見過她之外，根本未曾謀面。這個謊話他也跟堪薩斯城的同事說過，加上訂婚戒指價值一百五十美元的細節。許多露骨的謊言一目瞭然又令人尷尬，在他十八歲時，他告訴朋友他抓到一隻魚，但顯然是上市場買來的。他說了一個詳盡的故事，是他在芝加哥當職業拳擊手，鼻子都被打斷了卻還是繼續搏鬥。他捏造自己有印度血統，甚至聲稱自己有幾個印度女兒。他的自傳《流動的饗宴》相當不可靠，而且就像盧梭的《懺悔錄》，看似坦率的地方最危險。他經常編造跟父母與姐妹有關的謊言，有時沒有明顯理由，例如他說他的妹妹卡蘿（Carol）曾在十二歲被一個性反常的人強暴（相當虛假），後來又宣稱她離婚甚至死了，但實際上她開心地嫁給海明威討厭的嘉迪納先生（Mr Gardiner）了。[36]

許多海明威最複雜、並一再重申的謊言，與他在第一次世界大戰的服役有關。當然，大部分的士兵，包括英勇的士兵，也會說一些戰爭的謊言。詳加調查海明威所經歷的生活，勢必將揭開某些他玩忽職守的真相。[37]儘管如此，海明威捏造在義大利發生的事，還是非常無恥。起初他說自己自願從軍，但因為視力差而遭到拒絕，但這沒有出現在記錄文件中，而且也不大可能發生。實際上，他是非戰鬥人員，而且是他自己選的。在許多場合，包括新聞訪談，他都說自己曾在義大利第六十九步兵部隊服役，打了三場大戰役，他還宣稱他曾進入一流的阿爾帝提突擊隊（Arditi regiment），而且告訴他的大不列顛軍方友人、綽號「中國佬」的朵曼—史密斯（'Chink' Dorman-Smith），自己曾帶領阿爾帝提突擊隊進攻義大利格拉帕山（Mount Grappa），並在期間受了重傷。他告訴他的西班牙內戰友人杜蘭將軍（General Gustavo Duran），他十九歲先是帶過一個連，然後再帶一個營。他確實有受傷——這沒有疑慮——但他對於受傷的場合與種類一再說謊。他捏造了一個陰囊被擊中的故事，而且還是擊中兩次，並說他因此得將睪丸放在墊子上。他說他曾被機關槍擊倒兩次，被點四五子彈射中過三十二次，而他得到了額外好處，因為護士們相信他已經臨終，而讓他受洗成為天主教徒。一切都不是真的。

戰爭暴露了海明威是個說謊家。在西班牙，他嫉妒特派記者馬修斯的優越能力，他在一封寄回美國的信中，對特魯埃爾（Teruel）前線的報導謊話連篇：「拿到戰爭第一則報導發到紐約，比馬修斯早了十個小時。然後回去，和步兵團一起全面進攻，進入市區，跟隨著一個爆破連和三個步兵部隊，排成縱隊前進，返回，整理出天殺的、逐戶爭奪的戰爭報導，準備用電報發出……」[38]他還謊稱自己是一九四四年第一個進入被解放的巴黎的人。情欲也暴露了海明威是個說謊家，他最仔細推敲、經常一說再說的義大利謊言之一，便是他當過一個西西里旅館女老闆的性囚犯，她藏起他的衣服，使他不得不與她私通了一週。他告訴貝倫森（Bernard Berenson），寫完《太陽依舊升起》，他與一個女孩打得火熱，但他妻子突然回家，他被迫把那女孩偷偷從屋頂送出去。這全都不是真的。他對一九二五年在西班牙潘普洛納（Pamplona）與里布（kike [Harry] Loeb）知名的爭風吃醋也說了謊，他說里布有一把槍，揚言要開槍打他（此事在《太陽依舊升起》被美化了）。他對每一段婚姻，離婚與協議都說了謊，不光是對女人說謊，對他母親也一樣。他對第三任妻子瑪莎．蓋爾霍恩（Martha Gellhorn）有關的謊特別膽大，她因此不屑一顧地說他是「繼孟喬森之後最大的說謊家」[3]。和其他小說家／說謊家一樣，海明威留下許多假蹤跡：某些他最突出的故事，以他自己壓倒性的內部證據來看，儘管看起來是自傳，卻可能純屬杜撰。只能說，海明威不怎麼尊重真實。

結果，他恰恰為一九三〇年代那「卑微、詐欺的十年」做好了準備。海明威從未對政治信念抱持一致的立場。他的道德觀只跟對自我忠誠有關。曾是他朋友的多斯．帕索斯認為，年輕時的海明威「是我遇過揭露政治傾向的人裡面，腦袋最狡猾的」。[39]但很難為此找到多少證據。在一九三二年的選舉裡，海明威支持社會主義者尤金．德布思（Eugene Debs），但是到了一九三五年，他已經成為共產黨路線大部分議題的積極倡導者。在一九三五年九月十七日發行的共產黨黨報《新群眾》（*New Masses*）上，他投搞了一篇激烈的文章《是誰殺了老兵？》（*Who Killed the Vets?*），指責政府應該為佛羅里達州颶風負責。那場災禍造成受雇於聯邦工程、由退役軍人轉職的四百五十名鐵路工人死亡，這是共產黨典型宣傳鼓動（agitprop）的行動。在這十年裡，海明威似乎一直認為，共產黨是對抗法西斯聖戰唯一合法、可靠的領導者，批評或參與其掌控之外的活動，都是背叛行為。他說不管是誰，只要反對共產黨路線，「不是傻子就是惡棍」，當他發現由《君子》（*Esquire*）雜誌發行的新左翼雜誌《肯恩》（*Ken*）不是共產黨媒體，他不願讓他的名字出現在雜誌刊頭。

此一態度主宰了他對西班牙內戰的回應——作為寫作的素材，他以職業立場樂見其成，他說：「內戰是對作家來說最好、也最完整的戰爭。」[40]但很奇怪，因為他的道德規範對於忠誠的衝突、傳統權力與不同的正義概念制定了詳盡條款，而他卻全盤接受共產黨對戰爭粗糙行事的路線。他四度自己花錢到前線去（一九三七年與一九三八年的春秋兩季），而他還沒離開紐約時，便已經決定了內戰的議題重點，並已經和帕索斯、海爾曼與麥克列許（Archibald MacLeish）一起簽約了一部宣傳電影：《戰火中的西班牙》（*Spain in Flames*）。他寫道：「我的同情永遠是給那些被剝削的勞動人民而非在外的地主，即便我跟那些地主

3 孟喬森（Munchausen）是一位以「編造冒險故事」出名的德國男爵。

們一起喝酒、射鴿子。」共產黨是「這個國家的人民代表」，這場戰爭是「人民」與「在外地主、摩爾人、義大利人和德國人」的鬥爭。他說他喜歡並尊敬西班牙共產黨，他們是此一戰爭中「最好的人」。[41]

根據西班牙共產黨的政策，海明威的路線是降低蘇聯的重要性，特別是在指導西班牙共產黨與西班牙共和國之間血腥內鬥的殘酷行為上。這導致他與帕索斯難看的決裂。帕索斯的翻譯是羅夫萊斯（José Robles），後者是約翰霍普金斯大學（Johns Hopkins University）的特別研究員，在戰爭爆發時加入共和軍，也是馬克思主義統一工人黨（POUM）首領安德烈斯・寧（Andres Nin）的朋友。羅夫萊斯也曾經擔任蘇聯軍事使節團在西班牙的首腦貝津（Jan Antonovic Berzin）將軍的翻譯，因此知道一些莫斯科與馬德里國防部的祕密往來。貝津已經被史達林暗殺，史達林後來也下令西班牙共產黨要清算馬克思主義統一工人黨。安德烈斯・寧被凌虐至死，上百名黨員被捕，被控從事法西斯活動，並遭到處決。

羅夫萊斯被指控為是間諜，並因此被祕密處決。帕索斯對他的下落不明越來越擔憂，海明威認為自己在政治事務上非常老練，而帕索斯是個天真的菜鳥，因此對這種焦慮嗤之以鼻。當時海明威住在馬德里的蓋洛德飯店（Gaylord's Hotel），那是當時共產黨的首領常去的地方。他詢問密友金塔尼利亞（Pepe Quintanilla）發生了什麼事（此人後來被證實是共產黨大部分處決的行刑者）得到的答案是：羅夫萊斯還活著，而且過得很好，他當然會被逮捕，但肯定會得到公正的審判。海明威也這麼認為，並這樣告訴帕索斯。但實際上羅夫萊斯已經死了，而當海明威後來發現這個事實——從一個剛抵達馬德里的記者那裡得知——他告訴帕索斯，顯然這是罪有應得，只有傻子才不這樣認為。帕索斯非常憂傷，拒絕接受羅夫萊斯有罪，並且公開指責共產黨員。這帶來海明威的訓斥：「西班牙正在打人民與法西斯主義者之間的戰爭，而你過去站在人民這一方。如果你對共產黨人心懷怨恨，或者是為了錢，以為有正當理由抨擊，那我認為為了還在打仗的人民，你至少應該搞清楚事實。」但結果證明搞清楚事實的是帕索斯，海明威才是那個天真、愚鈍、被騙的人。[42]

他一直維持這個狀態，直到戰爭結束一段時間了還是如此。在一九三七年六月四日來到高潮，當時他在第二屆作家代表大會（the Second Writers Congress）上發表演說，這是美國共產黨透過一個外圍組織在紐約卡內基音樂廳（Carnegie Hall）所舉辦的。在此，海明威為共產黨所做的事達到了頂點，他認為作家必須反對法西斯主義，因為這是唯一不允許他們說真話的統治方式。他認為知識分子有責任到西班牙去做點事——應該停止爭論書本知識裡的學說論點，開始作戰：「戰爭已開始，將且持續很長的時間，任何想要研究戰爭的作家，都該去打仗。」[43]

海明威無疑是個容易受騙上當的人，但他也有意識地參與了一個謊言，在他的西班牙戰爭小說《戰地鐘聲》裡表露無遺。他知道共和黨人的陰暗面，而且可能從頭到尾都知道西班牙共產黨的一些真相。但在一九四〇年之前，他都沒有出版這本書。只要內戰還沒結束，海明威就跟那些試圖查禁喬治．歐威爾《向加泰隆尼亞致敬》（*Homage to Catalonia*）的人同一陣線，真相被政治與軍事的權宜之計拋在後頭。他對作家大會的演說，完全是詐欺。

另一點也很奇怪，海明威無意遵照他自己的建議並「研究戰爭」。美國從一九四一年開始認真加入這場對抗納粹主義的聖戰，但他並沒有參與。那時他已在古巴哈瓦那（Havana）近郊購置了自己的家，「瞭望莊園」（Finca Vigia）是他餘生的主要住所。《戰地鐘聲》獲得成功，成為該世紀最暢銷的書之一，為他帶來了龐大收入，而他想要好好享受，尤其是他這時喜愛的運動，深海捕魚。結果成為他人生另一件不名譽的插曲，以「鉤子工廠」（The Crook Factory）而聞名。[44]

海明威很愛結交都市裡下層社會的朋友，尤其是在說西班牙語的國家。他喜歡和可疑人物來往，比如鬥牛士、海邊咖啡館的毒癮者、皮條客、娼妓、業餘漁夫與警方的線民等等，這些人也對他請喝飲料跟給小費的舉動的熱情回應。在一九四二年戰爭期間的哈瓦那，他越來越相信那裡有會被法西斯主義者接管的立即危險——他認為古巴居民中有三十萬人是西班牙裔，其中一萬五千人至三萬人是「暴力的長槍黨黨員」，可能會發起暴動，將古巴變成美國門前的納粹前哨基地。此外他說他有可靠消息，顯示德國潛艇正在古巴水域巡航，他經計算得出，一千艘潛水艇能讓三萬名納粹軍隊在古巴登陸，協助國內的暴動者。很難說他是否真的相信這些荒誕不經的想法：終其一生，海明威都以表象的老練世故，掩蓋他幾乎對任何課題都容易輕信的內心。他或許是受到厄斯金．柴爾德斯（Erskine Childers）的間諜小說《沙岸之謎》（*The Riddle of the Sands*）影響。他後來真的說服了美國大使該做點什麼事，這大使名叫布雷登（Spruille Braden），是他一起喝酒、運動的朋友。

海明威提議，他應該從他的底層階級友人中，招募並指揮一組特務人員，監視法西斯主義者的嫌疑人，同時他會用他的遠洋機動船，裝備適當的武器，巡邏可能會有德國潛艇出沒的區域，試著引誘潛艇浮出水面。布雷登同意了這項計畫，後來還讚揚它。[45]結果，海明威每個月拿到一千美元，付給六名全職特務與二十名臥底人員，這些人是從他的咖啡館小組中挑選出來的。更重要的是，當時實施嚴格的軍事配給，而他每月能拿到一百二十二加侖的油給他的船使用，船上裝設一把重機槍，載著手榴彈。

海明威稱他的遊艇為「鉤子工廠」，這提高了海明威在哈瓦那飲酒圈子的聲望，但是，並沒有證據顯示那裡有過法西斯間諜。海明威犯下了初級的錯誤，為取得好看的報告，付了更多錢。聯邦調查局（FBI）不認可這種投機活動，告訴華盛頓當局，海明威一黨所產出的是「一個喜歡轟動社會的人物所做的，不明確、沒有事實根據的報告——他的資料幾乎毫無用處」。海明威察覺了聯邦調查局的敵意，回報說所有特務都是愛爾蘭出身、天主教徒、佛朗哥支持者，以及「逃避兵役者」。還有一些可笑的事件，卻都不太可能發生在間諜故事裡面，包括海明威其中一位特務報告，在巴斯克酒吧（Bar Basque）有「惡意包裹」，後來證實內容物是一本便宜的《聖女大德蘭傳》（*Life of St Teresa of Avila*）。至於對抗德國潛水艇的巡邏，則證實了批評者的看法：他釣魚需要汽油。有一位目擊者記錄：「他們天殺的什麼都沒做——毫無建樹。只是到處航遊，玩得很愉快。」

此一事件導致海明威一場激烈爭吵。他最欣賞的西班牙人是杜蘭將軍，杜蘭和曼紐爾（Manuel）一樣給了他靈感，創造出《戰地鐘聲》裡的羅伯・喬登。杜蘭正是海明威想要成為的那種人——從知識分子轉變為戰略大師。杜蘭以前是音樂家，是西班牙作曲家法雅（De Falla）與西班牙吉他演奏家塞哥維亞（Segovia）的朋友，也是戰前西班牙知識分子菁英圈裡的成員。但他抱持一種海明威也贊同的看法，那就是「現代戰爭」需要「智慧」，這是「知識分子的工作……戰爭也是詩，悲劇的詩」。[46]一九三四年，杜蘭拿到西班牙軍隊的預備委任狀，在內戰開打時受到徵召，並迅速成為傑出將領，最終指揮第二十軍團。

共和政權垮台後，杜蘭自願投入大不列顛與美國軍隊，卻無功而返。當海明威想出鉤子工廠的點子時，便利用自己的影響力，把杜蘭弄進美國大使館負責這個陰謀計畫。同時，這位將軍和他的英格蘭妻子邦蝶（Bonté）都在海明威的莊園作客。但杜蘭很快就看清這整件事是個鬧劇，海明威在浪費他的時間。他申請了別的工作，正好邦蝶與海明威當時的妻子瑪莎發生了激烈的私人爭吵，最後在一場大使館的午宴上爆發。海明威從此沒再跟杜蘭說過話，除了一九四五年五月，當時兩人偶然相遇，海明威輕蔑地笑著說：「你很努力阻止戰爭，不是嗎？」

這是海明威跟故友爭論時傾向於採取的語氣特色。他在道德規範與小說作品中都頌揚友誼之美德，卻發現要跟任何人友誼長存，卻出奇困難。和許多的知識分子一樣——例如盧梭與易卜生——他跟其他作家吵起架來特別兇惡。即便是以文學生命的標準來看，海明威也經常嫉妒別人的才華與成功，到一九三七年時，就已經跟認識的每一位作家吵過架。有一個例外值得注意，這個例外極度地反映了他自己。他在自傳裡唯一沒有抨擊的作家，是艾茲拉．龐德，而且自始至終都讚美他。從他們剛認識時，他便欽佩龐德對其他作家無私的友善，他接受了龐德（如果是別人，他肯定不會接受）的尖銳批評，包括一九二六年龐德精明地建議他應該開始認真對待長篇小說，而不是再去發表短篇小說集，其說法很有代表性：「你以為你是什麼？一個業餘愛好者嗎？」海明威似乎很欣賞龐德身上有一種他知道自己欠缺的美德，就是完全不會嫉妒同行。[47]當龐德在一九四五年因為通敵罪（對軸心國進行了超過三百次的廣播）面臨遭到處決的危險時，海明威有效地救了他一命。兩年前龐德被正式起訴時，海明威曾經主張：「他擺明是瘋了。請明鑑，他早在寫《長詩》（*Canto*）的後期就已經神智不清了……他長期以來都慷慨無私地幫助其他藝術家，而且他是目前活著最偉大的詩人之一。」結果海明威成功地以精神錯亂的抗辯，讓龐德被送進監禁醫院，讓他沒被送進毒氣室。[48]

海明威也避免跟喬伊斯吵架，或許是因為沒機會，或許是因為他一直都欣賞他的作品，曾說他是「在世的作家中，我唯一尊敬的一個」。除上述兩人之外都是傷心的故事，他跟福特、辛克萊・路易士（Sinclair Lewis）、葛楚・史坦、伊斯特曼（Max Eastman）、桃樂西・帕克、哈羅德・里布（Harold Loeb）、與麥克列許，還有許多其他人都吵過架。他在文壇上的爭吵暴露了他冷酷的敵意與慣性說謊的特質，確實，他許多最壞的謊言都是針對其他作家。他自傳中有一則對溫德漢・路易士的荒謬說法：「路易士並不顯露出邪惡；他只是看起來齷齪……眼神是沒得逞的強姦犯那種。」這顯然是為了報復路易士曾經批評過他。[49]在同一本書裡，他說了有關費茲傑羅（Scott Fitzgerald）和其妻賽爾妲（Zelda）一連串的謊言，賽爾妲刺傷了海明威的自尊心，但是費茲傑羅一直都欣賞、喜歡海明威，沒有傷害過他。海明威一再攻擊這個脆弱與傷痕累累的作家，令人難以理解，除非是因為無法止息的嫉妒。根據海明威的說法，費茲傑羅曾經告訴他：「你知道我除了賽爾妲沒跟別人睡過……賽爾妲說我天生的構造不會讓任何女人開心，這也是她不滿的原因。」於是兩人去了男廁，費茲傑羅掏出陰莖給他檢查，而他大力保證：「你好得很。」這段故事看起來像是虛構小說。

海明威跟帕索斯的爭吵是最惡毒的，他們相識已久，因此更令人痛心。嫉妒顯然是初始動機——帕索斯在一九三六年登上《時代》雜誌封面（海明威要再等一年）。然後是西班牙的羅夫萊斯事件，隨後便在紐約與帕索斯夫妻大吵一架，他跟帕索斯的妻子凱蒂（Katie）甚至認識更久，但海明威卻說帕索斯是乞丐，借錢從來不還，而凱蒂有竊盜癖，並多次嘲笑帕索斯的葡萄牙血統，臆測他是私生子。海明威試著將這些誹謗文字寫進一九三七年的小說《雖有猶無》（*To Have and Have*），但他的出版商基於法律，逼他刪除。他在一九四七年告訴威廉・福克納（William Faulkner），帕索斯是「糟糕的勢利鬼，因為他是個雜種」。為了報復，帕索斯在一九五一年的《上帝所選的國度》（*Chosen Country*）裡，把海明威寫成可惡的華納（George Elbert Warner），海明威因此告知帕索斯的小舅子史密斯（Bill Smith），自己在古巴養了「一群兇猛的狗跟貓，訓練來攻擊寫朋友謊話的葡萄牙雜種」。他在《流動的饗宴》對帕索斯射出最後一箭——他是一條邪惡的鯖魚，帶領傑拉德・墨菲（Gerald Murphy）之流的鯊魚去掠食，還成功毀了海明威的第一次婚姻。[50]

我們很容易發現最後一項是假的，因為海明威破壞自己的婚姻不需要協助。在他的小說裡，他經常以卓越的理解力來寫女人，他和吉卜林都有一種天賦，能改變慣有的男性態度，驚人且精準地呈現一個女人的看法。眾人對於海明威一直都有各式各樣的猜測。他關於女性特質的理解，甚至有些異性裝扮癖以及變性的傾向，都明顯來自他對頭髮的迷戀，尤其是女人的短髮。這要歸因於他的母親不給他穿男生的衣服，而且讓他頭髮一直留長，長到不太尋常。[51]然而，很明顯的是，海明威發現自己很難跟一個女人發展任何愉快舒適的關係，至少很難長期，除非是個百依百順的女人。在他的家人裡面，他唯一喜歡的只有妹妹娥蘇拉（Ursula），他叫她「我可愛的妹妹娥蘇拉」，因為她崇拜他。一九五〇年時他告訴一個朋友，當他在一九一九年從戰場回家時，當時十七歲的娥蘇拉「總是睡在通往我三樓房間的樓梯間等我。她想在我進房間時醒來，因為她聽說男人獨飲不好。她想跟我一起喝點酒，直到我要睡了，就睡在我旁邊，這樣我在夜裡就不會是一個人。我們一直都是開著燈睡，除非她偶爾看到我睡著才會關燈，如果她看到我醒著，就會把燈打開，然後也保持清醒。」[52]

這或許只是杜撰，卻反映出海明威認為一個女人在他面前的理想狀態，但不管真假，在他成年後的現實生活裡，他都沒去找這樣順服的女人。巧的是，他四任妻子中，有三個以二十世紀的美國標準來看，已經算是不尋常的恭順了，但這對他來說還不夠。他還想要萬種風情，千變萬化，戲劇性的張力。他的第一任妻子海德莉．理查森（Hadley Richardson）大他八歲，相當有錢。他靠她的金援度日，直到他的書開始大賣。她是個討人喜歡、親切的女人，在懷了海明威第一個孩子——綽號「邦比」的傑克（Jack ('Bumby')）之前也很有魅力，但產後沒有恢復身材。[53]海明威當著她的面肆無忌憚地與其他女人調情，例如惡名昭彰的特斯登夫人（Lady Twysden），她本名是桃樂西．史莫斯韋特（Dorothy Smurthwaite），被視為《太陽依舊升起》中艾許利（Brett Ashley）一角所影射的對象，她和海明威在法國蒙帕納斯（Montparnasse）調情，成為他跟哈羅德．里布爭風吃醋的根源。海德莉吞下此一羞辱，也默許了後來海明威與寶琳．費孚（Pauline Pfeiffer）的外遇。寶琳是一個性感、苗條的女孩，比海德莉更有錢，其父是阿肯色州最大的地主之一與穀物商人。寶琳對海明威陷得很深，而且實際上勾引了他，這對愛侶隨後說服了海德莉同意成立一個三角家庭。「三個早餐托盤，」一九二六年，她在法國瑞昂萊潘（Juan-les-Pins）苦澀地寫道：「三件溼泳衣，三輛腳踏車。」但他們還是不滿足時，便趕她出去——先是分居，然後離婚。海德莉接受了，寫信給海明威：「不管怎樣，我都接受你（而且我是認真的）。」她如此大方解決，海明威則高興得寫了封感謝過頭的信給她：「也許邦比這輩子最幸運的，是有妳當他的母親……我多麼欽佩妳直截了當的想法，妳的才智，妳的心腸與妳的大力幫忙，我一直向上帝祈禱，祂會彌補我對妳造成的巨大傷害——妳是我所認識最棒、最信任也最愛的人。」[54]

海明威的信有些許真誠的成分，他是真的認為海德莉舉止高尚。於是，他在跟寶琳結婚之前，就開始建立起海德莉神聖的傳奇。而寶琳注意到海德莉處理離婚並不精明，所以決定讓海明威下一次不這麼走運。她用她的錢讓他們的生活過得更豐裕，在佛羅里達州的西礁島（Key West）購買與布置了一間精美的房子，介紹海明威深海捕魚，而他也愛上這個活動。她為他生了一個兒子派崔克（Patrick），但是一九三一年她再次懷上格雷葛利（Gregory）時，這段婚姻卻正在走下坡。那時海明威已經開始喜歡哈瓦那，對當地一名金紅髮色的女郎產生興趣，她叫珍．梅森（Jane Mason），是泛美航空（Pan-American Airways）古巴大老闆的妻子，比他小十四歲。她纖瘦、漂亮、酒喝得兇，是一流的運動健將，喜歡在海明威的酒吧包廂裡流連，然後以不顧後果的速度開跑車，在許多方面都是海明威理想中的女主角，但她同時也是憂鬱症患者，無法應付如此複雜的生活。她曾試圖自殺結果背摔壞了，海明威從此對她失去興趣。

同時，寶琳拚命地要挽回她的丈夫。她寫信給海明威，說她爸爸剛給了她一大筆錢——想不想分一杯羹？「錢多到沒有盡頭……只要讓我知道，然後別搞上別的女人就好。愛你的寶琳。」她在西礁島為他蓋了一座泳池，並寫信給他：「我希望你在這裡，睡在我的床上，使用我的浴室，喝我的威士忌——親愛的老爹，請你盡快回家。」她去動了整形手術：「我去古巴之前，我的大鼻子、有瑕疵的雙唇，突出的雙耳、疣和痣，統統都會移走。」她還把深色頭髮染成金色。但結果卻是一場災難，她的古巴之行無效。海明威的船跟在她的後頭，但不願意讓她上船。他在《雖有猶無》裡發出警告：「妳對一個男人越好，越顯示妳愛他，他就會越快對妳感到厭倦。」他是認真的。海明威感到虧欠時，會將內疚轉移到其他人身上，他現在認為寶琳要為他的第一次婚姻破碎負起責任，因此覺得不管她遭遇什麼，都是活該。

下一個女人是瑪莎．蓋爾霍恩，一個熱情敏銳的記者與作家，布林莫爾學院（Bryn Mawr）畢業（和海德莉一樣）。她和海明威大部分的女人一樣，來自保守的美國中西部中上階層，身材修長，有著令人驚歎的長腿，藍眼金髮，比他小了快十歲。海明威第一次見到她，是一九三六年在西礁島的邋遢喬酒吧（Sloppy Joe's Bar），隔年邀請她共赴西班牙。她去了，此趟經驗讓她大開眼界，特別是他以一個謊言來迎接她：「我知道妳會來的，女孩，因為我為你做了準備。」她當時就知道這是假話。他還堅持要從外面鎖住她房間，「這樣就不會有男人打擾她了」。[55]她發現海明威在安波博斯蒙多斯飯店（Hotel Ambos Mundos）的房間，凌亂到令人作嘔，她後來寫道：「他非常髒……是我認識最不講究整潔的男人。」海明威承襲了父親對洋蔥三明治的喜愛，在西班牙愉快地用當地重口味的洋蔥三明治，邊吃邊大口喝他銀色隨身酒壺裡的威士忌，這是個令人難忘的搭配。瑪莎是正派謹慎的人，不太可能與他陷入肉欲之愛，她一直拒絕跟他生小孩，後來領養了一個，她說：「能買一個何必自己生。我就這樣做了。」她嫁給海明威主要是因為他是知名作家，她一直渴望自己也能成為這樣的人：她希望他的文學魅力能感染她。不過，寶琳死命挽留她的丈夫，當她感覺自己就要輸了的時候，想起了海德莉輕易就離了婚，於是堅持強硬條件，因而延宕了離婚程序。當時海明威已經開始指責瑪莎毀了他的婚姻，但朋友們作證，他們在此之前就時常公然爭吵。

瑪莎無疑是他的歷任妻子中最聰明也最有決心的一個，所以這段婚姻毫無機會持續。舉例來說，她強力反對他喝酒，以及喝酒引發的蠻橫行為。一九四二年底，因為海明威在一場派對上喝了酒，她堅持由她開車回家，路上他們吵架，他用手背揮了她一巴掌。她降低車速，開著他昂貴的林肯汽車直接撞上一棵樹，然後丟他一人在車上。[56]有一則流言，說她非常討厭他在古巴養的那些兇猛的雄貓，牠們體味很重，而且海明威還讓牠們在餐桌上漫步。一九四三年趁他不在家時，她把貓全送去結紮，之後他抱怨：「她閹了我的貓。」[57]她也糾正他的法文發音，質疑他的法國紅酒專業知識，奚落他的鉤子工廠，並直接暗示他應該要離歐洲的戰爭更近一點。海明威最後決定要去了，狡猾地安排了和《高力》（*Collier's*）雜誌一起出任務，這家雜誌一直雇用她，而現在海明威卻透過關係讓她被解雇了，讓她很生氣。但是一九四四年，她還是尾隨海明威到倫敦，並找到了他，住進他在多切斯特飯店（The Dorchester）弄得一團亂的房間，還幫他清空了滾到他床底下的威士忌空瓶。

從那時起，兩人關係就每況愈下。回到古巴，他會在午夜時分喝了酒來到床邊吵醒她：「他在我努力入睡時叫醒我，然後欺負我、對我咆哮、奚落我——我真正的罪過是我去了戰場而他沒有，但他不是這麼說的。他說我瘋了，我只要刺激與危險，我對任何人都沒有責任心，我的自私令人難以置信，沒完沒了。而且相信我，這些既激烈又醜陋。」[58]他揚言：「要給我找一個想要陪伴我，讓我成為家庭作家的人。」[59]他寫了首淫穢的詩，《致瑪莎・蓋爾霍恩的陰道》，將之比喻為舊熱水袋發皺的瓶頸，朗讀給每一個能被他搞上床的女人聽。她抱怨他變得「一年比一年更瘋」，她過著「面對殘暴的主人的奴隸生活」，最後她離開了。他的兒子格雷葛利評論道：「他就是在虐待瑪莎，而當他終於摧毀了所有她對他的愛，她便離他而去，然後他聲稱自己被拋棄。」[60]他們在一九四四年分手，根據古巴法律，由於是她離棄了他，她留在當地的財產全歸海明威所有。他說這次婚姻是「我這輩子最大的錯誤」，並在寫給貝倫森的長信中條列她的罪狀，控訴她「跟一個蹩腳的傢伙」通姦，說她儘管沒看過死人，但她可以成為自《湯姆叔叔的小屋》作者海芮特・斯托（Harriet Beecher Stowe）以來，利用描寫暴行賺最多錢的女人。這些說法全都不是真的。

海明威的第四次（最後一次）婚姻維持到他過世，因為這一次的主角瑪麗・威爾許（Mary Welsh）下定決心，不管發生什麼事都要堅持下去。她與三任前妻來自不同階級，是明尼蘇達州伐木工人的女兒，她對這位即將要嫁的男人可能沒有錯誤幻想，因為早在他們交往之初，一九四五年二月在巴黎麗思飯店（Paris Ritz）時，海明威酒醉，看到她丈夫澳洲記者蒙克斯（Noel Monks）的照片，一氣之下將照片丟進廁所，用他的手提輕機槍射擊，四處碎片瀰漫。[61]瑪麗是《時代》雜誌記者，不像瑪莎有企圖心又有能耐的人，卻也是認真工作的精明人。在了解海明威想要的是一個傭人太太而不是競爭對手後，她全然放棄新聞工作嫁給他，儘管她還是得不斷忍受譏諷，她說「我可從沒有為了拿到《時代》雜誌的採訪跟將軍們上床」。[62]他叫她「老爹口袋裡的維納斯」，並誇耀跟她性交的次數：他告訴綽號「公羊」的蘭罕將軍（General Charles ('Buck') Lanham），在冷落她一段時間後，很容易安撫她，因為他「前一晚灌溉了她四次」。海明威死後蘭罕問起她這件事，她嘆氣道：「要真是這樣就好了」。[63]

瑪麗是個果斷的女人，一個當家的人，和托爾斯泰伯爵夫人有一點像。當然，那時海明威跟托爾斯泰一樣舉世聞名，是有男子氣概的先知，喜歡戶外生活，各種酒、槍、狩獵服飾與露營工具都以他命名。不管他去哪裡，西班牙、非洲，尤其是古巴，所到之處都帶著一大群密友與白吃白喝的人，有時就像一個移動的雜耍團，而在哈瓦那通常是靜態的。這些奉承他的人跟托爾斯泰身邊的人一樣古怪，但道德更加低落，同樣喜歡巴結。瑪莎在離開他之前，曾經記錄下一場「在古巴非常可笑的新鮮場景」，海明威「對著一幫成年、有錢、知識淺薄、一起射鴿的傻瓜與釣魚同伴，大聲朗讀著《戰地鐘聲》，他們坐在地板上聽得入迷」。[64]然而，因為他可怕的個人習慣，跟亞斯納亞─博利亞納莊園相比，他實際的生活沒有什麼修飾，更別說是禮貌了。杜麗．薛夫林（Durie Shevlin）是海明威眾多百萬富翁友人之妻，記錄了一九四七年對古巴的情形：「那艘船不舒服，又小又髒，莊園裡有髒兮兮的貓在晃蕩，而且沒有熱水，海明威渾身酒臭與汗臭，沒修鬍子，用混雜語言（pidgin）般的奇怪英語自言自語，而且講『膽小鬼』一詞講上了癮。」瑪麗則有很多雜務要做。

他也對瑪麗再三蓄意羞辱。海明威喜歡女人注意他，特別是迷人的、知名的、討人喜歡的女人，比如黛德麗（Marlene 'The Kraut' Dietrich）在他在浴室刮鬍子時唱歌給他聽，還有白考兒（Lauren Bacali）(「妳比我想像中還要高大」）和綽號「瘦子」的海沃德（Nancy 'Slim' Hayward）(「親愛的，妳太瘦太美了」)。維特爾（Virginia 'Jigee' Viertel)，是海明威在巴黎麗思飯店的雜耍團成員之一：瑪麗曾冷冷地記錄：「從我離開維特爾的房間已經一個半小時了，那時海明威說『我馬上來』。」在馬德里，有海明威所謂的「戰鬥妓女」，在哈瓦那有海灘妓女。海明威喜歡當著瑪麗的面與她們調情，一如他曾在海德莉發愁的凝視下調戲桃樂西．特斯登（Dorothy Twysden）。隨著他年紀越來越大，他想要的女孩子越來越年輕。海明威曾經告訴美國文學評論家馬科姆．考利（Malcolm Cowley）：「我上過的女人有我想上的，也有很多我不想的，希望我都有好表現。」[65]這絕對不是真的，而且在二次大戰後更不可能。在威尼斯，他迷上一個名叫雅德麗安娜（Adriana Ivancich）的年輕女人，這女人既可怕又可憐，成了他一九五〇年悲慘的戰後小說《渡河入林》（*Across the River and Into the Trees*）女主角。她是個冷漠的人，勢利眼又反應遲鈍，一心只想結婚，而且還有個「一直出現的鷹鉤鼻母親」（海明威的兒子格雷葛利是這麼說的）。海明威盛情款待這位文學史上最可怕的人之一，而且由於雅德麗安娜對藝術的企圖心，他逼迫他那不情願的出版商，接受她為《渡河入林》與《老人與海》（*The Old Man and the Sea*）所做的書衣設計，第二本書在某種程度上挽回了他的聲譽，並為他拿到了諾貝爾獎，但兩本書衣後來都得重畫。雅德麗安娜譏諷瑪麗「沒受過教育」，這是附和海明威的說法。他讚美這位年輕女人的教養與禮貌，跟被他呼之為「營妓」、「清潔婦」的瑪麗是天壤之別。[66]

在一九五三至一九五四年的冬季，海明威最後一場非洲大型狩獵旅行活動中，對瑪麗還有更進一步的羞辱。即便是依照他自己的標準，他也越來越髒，帳篷裡滿是亂丟的衣服跟威士忌空瓶。基於與他個人道德觀相關的神祕理由，他穿著當地服飾、剃光頭，把他的衣服染成橘粉色，像馬塞族人（Masai）帶著一把矛。更有甚者，他開始跟當地一位名叫黛芭（Debba）的瓦甘巴（Wakamba）女孩交往。根據當地狩獵隊管理員查非納（Denis Zaphina）的說法，她是「臭味熏人的營地垃圾」。黛芭與她的女性朋友們和海明威在他的帳篷裡舉行慶典，期間弄垮了他的帆布床，根據瑪麗的日記，帳篷裡一直傳來他「連續的撞擊聲，日以繼夜不斷的對話聲」。[67]然後是一九五九年最後一次大型探險隊，海明威和他的「雜耍團」為了夏季的鬥牛，帶上八十、九十件行李。有一個十九歲的年輕人名叫范萊麗（Valerie Danby-Smith），是都柏林建商的女兒，她為一家比利時通訊社前來採訪海明威，她在裡面擔任打工性質的特約記者。海明威迷上了她，而且娶她，但她知道瑪麗比較適合照顧老男人，是最後一任妻子，也是「送你上路的那位」。但是他還是以每月二百五十美元雇用范萊麗，讓她加入雜耍團，並讓她坐在汽車前座，好讓海明威開車時可以上下其手，而瑪麗則被擺到後座去。她忍下來了，她知道范萊麗是無害的，而且取悅海明威能讓他少一點暴力——確實如此，甚至在海明威死後，她還繼續受雇（她最終嫁給格雷葛利）。但當時，這種事讓整個夏天變得「可怕、醜陋與可悲」。[68]

瑪麗承受的一切是否比托爾斯泰伯爵夫人更多？或許沒有，就某種意義來說，海明威不像托爾斯泰，而是個喜歡待在家裡的人，不想離家進入荒野。瑪麗學了西班牙語，把家打理得很好，參與了他大部分的娛樂短途旅行。海明威在某個時期曾寫過一份「狀況報告」，條列她的特質：「傑出的漁夫，飛鳥射擊還行，游泳很強，真是好廚子，對紅酒很有判斷力，優秀的園丁……在西班牙可以駕船或是操持一個家。」[69]但她在他的野外遠征隊裡經常受傷，他卻對她毫無同情心。她記錄了一次痛苦受傷後的典型爭吵。

「妳可以閉嘴嗎？」

「我盡力。」

「軍人不會叫。」

「我不是軍人。」[70]

他們在人前有令人震驚的爭吵，在人後則有令人害怕的暴力場面。有一回他把她的打字機摔在地上，打破了她珍愛的菸灰缸，把紅酒潑到她臉上，還叫她妓女。她回答，如果他試圖要趕她走，那她是不會離開這個房子的「你就試試看怎麼樣能趕我走，你不會得逞的……不管你說什麼、做什麼，除非殺了我，但那會很難處理，否則我會一直待在這裡，管理你的家跟你的莊園。直到某天早上你清醒的來找我，篤定且直接地跟我說你要我走。」[71]這是個太過精明而讓海明威難以接受的條件。

子女對海明威的婚姻通常保持緘默，有時在目睹這種夫妻生活而感到害怕。當海明威的雜耍團遊走世界時，年幼的他們多半被硬塞給保母或傭人，據說其中一個保母，艾妲・史登（Ada Stern）是女同性戀。最大的邦比偷酒來賄賂她，派崔克祈禱她會下地獄，而最小的格雷葛利卻害怕她會離開。[72]格雷葛利最終寫了有關他父親的書，揭露了難堪的實情。格雷葛利年輕時曾給加州警方惹了不少麻煩，他的母親寶琳雖然和海明威離婚已久，還是致電給海明威（在一九五一年九月三十日）告知這個消息，尋求安慰與指引。他回說都是她的錯——「看看妳是怎麼把他帶大的」，然後他們大吵一架，寶琳「對著電話咆哮，哭到停不下來」。當晚她身體痛到醒過來，隔天死在手術台上，得年五十六歲，死於腎上腺腫瘤，可能是情緒壓力導致病情惡化。海明威指責是兒子的違法害死他媽媽，兒子指責是父親的盛怒。「不是我的小麻煩讓母親煩惱，而是她過世的八小時前，跟他通的那個殘酷電話。」格雷葛利在他的書中提到：「如果一個人健康，那麼他當一個支配者來影響別人也很好，可是如果他的靈魂乾枯腐朽，你要怎麼鼓起勇氣告訴他，他現在惡臭難當？」[73]

海明威的靈魂當然沒有乾枯腐朽，真相是酒精中毒，他的酗酒對他的生活與工作來說很重要，甚至已經是核心，就像柯勒律治之於毒癮。海明威是漸進性酗酒的教科書經典個案，他被深層、長期而且可能是遺傳的憂鬱症誘發，然後因酗酒而更加惡化。他曾告訴麥克列許：「問題是，當我人生不順時，喝一杯馬上就感覺好多了。」[74]他十幾歲就開始喝酒，一個當地鐵匠迪沃斯（Jim Dilworth）會偷偷給他蘋果酒。他母親注意到他的習慣，總是害怕他會變成酒鬼（有一派說法認為，他開始重度飲酒，是在第一次跟他母親大吵一架後開始）。在義大利，他進展到紅酒，然後在米蘭的軍官俱樂部第一次喝烈酒。他所受的傷和不愉快的戀愛都誘導他重度飲酒：在醫院裡，他的衣櫃被發現滿是白蘭地空瓶，這是一個不祥的徵兆。一九二〇年代在巴黎，他在一家紅酒合作社買勃艮地產的紅酒，買進的單位是加侖，而且一餐飯就喝掉五到六瓶。他教費茲傑羅直接以酒瓶就口喝酒，說這就像「女人不穿泳衣游泳」。在紐約，他在簽了《太陽依舊升起》的合約後「好幾天」都「醉到站不直」，這或許是他第一次長期酗酒。民眾普遍以為二十世紀的慣用語「Have a drink－喝一杯」是他發明的。不過有些人，例如美國作曲家湯瑪森（Virgil Thomson）指責他吝於請人喝一杯，而他總是傾向於指責熟人白吃白喝，就像一九五〇年代他在古巴對戲劇評論家肯恩・泰南（Ken Tynan）所做的批評。[75]

海明威特別喜歡跟女人喝酒，在他看來，她們就像是代替他母親表示同意。海德莉跟他喝了很多酒，並寫道：「我依舊懷念你給我的評價，說我喝起酒來簡直讓你崇拜。」[76]在他糟糕的三〇年代，這個不幸的角色是由他在哈瓦那的酒伴珍・梅森來扮演。他們一起喝杜松子酒，然後是香檳與幾大罈子的冰黛綺莉（daiquiris）雞尾酒。在古巴那十年，他第一次喝到完全失控，有個調酒師說他「是我見過能喝下最多杯馬丁尼的人」。在友人桑切斯（Thorwald Sanchez）的家裡，他發酒瘋，把他的衣物丟到窗外，摔壞一組名貴的巴卡拉（Baccarat）玻璃杯。桑切斯的妻子嚇壞了，她尖叫並找來男管家把他鎖起來。在狩獵旅行時，有人看見他清晨五點就從帳篷偷溜出去喝一杯。他弟弟李賽斯特（Leicester）說，在一九三〇年代晚期，在西礁島，他一天要喝十七杯蘇格蘭威士忌加蘇打水，晚上經常帶著一瓶香檳就寢。

在此期間，他第一次肝臟發生劇烈疼痛。醫師告訴他必須戒酒，他也確實試著限制飲酒量，規定晚餐前只喝三杯威士忌，但這沒有持續下去。第二次世界大戰期間，他的飲酒量穩定增加，到了一九四〇年代中期時，有報導說他把杜松子酒倒進早餐的茶裡。哈奇納（A. E. Hotchner）在一九四八年為《柯夢波丹》（*Cosmopolitan*）雜誌採訪他時，說他迅速喝完七杯容量加倍的「雙分老爹」[4]，而且準備開車去吃晚餐時，又一起喝了第八杯。他宣稱：「我一晚要連喝十六杯。」他向他的出版商吹噓，說他從黃昏開始喝苦艾酒，晚餐時快速喝完一瓶紅酒，再轉換成伏特加，然後「貪杯威士忌加蘇打水直到凌晨三點」。他在古巴的餐前酒通常以蘭姆酒為基底，加入歐洲的馬丁尼，是十五比一調製。一九五〇年代早期，我在蒙帕納斯圓頂咖啡館（Dôme）外的露台，親眼看過他迅速一連喝掉六杯這玩意兒——他喝酒有很大部分是為了在大眾面前虛張聲勢。他的早餐飲料可能是杜松子酒、香檳、蘇格蘭威士忌或者「墨西哥灣流之死」（Death in the Gulf Stream）——這是他的另一項發明，一大杯的荷蘭杜松子酒加萊姆。此外，還有固定的威士忌：他兒子派崔克說他父親在人生的最後二十年，一天要喝一夸脫威士忌。

海明威酒量非凡。莉蓮．羅斯（Lillian Ross）曾為《紐約客》側寫他，卻沒怎麼注意到他們對話時，海明威其實已經喝了很多。丹尼斯．查非納說到他最後一次狩獵之行：「我猜他一直都有喝，但很少顯露出來。」海明威還展現出短時間內減少飲酒量，甚至完全戒掉奇特能力，這一點，加上他壯碩的體格，讓他得以保命。但是，長期酗酒的影響還是無法改變的，喝酒也是他意外次數特別多的原因。華特・班雅明（Walter Benjamin）曾經將知識分子（他自己）定義為「眼鏡在鼻子上，秋天在心上」。海明威的心上肯定有秋天——確切來說是寒冬——但他始終不願在鼻樑上戴眼鏡，儘管這是遺傳自母親，他的左眼視力不佳（他母親也出於虛榮而不願戴眼鏡）。

以上原因，或許再加上他粗壯笨拙的身材，海明威一生都很容易發生意外。這份清單長到嚇死人：[77]他小時候跌倒時棍子穿進嘴裡，刺破他的扁桃腺。魚鉤刺進他的背。在足球與拳擊比賽中受傷。一九一八年，他在戰爭中被炸傷，又揮拳砸碎玻璃陳列櫃。兩年後，他走在碎玻璃上割傷了腳，還因為失足撞到繫船繩的小木樁而內出血。他在對熱水爐揮拳時嚴重燙傷（一九二二年），足部韌帶撕裂傷（一九二五年），被他兒子刺傷瞳孔，而且是視力好的那一眼（一九二七年）。一九二八年春季是他第一次重大酒醉意外，當時回到家，他誤把天窗的繩索看成廁所的鎖鏈，拉下整個沉重的玻璃框架並砸在他的頭上，

4「雙分老爹」（Papa Doubles）是以海明威命名的哈瓦納調酒。

造成腦震盪而且需要縫九針。他的腹股溝肌肉撕裂傷（一九二九年）。打沙袋時傷了食指，被一匹狂奔的馬撞傷，在車禍中傷了手臂（一九三〇年）。試圖用魚叉捉鯊魚，但因為酒醉而射到自己的腳（一九三五年）。他用腳踢一扇上了鎖的大門傷了腳拇趾，想穿過鏡子而撞傷腳，視力較差的那一眼瞳孔也因此受傷（一九三八年）。一九四四年又發生兩次腦震盪，一次是在燈火管制期間把車開進蓄水池，另一次是從摩托車上跳下水溝。一九四五年，他堅持代替司機載瑪麗到芝加哥機場，車子打滑並撞進土裡，他斷了三根肋骨與一邊膝蓋，額頭也撞凹了（瑪麗則飛出擋風玻璃）。一九四九年，他跟一隻獅子玩耍時被嚴重抓傷。一九五〇年，他在自己的船上摔跤，頭跟腿上都有又深又長的劃傷，割斷一條動脈，造成第五次腦震盪。一九五三年，他跌下車時扭傷肩膀，而且那個冬季他在非洲出了一連串意外：在酒醉時為了撲滅荒野的大火而嚴重燒傷，還有兩次飛機失事，再度腦震盪與頭蓋骨破裂，兩節脊椎盤破裂，受了內傷，肝臟、脾臟、腎臟破裂，燙傷，肩膀與手臂脫臼，括約肌癱瘓。這些意外事故多是伴隨著酒醉而來，幾乎一直持續到他死亡：一九五八年韌帶撕裂傷，爬籬笆時扭傷腳踝，一九五九年又發生一場車禍。

雖然他體格壯碩，但酒精中毒還是直接影響了他的健康，從一九三〇年代晚期開始，他的肝臟開始受損。一九四九年，他在義大利康帝諾丹佩佐（Contino d'Ampezzo）滑雪時，灰塵跑進他眼睛，加上酗酒，引起非常嚴重的丹毒，從那時直到十年之後，他一直為此病所苦，從鼻子到嘴巴一帶，都有朱紅色、如薄片般覆蓋的傷疤。從這時開始，以及後來他在西班牙最後一次大喝特喝（一九五九年），他的肝腎都出了毛病，而且可能有血鐵沉積症（表現為肝硬化、古銅色皮膚、糖尿病）、踝關節浮腫、抽筋、慢性失眠、血栓與尿酸過高，還有皮膚病。[78]他虛弱無力，過早老化。最後一張他不勝唏噓的照片，是他在愛達荷州的房子附近走著，其身體狀況不言自明。即便如此，他依然能站，也還活著。但活著這種想法，他越來越無法忍受。他的父親自殺是因為恐懼致命疾病。海明威則是害怕他的疾病不會致命：一九六一年七月二日，在憂鬱症與妄想症多次治療失敗後，他握住他最好的英國雙管霰彈槍，裝上兩個霰彈筒，炸開了他整個頭顱。

為什麼海明威渴望死亡？這在作家當中一點也不稀奇。與他同時代的伊夫林．沃（Evelyn Waugh）是地位與他相當的英語作家，也渴望死亡。但是伊夫林．沃不是知識分子：他沒想過要靠自己的智能重新設計人生的規則，而是屈服於教會的傳統教義，在海明威過世五年後自然死亡。海明威建立的規範基於榮譽、真實、忠於自我，但這三者他都搞砸了，而這三者也毀了他，更嚴重的是，他或許覺得他在自己的藝術中是失敗者。海明威有很多嚴重的缺失，但有一樣他並不缺乏——對藝術的真誠，像燈塔般照亮他的全部生命。他為自己設立的任務，是創造新的英語寫作與小說寫作方法，而且他成功了。這是我們語言史中的重要事件，也是現在的英語中無法避免的一部分。他以巨大的創作技巧、精力與耐心，全心投入這項任務。這件事本身就艱難。但正如他所發現的，更艱難的是要維持他為自己設立的諸多創作高標準，這在一九三〇年代中期的他身上就清楚可見，並加重了他慣有的憂鬱症。從那時起，他少數成功的作品都只是他長期走下坡的例外。要是海明威少一點藝術家氣息，只是一個普通人，這些事或許對他來說無關痛癢——他大可以單純繼續寫作與出版次級的小說，許多作家都這麼做。但是當他寫得比他最好的小說還差，他會自知，而且無法忍受。他尋求酒精的幫助，甚至連工作時都喝酒。他第一次被看到邊喝邊寫，是在一九二〇年代，擺在他面前的是一瓶聖詹姆士金萊姆酒（Rum St James）。這個習慣起初很少出現，然後偶爾出現，再變成恆久不變。到了一九四〇年代，據稱他會在凌晨四點半起床，「通常會馬上喝一杯，並站著寫作，一手拿筆，一手拿著酒」。[79]可以預見這對他工作的影響是悲慘的，一個有經驗的編輯總是能看出作品的哪個部分是在酒精的幫助下創作出來的，無論寫作者多有才華。海明威開始創作出大量無法出版的作品，以及他覺得還不到他自己最低標準的作品。儘管有些還是發表了，但是看起來比較弱，甚至像在拙劣地模仿他之前的作品。有一、兩部作品是例外，尤其是《老人與海》，但這部作品也有自我模仿的成分。整體而言，他後來的作品水準低落，而且還在下降，海明威意識到他無法讓他的天賦再現，更別說發展了，於是加速了憂鬱與飲酒的螺旋。他是被自己的藝術所殺，他的人生包含一個所有知識分子都該學會的教訓：徒有藝術是不夠的。

[66] Gregory Hemingway, p. 109; Meyers, pp. 447 ff; Adriana's side is put in her book of reminiscences, *La Torre Bianca* (Milan, 1980), which she wrote before committing suicide.

[67] Kert, p. 476.

[68] Mary Welsh Hemingway, *How It Was* (New York, 1976), p. 602.

[69] By-Line, p. 473.

[70] Mary Welsh Hemingway, p. 607.

[71] 出處同上., pp. 280-81.

[72] Kert, pp. 268 ff.

[73] Meyers, p. 480; *Selected Letters*, p. 367; Gregory Hemingway, p. 100.

[74] Meyers, p. 351.

[75] Kathleen Tynan, *The Life of Kenneth Tynan* (London, 1987), pp. 164-66.

[76] Letter of 11 November 1920, quoted in Lynn, pp. 127-28.

[77] It is printed in Meyers, Appendix I, pp. 573-75.

[78] 完整的醫學分析參見Lynn, pp. 528-31.

[79] C. L. Sulzberger, *A Long Row of Candles* (New York, 1969), p. 612.

179 ff.

[48] Letter to Archibald MacLeish, August 1943, quoted in Meyers, p. 514; E. Fuller Tolley, *The Roots of Treason: Ezra Pound and the Secrets of St Elizabeth's* (London, 1984).

[49] A Moveable Feast (New York, 1964), pp. 208-9.

[50] Meyers, pp. 205-6; Ludington Townsend, *John Dos Passos: A Twentieth-Century Odyssey* (New York, 1980).

[51] See Lynn, pp. 38-48.

[52] Letter to Arthur Mizener, 2 June 1950, in *Selected Letters*, p. 697.

[53] Kert, *The Hemingway women*, p. 170; 這部作品是海明威的妻子與女友們的資訊主要來源。

[54] Quoted in Lynn, p. 356.

[55] Kert, pp. 296-97.

[56] Carlos Baker, Ernest Hemingway: *A Life Story* (New York, 1969), p. 380.

[57] Meyers, p. 353.

[58] Kert, pp. 391-92.

[59] *Selected Letters*, p. 576.

[60] Gregory H. Hemingway, *Papa* (Boston, 1976), pp. 91-92.

[61] Meyers, p. 416.

[62] Quoted in Meyers, p. 394.

[63] *Selected Letters*, p. 572; Meyers, p. 530.

[64] Letter of Martha Gellhorn to Clara Spieghel, 17 May 1940, quoted in Meyers, p.353.

[65] Lynn, pp. 517, 577; Meyers, p. 426.

[33] Herbert Matthews, *A World in Revolution* (New York, 1971), pp. 24-25,

[34] Quoted in Meyers, p. 426.

[35] Quoted in Michael S. Reynolds, *Hemingway's Reading 1910-40* (Princeton, 1981), p. 4.

[36] For Hemingway's lies, see Meyers, pp. 9, 15-16, 27, etc; Lynn, pp. 74, etc.

[37] For this subject, see Michael S. Reynolds, *Hemingway's First War* (Princeton, 2. 1976).

[38] Letter to Hadley Hemingway, 31 January 1938, quoted in Lynn, p. 447.

[39] John Dos Passos, *Best Times* (New York, 1966), p. 141.

[40] *The Green Hills of Africa* (New York, 1935), p. 71.

[41] Letter of 9 February 1937, in *Selected Letters*, p. 458; letter to Harry Sylvester, 1 July 1938, quoted in Meyers, p. 303.

[42] See Hugh Thomas, *The Spanish Civil War* (London, 1982 edition), p. 706 and note; Lynn, pp. 448-49; *Selected Letters*, p. 463; Meyers, p. 307.

[43] 'Fascism is a Lie', *New Masses*, 22 June 1937.

[44] 此事詳情，寫得最好的是Meyers, Chapter 18, 'Our Man in Havana', pp. 367-88; see also Lynn, pp. 502 ff.

[45] Spruille Braden, *Diplomats and Demagogues* (New York, 1971).

[46] Meyers, p. 370.

[47] Jacqueline Tavernier-Courbin, 'Ernest Hemingway and Ezra Pound', in James Nagel (ed.), *Ernest Hemingway*: The Writer in Context, pp.

[15] Madeleine Hemingway Miller, *Ernie* (New York, 1975), p. 92. Kenneth S. Lynn, *Hemingway* (New York, 1987), pp. 19-20, 說這些日常宗教儀式，只在海明威祖父在世時舉行。

[16] Lynn, p. 115.

[17] Carlos Baker (ed.), *Ernest Hemingway: Selected Letters, 1917-61* (New York, 1. 1981), p. 3.

[18] For Hemingway's religion, see Jeffrey Meyers, *Hemingway: A Biography* (London, 1985), pp. 31-32,178, etc.; Lynn, pp. 70, 249, 312-14, etc.

[19] Quoted in Lynn, pp. 117-18.

[20] Quoted in Bernice Kert, *The Hemingway Women* (New York, 1983), p. 27.

[21] *Selected Letters*, pp. 670, 663.

[22] Lynn, p. 233.

[23] Lynn, pp. 234 ff; see also B.J. Poli, *Ford Madox Ford and the Transatlantic Review* (Syracuse, 1967), p. 106.

[24] Lynn, p. 230.

[25] Quoted in Meyers, p. 24.

[26] Meyers, p. 94.

[27] See *Paris Review*, Spring 1981.

[28] Given in Meyers, p. 137.

[29] William White (ed.), *By-Line: Ernest Hemingway: Selected Articles and Dispatches of Four Decades* (New York, 1967), p. 219.

[30] Quoted in Meyers, pp. 74-75.

[31] *New Yorker*, 29 October 1927.

[32] Introduction to an anthology, *Men at War* (New York, 1942).

Harvard, 1960-) vol. vii, p. 435.

[3] Thomas Wentworth Higginson, *Every Saturday*, 18 April 1868.

[4] For this see Joel Porte, *Representative Man: Ralph Waldo Emerson in His Time* (New York, 1979).

[5] *Correspondence of Emerson and Carlyle* (New York, 1964), p. 14.

[6] Entry for 25 April 1848 in Joel Porte (ed.), *Emerson in his Journals* (Harvard, 1982), p. 385.

[7] Henry James, *The Art of Fiction*, pp. 223-24.

[8] *Journals and Misc. Notebooks*, vol. viii, pp. 88-89, 242.

[9] 出處同注釋8., vol. ix, p. 115.

[10] 出處同注釋8., vol. vii, p. 544.

[11] 參見以下極富啟發性的文章：Mary Kupiec Cayton, 'The Making of an American Prophet: Emerson, his audience and the rise of the culture industry in nineteenth-century America', *American Historical Review*, June 1987.

[12] See Paul Boyer, *Urban Masses and Moral Order in America, 1820-1920* (Harvard, 1978), p. 109.

[13] Quoted in Wagenknecht, p. 170; cf. Lewis S. Feuer, 'Ralph Waldo Emerson's Reference to Karl Marx', *New England Quarterly*, xxxiii (1960).

[14] 有關葛蕾絲・海明威，參見Max Westbrook, 'Grace under Pressure: Hemingway and the Summer of 1920' in James Nagel (ed.), *Ernest Hemingway: The Writer in Context* (Madison, Wisconsin, 1984), pp. 77 ff；全家的描述參見Marcelline Hemingway Sandford, At the Hemingways: A Family Portrait (Boston, 1961).

Peace。Kutuzov這個角色是經歷多次修改，被改成「又矮、又老、又軟弱、還沉迷於酒色」，而歷史事實是「他是俄羅斯人民永難忘懷的象徵人物」。

[49] Simmons, pp. 317-18.

[50] For a shrewd analysis of Tolstoy's Christianity, see Steiner, pp. 260-65.

[51] Diary entry of August 1898, quoted in Steiner, p. 259.

[52] 這些附帶意見主要來自George Steiner's Introduction to Bulgakov, and from Bulgakov's text.

[53] Simmons, pp. 493 ff.

[54] 這是一九八〇年十二月十七日的日記條目。托爾斯泰伯爵夫人的日記出版資訊：*The Diary of Tolstoy's Wife, 1860-1891* (London, 1928)；托爾斯泰伯爵夫人後來的日記出版資訊：*The Countess Tolstoy's Later Diaries, 1891-97* (London, 1929); *The Final Struggle: Being Countess Tolstoy's Diary for 1910* (London, 1936).

[55] See Bulgakov's own introduction to his *The Last Year of Leo Tolstoy*, esp. pp. xxiii-iv.

[56] Bulgakov, p. 162.

[57] Bulgakov, pp. 166 ff, 170-71.

[58] Bulgakov, p. 197.

第六章　海明威：嗜酒如命的大師／騙子

[1] See Edward Wagenknecht, *Ralph Waldo Emerson: Portrait of a Balanced Soul* (New York, 1974), Chapter 6, 'Polities', pp. 158-201.

[2] *Journals and Miscellaneous Notebooks of Ralph Waldo Emerson* (14 vols.,

[28] Letter to N. N. Strakhov, author of an article, The Feminine Question', refuting J. S. Mill. Quoted in Simmons.

[29] Crankshaw, pp. 145-52.

[30] Edwards, pp. 77-87; Crankshaw, pp. 196-204; Simmons, p. 270.

[31] Edwards, p. 267.

[32] 托爾斯泰的字跡，可以看托爾斯泰的親筆文件，見photo in Crankshaw, p. 247.

[33] Crankshaw, p. 198.

[34] Quoted in Troyat, pp. 525-26.

[35] Leo Tolstoy, *Recollections*.

[36] Troyat, p. 141.

[37] Quoted in Maude, pp. 250-51.

[38] Crankshaw, p. 172.

[39] Simmons, p. 400.

[40] 列文兄弟之死見於《安娜．卡列尼娜》，拒絕出席葬禮則見於《戰爭與和平》。

[41] Note of 16 December 1890.

[42] Quoted in Troyat, p. 133.

[43] Troyat, p. 212.

[44] Crankshaw, pp. 237-38.

[45] Letter to her sister, quoted in Simmons, p. 429.

[46] Simmons, p. 738.

[47] Quoted in Isaiah Berlin, *The Hedgehog and the Fox: An Essay on Tolstoy's View of History* (London, 1953), p. 6.

[48] 範例參見Berlin: the character of Kutuzov (a real person) in *War and*

[9] 3 November 1853, in *Diary*, p. 79.

[10] Maude, *Life*, p. 37.

[11] Maude, p. 126.

[12] Maude, p. 200; Troyat, p. 194.

[13] R. F. Christian, *Tolstoy: A Critical Introduction* (Cambridge, 1956).

[14] Edward Crankshaw, *Tolstoy: The Making of a Novelist* (London, 1974) is particularly good on Tolstoy's strengths and weaknesses as a writer.

[15] Elizabeth Gunn, *A Daring Coiffeur: Reflections on War and Peace and Anna Karenina* (London, 1971).

[16] Both passages quoted by Gunn.

[17] Quoted in Steiner, p. 229.

[18] Quoted in Crankshaw, p. 66.

[19] Entries for 25 and 27 July, 1 August 1857, in *Diary*; see also Introduction, p. xxiii.

[20] *Diary*, pp. 10,158.

[21] *Diary*, pp. 10-16; Crankshaw, p. 128.

[22] Troyat, p. 63.

[23] Quoted in Anne Edwards, *Sonya: The Life of Countess Tolstoy* (London, 1981), p. 43.

[24] Troyat, p. 212.

[25] Quoted in Valentin F. Bulgakov, *The Last Year of Leo Tolstoy* (trans., London, 1971), pp. 145-46.

[26] *Diary*, Introduction, p. xxi.

[27] Quoted in Ernest J. Simmons, *Leo Tolstoy* (London, 1949), pp. 621-22.

[48] Quoted in Meyer, p. 646.

[49] Meyer, pp. 653-54.

[50] The letters to Emilie Bardach are in *Letters and Speeches*, pp. 279-98.

[51] Meyer, p. 97.

[52] Letter to Magdalene Thoresen, 3 December 1865.

[53] Meyer, pp. 250-51.

[54] Meyer, p. 131.

[55] Bergliot Ibsen, pp. 61-62.

[56] Bergliot Ibsen, pp. 52, 79, 82 etc.

[57] Meyer, pp. 280-81, 295-97.

[58] Meyer, p. 581.

第五章　托爾斯泰：熱愛「上帝視角」的沒落貴族

[1] Quoted in George Steiner, *Tolstoy or Dostoievsky* (London, 1960).

[2] Diary entries for 12 October, 2-3 November 1853; 7 July 1857; 18 July 1853 in Aylmer Maude (ed.), *The Private Diary of Leo Tolstoy 1853-57* (London, 1927), pp. 79-80, 37, 227,17.

[3] Maxim Gorky, *Reminiscences of Tolstoy, Chekhov and Andreev* (London, 1934), quoted in Steiner, p. 125.

[4] 19 January 1898, in Diary.

[5] Quoted in Henri Troyat, *Tolstoy* (trans., London, 1968), pp. 133-40.

[6] Ilya Tolstoy, Tolstoy, *My Father* (trans., London, 1972).

[7] Leo Tolstoy, 'Boyhood'.

[8] Quoted in Aylmer Maude, *Life of Tolstoy* (London, 1929), p. 69.

[24] Heiberg, pp. 20-22.

[25] For Else see Meyer (3 vols.), vol. i, pp. 47-48.

[26] Heiberg, p. 34.

[27] The episode is related in Meyer (3 vols.), vol. iii, p. 206.

[28] Heiberg, p. 241.

[29] Meyer, p. 55.

[30] Quoted in Meyer, pp. 304-5.

[31] Meyer, pp. 293-94.

[32] Printed in Letters and Speeches, pp. 315-16.

[33] Bergliot Ibsen, pp. 84-85.

[34] Quoted in Meyer, pp. 287-88.

[35] Quoted in Meyer, p. 332.

[36] Preface to *Cataline* (1875 edition).

[37]《聽憑》裡包括John Northam的選集。

[38] Meyer, p. 659.

[39] 楊森的日記在一九一三年出版。

[40] Quoted in Meyer, p. 531.

[41] Heiberg, pp. 245-46; see Ibsen's speech to the working men of Trondhjem, 1. 14 June 1885, in *Letters and Speeches*, pp. 248-49.

[42] *Letters and Speeches*, pp. 251-56.

[43] Meyer, p. 703.

[44] *Letters and Speeches*, pp. 337-38.

[45] Meyer, pp. 815-16.

[46] Meyer, pp. 636 ff.

[47] E.A. Zucker, Ibsen: *The Master Builder* (London, 1929).

[5] Meyer, p. 197 note.

[6] *Rhymed Letter to Fru Heiberg.*

[7] Some of George Brandes's views are in 'Henrik Ibsen: Personal Reminiscences and Remarks about his Plays', *Century Magazine*, New York, February 1917.

[8] Quoted in Meyer, pp. 775-76.

[9] Quoted in Bergliot Ibsen, *The Three Ibsens: Memories of Henrik I, Suzannah l and Sigurd I* (trans., London, 1951), pp. 17-18.

[10] Meyer, p. 432; Paulsen's memoirs were published in Copenhagen in 1903.

[11] Halvdan Koht, *Life of Ibsen* (2 vols., trans., London, 1931), vol. iL p. 111.

[12] 耶格對易卜生的記錄出版於一九六〇年，參見Meyer, p. 603.

[13] Quoted in Meyer, p. 592.

[14] Bergliot Ibsen, p. 92.

[15] Meyer, pp. 339, 343-4.

[16] Hans Heiberg, *Ibsen: A Portrait of the Artist* (trans., London, 1969), p. 177.

[17] Meyer, pp. 689-90.

[18] Meyer, pp. 575-76.

[19] Meyer, p. 805.

[20] Meyer, pp. 277-78.

[21] Meyer, p. 500.

[22] Meyer, p. 258.

[23] Letter of 9 December 1867, in Meyer, pp. 287-88.

1844-55' in *Karl Marx*: 100 Years On (London, 1983), pp. 273-305, and her *Eleanor Marx* (2 vols., London, 1972).

[58] Payne, p. 257.

[59] 蘇聯當局出版了刪改版，現存手稿鎖在莫斯科的馬克思—恩格斯—列寧研究所。另一版或許也受到審查，一九六五年在萊比錫出版。

[60] 關於這一點與馬克思生平的其餘日期，參見Maximilien Rubel的年鑑調查：*Marx: Life and Works* (trans., London, 1980); 私生子的存在最先揭露於W. Blumenberg, *Karl Marx: An Illustrated Biography* (1962, English trans. London, 1972).

[61] See Payne, pp. 538-39.

第四章　易卜生：在家也配戴勳章的偉大劇作家

[1] 17 May 1814.

[2] See Brian W. Downs, *Ibsen: The Cultural Background* (Cambridge, 1948) and the introduction to John Northam (trans, and ed.), *Ibsen's Poems* (Oslo, 1986).

[3] 'Memories of Childhood', written in January 1881, printed in Evert Sprinchorn (ed.), *Ibsen: Letters and Speeches* (London, 1965), pp. 1-6.

[4] 易卜生的生平事證，我主要仰賴Michael Meyer's biography: *Henrik Ibsen: i. The Making of a Dramatist*, 1828-64 (London, 1967); l'i. The Farewell to Poetry, 1864-82 (London, 1971); in. The Top of a Cold Mountain, 1886-1906 (London, 1971). 然而，為了方便讀者查找，我的附注通常出處是精簡版Henrik Ibsen (London, 1974).

1973), p. 455.

[40] Payne, pp. 50 ff.

[41] Marx-Engels, *Collected Works*, vol. ii, pp. 330-31.

[42] Marx, *On Britain* (Moscow, 1962), p. 373.

[43] Payne, pp. 251 ff; Michael Bakunin, *Oeuvres* (Paris, 1908).

[44] E.g., *Marx-Engels Gesamt-Ausgabe*, vol. xxxiii, p. 117.

[45] *Marx-Engels Gesamt-Ausgabe*, vol. xxxi, p. 305.

[46] 它出現在《資本論》的一個注腳，見vol. i, ii, vii Chapter 22.

[47] Quoted in Payne, p. 54.

[48] *Marx-Engels Gesamt-Ausgabe*, vol. xxvii, p. 227.

[49] *Marx-Engels Gesamt-Ausgabe*, vol. xxx, p. 310; Engels's reply is in vol. xxx, p. 312.

[50] *Marx-Engels Gesamt-Ausgabe*, vol. xxxi, p. 131.

[51] 有關馬克思財務狀況的進一步資訊，參見David McLellan, *Karl Marx: Interviews and Recollections* (London, 1981) and his *Karl Marx: The Legacy* (London, 1983); Fritz J. Raddatz, *Karl Marx: A Political Biography* (trans., London, 1979).

[52] *Marx-Engels Gesamt-Ausgabe*, vol. xxvii, p. 500.

[53] *Marx-Engels Gesamt-Ausgabe*, vol. xxvii, p. 609.

[54] Printed in *Archiv fu ̈ r Geschichte des Socialismus* (Berlin, 1922), pp. 56-58; in Payne, pp. 251 ff.

[55] *Marx-Engels Gesamt-Ausgabe*, pp. 102-3.

[56] *Marx-Engels Gesamt-Ausgabe*, vol. iii, pp. 4, 569.

[57] For Marx's family, see H. F. Peters, *Red Jenny: A Life with Karl Marx* (London, 1986); Yvonne Kapp, 'Karl Marx's Children: Family Life

[23] Engels to Marx, 19 November 1844, *Marx-Engels Gesamt-Ausgabe* (Moscow, 1. 1927-35), 1 part iii (1929).

[24] Henderson & Challoner, Appendix v, from Dr Loudon's *Report on the Operation of the Poor Laws*, 1833,列舉了恩格斯錯誤引述的典型例子，嚴重扭曲了Loudon的本意。

[25] *Nationalökonomie der Gegenwart und Zukunft*, i (Frankfurt, 1848), pp. 155-61, 170-241.

[26] 馬克思方法的一般分析，參見Leslie R. Page, *Karl Marx and the Critical Examination of his Works* (London, 1987).

[27] 這件事有七份倫敦報紙報導，日期為一八六三年四月十七日。

[28] See David F. Felix, *Marx as Politician* (London, 1983), pp. 161-62, 269-70.

[29] 出處同上., p. 147.

[30] For this see Page, pp. 46-49.

[31] See also Felix, and Chushichi Tsuzuki: *The Life of Eleanor Marx, 1855-98: A Socialist Tragedy* (London, 1967).

[32] Payne, p. 81.

[33] 出處同上., p. 134.

[34] Geinzen's account was published in Boston in 1864; quoted in Payne, p. 155.

[35] *Marx-Engels Gesamt-Ausgabe*, vol. vi, pp. 503-5.

[36] *Marx-Engels Gesamt-Ausgabe*, vol. vii, p. 239.

[37] Payne, p. 475 note.

[38] Stephan Lukes, *Marxism and Morality* (Oxford, 1985), pp. 3 ff.

[39] Quoted in David McLellan, *Karl Marx: His Life and Thought* (London,

[5] *Marx-Engels Werke*, vol. iii, pp. 69-71.

[6] Payne, pp. 166 ff.

[7] Text in Marx-Engels, *Selected Correspondence 1846-95* (New York, 1936), pp. 90-91.

[8] *Capital*, Everyman edition (London, 1930), p. 873.

[9] T.B. Bottomore (trans, and ed.), *Karl Marx: Early Writings* (London, 1963), pp. 34-37；論猶太人的文章同樣見於*Karl Marx-Engels Collected Works* (London, 1975 ff), vol. iii, pp. 146-74.

[10] 馬克思的寫作在*A Contribution to the Critique of Hegel's Philosophy of Law* (1844), *The Economic and Philosophical Manuscripts of 1844* (first published in 1932), and *The German Ideology* (1845-46)中來到決定性階段。

[11] 這些文章極有價值的探討，參見Payne, pp. 98 ff.

[12] Payne, p. 86.

[13] Payne, pp. 134-36.

[14] *Marx-Engels Werke*, vol. xxx, p. 259.

[15] Karl Jaspers, 'Marx und Freud', *Der Monat*, xxvi (1950).

[16] Geoffrey Pilling, *Marx's Capital* (London, 1980), p. 126.

[17] Louis Althusser, *For Marx* (trans. London, 1969), pp. 79-80.

[18] Printed in *Engels on Capital* (London, 1938), pp. 68-71.

[19] *Capital*, pp. 845-46.

[20] *Capital*, pp. 230-311.

[21] *Capital*, p. 240, note 3.

[22] W.O. Henderson & W.H. Challoner (trans, and eds.), *Engels's Condition of the Working Class in England* (Oxford, 1958).

[65] *Letters*, vol. i, pp. 362-63.

[66] A.M.D. Hughes, *The Nascent Mind of Shelley* (Oxford, 1947), pp. 131 ff.

[67] Such as Art Young, see note 4 above.

[68] See Scrivenor, *Radical Shelley* (Princeton, 1982), pp. 198-210

[69] See Edward Duffy, *Rousseau in England: The Context for Shelley's Critique of the Enlightenment* (Berkeley, 1979).

[70] Claire Clairmont to Edward Trelawney, 30 September 1878, printed in the Carl H. Pforzheimer Library Bulletin iv, pp. 787-88.

[71] Shelley to John Gisborne, 18 June 1822, in *Letters*, vol. ii, pp. 434-37.

[72] Holmes, p. 728; *Letters*, vol. ii, p. 433.

[73] F.L. Jones (ed.), *Maria Gisborne and Edward E. Williams: Their Journals and Letters* (London, 1946), p. 149.

[74] Holmes, p. 729; Edward Dowden, *Life of P. B. Shelley* (2 vols., London, 1886), vol. ii, pp. 534 if.

第三章　馬克思：偽造科學的災難預言家

[1] Edgar von Westphalen, quoted in Robert Payne, *Marx* (London, 1968), p. 20.

[2] 論馬克思的精彩文章，參見Robert S. Wistrich: *Revolutionary Jews From Marx to Trotsky* (London, 1976).

[3] Letter to Engels, 11 April 1868, *Karl Marx-Friedrich Engels Werke* (East Berlin, 1956-68), vol. xxxii, p. 58.

[4] For Marx's poetry see Payne, pp. 61-71.

[53] 海登把這些評論，寫在他以下藏書的頁緣空白處：Medwin's *Conversations with Lord Byron* (now at Newstead Abbey, Roe-Byron Collection); quoted in Moore, pp. 301-2.

[54] *Letters*, vol. i, p. 423, note 1; Shelley's letters to Hogg, 1 January and 26 April 1815, vol. i, pp. 423, 426; eleven letters of Mary to Hogg survive.

[55] Robert Ingpen and W.E. Peck (eds.), *Complete Works of P.B. Shelley* (New York, 1926-30), vol. vii, p. 43.

[56] Letter of 10 January 1812, in *Letters*, vol. i, pp. 227 ff.

[57] 雪萊與高德溫財務往來的詳情，參見Holmes, pp. 223-38, 250, 269-70, 284, 307, 311-21, 346, 379, 407-13, 526.

[58] Harriet to Mrs Nugent, 11 December 1814, in *Letters*, vol. i, p. 422, note.

[59] Letter of 7 March 1841, in Thomas Pinney (ed.), *Letters of Thomas Babington Macaulay* (6 vols., Cambridge, 1974-81), vol. iii, p. 366.

[60] Quoted in Ann Blainey, *Immortal Boy: A Life of Leigh Hunt* (London, 1985), p. 189.

[61] *Letters*, vol. i, pp. 366, 379, note.

[62] Holmes, p. 161.

[63] For Roberts, see *Letters*, vol. i, p. 339, note 1 to Letter 215; for Bedwell, *Letters*, vol. i, p. 362; for the Williamses, Letters, vol. i, pp. 360 and note, 386-87; for Evans, *Letters*, vol. i, pp. 332-33, 339.

[64] For the booksellers, see Shelley to John Slatter, 16 April 1811; Henry Slatter to Sir Timothy Shelley, 13 August 1831; letter from Shelley, 23 December 1814; *Letters*, vol. i, pp. 438, note 1, 411.

[39] *Letters*, vol. i, p. 196.

[40] *Letters*, vol. i, p. 314.

[41] Holmes, p. 216.

[42] *Letters*, vol. i, p. 530.

[43] *Letters*, vol. ii, pp. 264-65.

[44] Holmes, pp. 442-47; see also Ursula Orange: 'Shuttlecocks of Genius', *Keats-Shelley Memorial Bulletin*, clixv.

[45] See letters of Byron to Hoppner, 10 September and 1 October 1820, in *Byron's Letters and Journals*, vol. 7, pp. 174, 191.

[46] Byron to Douglas Kinnaird, 20 January 1817, in *Byron's Letters and Journals*,1. vol. 5, pp. 160-62.

[47] Claire Clairmont to Byron, 6 May 1816, Murray Mss, quoted in Doris Langley Moore, *Lord Byron: Accounts Rendered* (London, 1974), p. 302.

[48] 有一說認為母親是保母艾莉絲（Elise），是由Ursula Orange提出，參見'Elise, Nursemaid to the Shelleys', *Keats-Shelley Memorial Bulletin*, 1955. 理查・福爾摩斯雖然是雪萊最好的傳記作家，但在這個公案上說法卻似乎不合情理，實際上有兩種不同看法，其中之一參見 *Shelley: The Pursuit and another in Footsteps.*

[49] August 1821; quoted in Moore.

[50] See Byron's letters to J.B. Webster, 8 September 1818, and to John Cam Hobhouse and Douglas Kinnaird, 19 January 1819, printed in *Byron's Letters and Journals*, vol. vi, pp. 65, 91-92.

[51] *Letters*, vol. i, p. 323.

[52] Letter to Byron, 14 September 1821, quoted in Moore.

[17] 出處同注釋15，p. 57.

[18] Letter to John Williams, in *Letters*, vol. i, p. 330.

[19] 出處同注釋18，pp. 139-40,146-47,148-49.

[20] 出處同注釋18，p. 155.

[21] 出處同注釋18，pp. 156,163.

[22] 出處同注釋18，p. 165.

[23] 出處同注釋18，pp. 205-6.

[24] F.L. Jones (ed.), *Mary Shelley's Journal* (London, 1947), p. 17.

[25] N.I. White, *Shelley* (2 vols., New York, 1940), vol. i, pp. 547-52.

[26] See Louis Schutz Boas, *Harriet Shelley: Five Long Years* (Oxford, 1962).

[27] Letters of 14 July, 27 August, 15 September and 16 September 1814, in *Letters*, vol. i, pp. 389-90, 391-92, 394, 396.

[28] Letter of 26 September 1814, in *Letters*, vol. i, pp. 396-97.

[29] Letter of 3 October 1814, in *Letters*, vol. i, p. 403.

[30] Letters of 3 and 25 October 1814, in *Letters*, vol. i, pp. 400, 410.

[31] Letter of 14 November 1814, in *Letters*, vol. i, p. 421.

[32] *Letters*, vol. i, p. 520, footnote.

[33] See the account of Harriet's last phase in Boas, Chapter vii, pp. 183 ff.

[34] Letter of 16 December 1814, *Letters*, vol. i, pp. 519-21. 這封信的真實性，後來被雪萊維多利亞時代的辯護者質疑，但看起來沒有懷疑的理由。See Holmes, p. 353 and footnote.

[35] *Letters*, vol. i, pp. 511-12.

[36] Letter of 10 December 1812, *Letters*, vol. i, p. 338.

[37] For Fanny Imlay, see Holmes, pp. 347 ff.

[38] Letter to Godwin, *Letters*, vol. i, p. 311.

[5] Essays in Criticism, *Second Series: Byron*, reprinted in Matthew Arnold, Selected Prose (Harmondsworth, 1982), pp. 385-404.

[6] Byron to John Murray, 3 August 1822; to Thomas Moore, 4 March 1822; both in Leslie A. Marchand (ed.), *Byron's Letters and Journals* (11 vols., London, 1973-82), vol. ix, pp. 119,189-90.

[7] 雪萊最好的自傳，是一部先驅作品，Richard Holmes, *Shelley: The Pursuit* (London, 1974).這應以福爾摩斯論雪來的文章*Footsteps: Adventures of a Romantic Biographer* (London, 1985)來補充說明。

[8] For Sir Timothy Shelley, see R. C. Thorne (ed.), *History of Parliament: House of Commons 1790-1820* (London, 1986), vol. v, *Members Q-Y*, pp. 140-41.

[9] 少年雪萊的激進化歷程，見Holmes, pp.25 ff; and K. M. Cameron, *The Young Shelley: Genesis of a Radical* (New York, 1950).

[10] N. Mackenzie (ed.), Secret Societies (London, 1967), p. 170; Nesta Webster, *Secret Societies and Subversive Movements* (London, 1964), pp. 196-268.

[11] Marie Roberts, *British Poets and Secret Societies* (London, 1986), deals with Shelley in Chapter 4, pp. 88-101.

[12] Shelley, *Letters*, vol. i, p. 54; Paul Dawson, *The Unacknowledged Legislator: Shelley and Politics* (Oxford, 1980), pp. 157 ff.

[13] Sylvia Norman, *The Flight of the Skylark: The Development of Shelley's Reputation* (London, 1954), p. 162.

[14] Thomas Jefferson Hogg, *Life of Shelley*, quoting Helen.

[15] Holmes, pp. 36, 48.

[16] 出處同注釋15，pp. 50-51.

[44] Quoted in Crocker, vol. i, p. 186.

[45] 出處同上，pp. 178 £f.

[46] 主要的答辯參見《懺悔錄》，vol. i, pp. 314 ff, vol. ii, pp. 8 ff.

[47] For the General Will, etc., see L.G. Crocker, *Rousseau's Social Contract: An Interpretive Essay* (Cleveland, 1968).

[48] Printed in C.R. Vaughan (ed.), *The Political Writings of Rousseau* (2 vols., Cambridge, 1915), vol. ii, p. 250.

[49] Sergio Cotta, 'La Position du problème de la politique chez Rousseau', *Études sur le Contrat social de J.J. Rousseau* (Paris, 1964), pp. 177-90.

[50] I. W. Allen, quoted in Crocker, vol. i, p. 356, note 6.

[51] See Huizinga, Introduction.

[52] 對盧梭的褒貶是由赫伊津哈列出清單，參見pp. 266 ff.

[53] Quoted by Crocker, vol. i, p. 353; the remark is recorded in Henri Guillemin, *Un Homme, deux ombres* (Geneva, 1943), p. 323.

第二章　雪萊：追求「理想狀態」的絕情詩人

[1] P.B. Shelley to Elizabeth Hitchener, in F.L. Jones (ed.), *Letters of Percy Bysshe Shelley* (2 vols., Oxford, 1964), vol. i, pp. 116-17.

[2] See text in D. L. Clark (ed.), *Shelley's Prose* (New Mexico, rev. ed. 1966).

[3] 這篇文章更清楚的分析，參見M.H. Scrivener, *Radical Shelley* (Princeton, 1982), pp. 249 ff.

[4] 有一份對這些詩的有趣分析，參見Art Young, *Shelley and Non-Violence* (The Hague, 1975).

p. 120.

[27] Quoted in Huizinga, p. 119.

[28] E.C. Mossner, *Life of David Hume* (Austin, 1954), p. 528-29.

[29] Crocker, vol. ii, pp. 300-2.

[30] 出處同上，pp. 318-19, 339-41.

[31] Confessions, Everyman edition (London, 1904), vol. i, p. 13.

[32] Ronald Grimsley, *Jean-Jacques Rousseau: A Study in Self-Awareness* (Bangor, 1961), pp. 55 ff.

[33] *Confessions*, vol. i, pp. 58 ff.

[34] See Crocker's excellent analysis of this technique, vol. i, pp. 57-58.

[35] Huizinga, p. 75.

[36] Crocker, vol. i, pp. 340 ff.

[37] *Confessions*, vol. i, p. 31.

[38] 出處同上，vol. i, p. 311.

[39] 出處同注釋37。

[40] 泰蕾茲還在世時，Madame de Charrière寫了*Plainte et defense de Thérèse Levasseur* (Paris, 1789)。當代為她辯護的有力翻盤是I.W. Allen's Ph.D. thesis, Thérèse Levasseur (Western Reserve University, Cleveland), cited in Crocker, vol. i, p. 172。其餘探討盧梭與泰蕾茲的關係的著作，包括Claude Ferval, *Jean-Jacques Rousseau et les femmes* (Paris, 1934).

[41] See F. A. Pottle (ed.), *Boswell on the Grand Tour, Germany and Switzerland 1764* (London, 1953), pp. 213-58.

[42] 參見注釋41著作pp. 335-37.

[43] Greig, vol. ii, pp. 14-15.

1924-34).
[9] Crocker, vol. i, pp. 160 ff.
[10] Quoted in Huizinga, p. 29.
[11] The Discours is published in G.R. Havens (ed.), Discours sur les sciences et les arts (New York, 1946).
[12] For Rousseau's works see Bernard Gagnebin and Marcel Raymond (eds), Oeuvres complètes (3 vols., Paris, 1959-64).
[13] Macdonald.
[14] Quoted in Huizinga, pp. 16-17.
[15] Crocker, vol. i, p. 16; see also pp. 194 ff.
[16] Quoted by Huizinga, p. 50. The passage occurs in an unposted letter to Monsieur de Mirabeau, 1767.
[17] J. Y.T. Greig (ed.), *Letters of David Hume* (Oxford, 1953), vol. ii, p. 2.
[18] Huizinga, pp. 15-16.
[19] 這類格言，以及許多相似的句子，都是赫伊津哈收集的。
[20] Crocker, vol. ii: *The Prophetic Voice, 1758-1783* (New York, 1973), pp. 28-29.
[21] P. M. Masson, La Religion de Jean-Jacques Rousseau (3 vols., Paris, 1916).
[22] Crocker, vol. i, pp. 146-47.
[23] C.P. Duelos: *Considérations sur les moeurs de ce siècle* (London, 1784), quoted in Huizinga.
[24] Crocker, vol. ii, pp. 208, 265-302.
[25] Huizinga, pp. 56-57,112.
[26] W. H. Blanchard, *Rousseau and the Spirit of Revolt* (Ann Arbor, 1967),

注釋

第一章　盧梭：沒有朋友的「人類之友」

[1] See Joan Macdonald, *Rousseau and the French Revolution* (London, 1965).

[2] J. H. Huizinga, *The Making of a Saint: The Tragi-Comedy of Jean-Jacques Rousseau* (London, 1976), pp. 185 ff.

[3] Ernst Cassirer, *The Philosophy of the Enlightenment* (Princeton, 1951), p. 268.

[4] Jean Chateau, *Jean-Jacques Rousseau: Sa Philosophie de l'éducation* (Paris, 1962), pp. 32 ff.

[5] Lester G. Crocker, *Jean-Jacques Rousseau: The Quest*, 1712-1758 (New York, 1974), p. 263.

[6] 出處同注釋5，pp. 238-39, 255-70.

[7] 盧梭的早年生活，出處同注釋5，pp. 7-15；當中他對《懺悔錄》的說法相當不可靠。

[8] Rousseau's letters are published in R.A. Leigh, *Correspondence Complète de Jean-Jacques Rousseau* (Geneva, 1965 ff) and in T. Dufour and P. P. Plan, *Correspondance Générale de Jean-Jacques Rousseau* (20 vols., Paris,

一起來　思 025

所謂的知識分子（上冊）

那些爆紅的時代人物，與他們內心的惡魔

Intellectuals

作　　者　保羅・約翰遜 Paul Johnson
譯　　者　周詩婷
主　　編　林子揚
外　　編　郭哲佑

總 編 輯　陳旭華 steve@bookrep.com.tw
出版單位　一起來出版／遠足文化事業股份有限公司
發　　行　遠足文化事業股份有限公司（讀書共和國出版集團）
　　　　　23141 新北市新店區民權路 108-2 號 9 樓
　　　　　電話｜ 02-22181417　傳真｜ 02-86671851
法律顧問　華洋法律事務所　蘇文生律師

封面設計　莊謹銘
內頁排版　宸遠彩藝有限公司
印　　製　通南彩色印刷有限公司
初版一刷　2021 年 5 月
初版三刷　2023 年 7 月
定　　價　820 元（上、下冊不分售）
I S B N　978-986-9911-580（平裝）
　　　　　978-986-0623-093（EPUB）
　　　　　978-986-0646-009（PDF）

First published by Weidenfeld & Nicolson, a division of the Orion Publishing Group, London
This edition arranged with Orion Publishing Group through BIG APPLE Agency, INC.,LABUAN, MALAYSIA.

國家圖書館出版品預行編目（CIP）資料

所謂的知識分子：那些爆紅的時代人物，與他們內心的惡魔／保羅．約翰遜 (Paul Johnson) 著；周詩婷譯．-- 初版．-- 新北市：一起來出版，遠足文化事業股份有限公司，2021.05
面；　公分．--（一起來思；25）
譯自：Intellectuals
ISBN 978-986-99115-8-0（平裝）

1. 知識分子　2. 生活史研究

546.1135　　110001292